CAIWU GUANLI ANLI
财务管理案例

崔飚 黄辉 ◎ 主编

中国财经出版传媒集团
经济科学出版社
Economic Science Press

图书在版编目（CIP）数据

财务管理案例/崔飚，黄辉主编．—北京：经济科学出版社，2018.2（2019.7 重印）
ISBN 978-7-5141-9006-9

Ⅰ．①财… Ⅱ．①崔… ②黄… Ⅲ．①财务管理-案例-高等学校-教材 Ⅳ．①F275

中国版本图书馆 CIP 数据核字（2018）第 014724 号

责任编辑：谭志军　李　军　刘　悦
责任校对：隗立娜
责任印制：李　鹏

财务管理案例

主编　崔　飚　黄　辉

经济科学出版社出版、发行　新华书店经销
社址：北京市海淀区阜成路甲 28 号　邮编：100142
总编部电话：010-88191217　发行部电话：010-88191522
网址：www.esp.com.cn
电子邮箱：esp@esp.com.cn
天猫网店：经济科学出版社旗舰店
网址：http://jjkxcbs.tmall.com
固安华明印业有限公司印装
787×1092　16 开　19.25 印张　300000 字
2018 年 6 月第 1 版　2019 年 7 月第 2 次印刷
ISBN 978-7-5141-9006-9　定价：52.00 元
(图书出现印装问题，本社负责调换。电话：010-88191510)
(版权所有　侵权必究　举报电话：010-88191586
电子邮箱：dbts@esp.com.cn)

前　言

企业财务管理案例是对企业财务管理理论实践的描述、解释、探索和总结。财务管理案例教学是实现理论与实践相结合的有效途径和重要方法。

1908年，美国哈佛商学院在管理教学中首创并大力推广"案例教学法"，之后中国引进案例教学法，并从20世纪80年代开始建设企业管理案例库。在联合国教科文组织进行的"不同管理教学法教学功效的比较"调查中，案例教学综合排名第一。

案例教学的精妙之处在于其不仅是一种教学过程，更是一种认识现实、启发思考的工具。工商管理学科教学应把学生的能力培养放在首位，以培养学生的专业素养和实践技能为重点，要以学生为中心，充分发挥学生的学习主动性，不断提升学生自主学习、批判性思维、系统性分析问题和快速提出解决方案的能力。案例教学法能够较好地满足工商管理学科教学的这一要求。

本书按照企业生存、发展、扩张的逻辑，结合财务管理教学实际，按照"既精又新、小大结合"的原则，精选了66个典型案例，共八章十七节。每个板块（即章和节）包括三部分：教学目的与要求、案例资料、讨论问题。其中，"教学目的与要求"主要说明相关案例涉及的理论和教学要求，"讨论问题"旨在引导读者思考。每个板块既有小型案例，又有大型案例。小型案例旨在加深读者对单一或简单理论知识点的实践认识，配有电子版的分析要点；大型案例旨在培养读者的综合分析问题能力和创新能力，案例中有分析，代表作者的主张，仅供借鉴。本书具有如下三大主要特点：

1. 案例本土化和新颖性。本书所列案例都是"中国制造"。既有上市公司案例，也有非上市企业案例；既有大型国有企业案例，又有民营企业案例。案例大多都是根据近3年媒体公开披露的公司经营实务整理而成。

2. 案例编排特别强调认知规律。一方面，本书整体上遵循"由浅入深、由低到高"的认知规律。本书首先介绍财务管理基础理论（即财务管理原理）相关案例，其次讲筹资、投资、资产营运和利润分配等《中级财务管理》案例，最后讲财务重组、并购、风险管控等《高级财务管理》案例，基本涵盖了财务管理的各个方面。另一方面，每个章节的案例都按照"由小到大、由简单到复杂"的顺序排列，便于理解。

3. 内容全面，适用面广。本书案例全面展现和追踪中国企业财务管理的实践。既有基础理论案例，又有中级财务管理案例，还有高级财务管理案例，既有价值观念、管理体制，又有融资、投资、营运、分配，还有企业并购重组、风险管控和财务共享等问题。既可用于经济管理类本科、MPAcc 和 MBA 专业的教学，也可用于企业管理人员在职培训或自学参考。

本书由崔飚、黄辉共同编著。崔飚负责全书的总体框架设计和具体案例收集撰写工作，黄辉负责全书的修订审核定稿工作。

本书在编写过程中参考了大量的文献资料，书后只列了其中一部分，在此一并向书中所涉及文献资料的作者表示衷心感谢！

鉴于编者水平有限，书中难免有不尽如人意之处，希望广大读者多提宝贵意见，也特别希望读者能将与本书有关的理论难点和现实热点问题反映给我们，以便修订时更贴近实际，更具有针对性。

编　者

2018 年 2 月

目 录

第一章 财务管理基础理论案例

第一节 企业财务管理目标及演进案例 ………………………………………… 1
 案例1 青鸟天桥的裁员风波 ………………………………………………… 1
 案例2 格力电器从珠海走向世界 …………………………………………… 3
 案例3 长安汽车的飞速发展 ………………………………………………… 6
 案例4 格林柯尔系神话破灭 ………………………………………………… 8

第二节 财务管理体制与公司设立案例 ………………………………………… 13
 案例5 泸天化的"十个统一"财务管理体制 …………………………… 13
 案例6 日本企业的财务管理 ………………………………………………… 15
 案例7 合伙企业设立那些事儿 ……………………………………………… 19

第三节 财务价值观念案例 ………………………………………………………… 20
 案例8 要住房还是要补贴 …………………………………………………… 20
 案例9 提前还贷为何要多付利息 …………………………………………… 21
 案例10 北方公司应选择哪个方案投资 …………………………………… 21
 案例11 买股票还是买债券 …………………………………………………… 23
 案例12 创办火锅连锁店风险与收益决策 ………………………………… 23

第四节 资本预算案例 ……………………………………………………………… 24
 案例13 东方公司的现金预算 ………………………………………………… 24
 案例14 山东航空股份有限公司全面预算管理系统 ……………………… 25

第二章 筹资管理案例

第一节 资金需要量预测 ... 29
- 案例 15 东方公司资金需要量预测 ... 29
- 案例 16 西岭公司资金需要量预测 ... 30
- 案例 17 小型家具制造商的筹资安排 ... 31

第二节 筹资方式案例 ... 32
- 案例 18 前进股份有限公司抵押债券筹资 ... 32
- 案例 19 快乐股份有限公司商业信用筹资决策 ... 33
- 案例 20 中国宝安可转换债券发行与转换分析 ... 33
- 案例 21 神州泰岳创业板上市 ... 36
- 案例 22 国泰君安首次公开发行并上市 ... 48
- 案例 23 青岛啤酒捆绑筹资策略 ... 59
- 案例 24 金蝶软件科技公司的融资之路 ... 63
- 案例 25 恒大地产发行永续债 ... 70
- 案例 26 廉租住房建设中的融资渠道 ... 78

第三节 筹资决策案例 ... 87
- 案例 27 神威公司筹资决策 ... 87
- 案例 28 太阳公司的筹资决策 ... 87
- 案例 29 魔科公司的筹资决策 ... 88
- 案例 30 发达公司的筹资决策 ... 88
- 案例 31 蓝天公司的筹资方式选择 ... 90
- 案例 32 冰冰股份公司的资本结构决策 ... 91

第三章 投资管理案例

第一节 对内投资 ... 93
- 案例 33 中宏公司的原材料购买决策 ... 93

案例 34　康元葡萄酒厂的生产线建设决策 …………………………… 94
　　案例 35　梅雁集团的项目投资选择 …………………………………… 95
　　案例 36　梅兰书店项目管理 …………………………………………… 97
第二节　对外投资 ……………………………………………………………… 102
　　案例 37　百兴集团公司股票价值估算 ………………………………… 103
　　案例 38　中国平安海外投资失败 ……………………………………… 103
　　案例 39　乐视网的合理价值 …………………………………………… 116

第四章　营运管理案例

第一节　现金管理 ……………………………………………………………… 129
　　案例 40　现金最佳余额判定 …………………………………………… 129
　　案例 41　张总经理的困惑 ……………………………………………… 129
　　案例 42　西门子公司的现金管理方式 ………………………………… 131
第二节　应收账款管理 ………………………………………………………… 133
　　案例 43　时代电脑公司的信用决策 …………………………………… 133
　　案例 44　瀚文百货谨慎为本的信用管理 ……………………………… 134
　　案例 45　贵州茅台预收账款管理 ……………………………………… 136
第三节　存货管理 ……………………………………………………………… 147
　　案例 46　美的集团的零库存管理 ……………………………………… 147
第四节　成本费用管理 ………………………………………………………… 160
　　案例 47　"秦池"为何昙花一现 ……………………………………… 160
　　案例 48　雅江宾馆的成本控制 ………………………………………… 161
第五节　营运状况分析 ………………………………………………………… 176
　　案例 49　巨人集团多元化经营失败的财务分析 ……………………… 176
　　案例 50　光线传媒的财务分析 ………………………………………… 183

第五章　分配管理案例

　　案例 51　南方公司的股利分配 ………………………………………… 195

案例 52	万科股利分配政策	196
案例 53	贵州茅台超高红利之谜	208

第六章　重组与并购案例

案例 54	东方公司收购环保公司	219
案例 55	阿尔卡特收购上海贝尔的股权	220
案例 56	宝延收购与反收购的情感	220
案例 57	盈动新信竞购香港电讯	227
案例 58	吉利收购沃尔沃	230
案例 59	双汇集团管理层收购	244

第七章　破产与重整案例

案例 60	铱星公司破产	258
案例 61	海南发展银行倒闭案例	259
案例 62	*ST 新都退市	262

第八章　财务战略与风险管控案例

第一节　企业财务战略 ………………………………… 267
案例 63　万科企业财务战略 …………………………… 267
案例 64　万达"轻资产"转型缓慢 …………………… 274

第二节　财务风险预警 ………………………………… 276
案例 65　兰生集团财务风险预警控制 ………………… 276

第三节　财务共享 ……………………………………… 282
案例 66　辉瑞财务共享服务运营模式 ………………… 282

主要参考文献 …………………………………………… 294

第一章

财务管理基础理论案例

第一节 企业财务管理目标及演进案例

教学目的和要求：通过本节案例学习，对财务管理目标理论有一个全面、深刻的认识，同时能够利用财务管理目标的相关理论来研究实际问题，分析财务管理目标在企业实践过程中的执行情况，并在此基础上为企业在不同理财环境下设置合理的财务管理目标。

案例1 青鸟天桥的裁员风波

一、基本案情

青鸟天桥公司是由原来的天桥商场和北大青鸟公司合并而成的。

天桥商场是一家老字号的商业企业，成立于20世纪50年代。北大青鸟是一家科技股份有限公司，借壳上市后，成为天桥商场的大股东，公司更名为青鸟天桥。

合并后，天桥商场的业绩不好，公司为了自身今后发展，打算对合同到期的职工进行裁员，在考虑到裁员行为的合法性和稳妥性后，也考虑了员工的承受能力，决定从合同到期的664名职工中裁员283人，并且划出四条标准：

1. 年老和年轻之间，留用老的。

2. 夫妻两人都在商场工作的留一人。

3. 军嫂留用。

4. 专业技术和经营骨干留用。

为了确保这一行动的顺利进行，公司采用了两项措施：一方面舆论先行，在天桥商场内部进行《劳动法》等政策法规的宣传；另一方面把需要招工的企业引进商场方便职工再就业。

1999年11月18日商场正式广播了董事会的规定：1999年12月26日，有664名职工合同到期，其中283人不再续签合同，并且请全体职工到各部门经理处查阅自己的合同。到期的职工到财务室领取12月份的工资、奖金，其档案关系商场于近期转出。目前有8家企业在楼上招工，有200个就业机会。

一石激起千层浪，商场内一片哗然。合同到期的职工不约而同地涌向领导办公室。商场工作顿时处于瘫痪，不得不挂出停业招牌。

当晚，未能续约的283名职工在一楼营业大厅静坐，理由是不理解企业为什么这么做，他们没有一点心理准备。

11月20日，公司董事会秘书和北大青鸟的另外一名代表一起向职工阐述了裁员的合法性，并列举北大方正裁员500人的事例。强调在市场经济下，企业控制成本、减员增效、追求利益最大化，是十分正确的，是符合规则的。

但职工们却对此很反对。因为他们认为自己并没有做错什么事情却要被裁员。11月25日晚，公司管理层答应考虑员工的经济补助要求，但是反复阐述青鸟天桥是上市公司，公司每支付一笔钱都要经过董事会和股东大会的投票通过，必须按照法律程序办事。

11月26日，气氛有所缓和，商场部分营业恢复。当晚青鸟的代表带来消息，董事会将于29日讨论该问题。28日职工向董事会递交了一封信，信中阐述了职工的观点：在目前的改革形势下，国有企业面临新的体制改革，青鸟天桥董事会作出了减员增效的决策，对此我们表示理解和支持。但是我们这些人将面临一个更严峻的问题，就是重新被社会选择。而我们这些人基本不具备高学历和高技能，让我们走向市场，谁要我们！旧的体制不要我们，新的体制我们又进不去。因此，我们要求给予员工工龄补助、养老保险、再就业劳动技能培训、精神伤害等项补助，公司应补助每人总计47500元。

11月29日上午，董事会召开。当晚8时，公司代表带来了董事会的决定，原则同意员工提出的关于工龄补助的要求，但关于养老保险补助的要求，董事会有不同意见，其他补助不予考虑。另外劳动技能培训今后可由北大青鸟免费负责，不再另给经济补助。并说，如果不同意这个方案，可派两名职工参加12月2日的董事会。

董事会的补助方案与员工的要求相差甚远，员工内部开始出现情绪不稳定，甚至出现极端事件。

本事件引起了北京市市委、市政府领导的注意，并且出面干预，还派出了公安机关维持静坐现场的秩序。在多方协调下，天桥青鸟最后决定给予终止合同的员工每人1万元的一次性补助，对失业的职工予以再就业帮助，对部分生活确实困难的员工予以资助。

（案例来源：荆新，王化成等．财务管理学（第五版）．中国人民大学出版社，2010．）

二、讨论问题

1. 企业不同的财务管理目标有哪些优缺点。

2. 请分析青鸟天桥财务管理目标是什么？是如何演进的？本案例给我们带来了什么样的启示？

案例2　格力电器从珠海走向世界

一、公司概况

珠海格力电器股份有限公司，成立于1991年，是目前全球最大的集研发、生产、销售、服务于一体的专业化空调企业，2009年销售收入426.37亿元，连续9年上榜美国《财富》杂志"中国上市公司100强"。格力电器旗下的"格力"品牌空调，是中国空调业唯一的"世界名牌"产品，业务遍及全球100多个国家和地区。该企业是珠海市人民政府国有资产监督管理委员会旗下的一家大型国有控股股份制企业。2016年8月，珠海格力电器股份有限公司在"2016中国企业500强"中排名第154位。

二、发展历程

1985年，珠海市政府决定以公司为主体开发北岭工业区，珠海经济特区工业发展总公司——珠海格力集团公司的前身诞生了,它的使命是"发展特区的工业,壮大珠海的经济实力"。在一片荒地上开发工业区,带动了房地产项目的兴起,身处特区的独特环境,以贸促工方式的广泛应用,使贸易业也得到了发展。从此,工业、房地产、商贸"一体两翼"的产业结构便在格力集团这片土壤中生根发芽。经过30多年的培育和优化,目前集团具有年产空调器系列产品1500万台(套)、小型家电800万台、空调压缩机600万台、特种漆包线12000吨、电子元器件15亿只、打印机墨盒2000万只等产品的能力。其中,格力空调已连续12年产量、销量排名全国同行业第一。格力电风扇、暖气机、电饭煲、饮水机、电磁炉、打印机墨盒、特种漆包线等产品,也都在全国同行业占据重要地位。

2002年3月,珠海市政府对格力集团实施授权经营,作为国有资产授权经营主体,肩负着确保国有资产保值增值的使命。一方面,通过国有资产在不同产业的渗透,提高国有资本的使用效率;另一方面,通过国有资产的授权管理,优化生产要素配置,整合集团现有资源,体现国有资本的集优功能,集中优势扩大整个产业链,促进产业选择的多元化。集团公司以资本为纽带,对集团内授权经营企业实行分级管理、分层经营,确保国有资产保值增值,同时实施品牌拓展、多元化、社会化发展战略,逐步实现大集团战略,小核算体系,塑造格力系列品牌,打造格力航空母舰,努力使格力集团成为大型国际化、多元化的现代企业集团。

为充分利用品牌、资金、技术和人才上的优势,格力集团不断开展资本经营和对外投资。1996年5月,格力电器兼并了江苏丹阳黄河纽士威空调器厂。1996年11月,格力电器股票在深圳证券交易所成功上市,格力空调迎来了一个大发展时期。1998年,格力集团在重庆万州建立重庆格力新元电子有限公司。2001年,格力电器(重庆)有限公司成立,一期工程于2002年5月竣工投产,二期工程于2004年4月份建成,形成了年产空调300万台(套)的生产能力。2001年6月,格力电器投资2000万美元在巴西建设的空调器生产基地正式投产。2002年5月,格力漆包线马鞍山生产基地建成投产。2002年10月,入股香港环球动力控股有限公司。一系列重大投资项目的顺利推进,为格力集团持续注入新的活力。

(一)创业阶段:抓产品

1991~1993年,新成立的格力电器,是一家默默无闻的小厂,只有一条简陋的、年产量不过2万台窗式空调的生产线,但格力人在朱江洪董事长的带领下,发扬艰苦奋斗、顽强拼搏的精神，克服创业初期的各种困难，开发了一系列适销对路的产品，抢占了市场先机，初步树立格力品牌形象，为公司后续发展打下良好的基础。

（二）发展阶段：抓质量

1994～1996 年，公司开始以抓质量为中心，提出了"出精品、创名牌、上规模、创世界一流水平"的质量方针，实施了"精品战略"，建立和完善质量管理体系，出台了"总经理十二条禁令"，推行"零缺陷工程"。几年的狠抓质量工作，使格力产品在质量上实现了质的飞跃，奠定了格力产品在质量上的竞争优势，创出了"格力"这一著名品牌，在消费者中树立良好的口碑。1994 年，董明珠总裁开始主管销售工作，凭借不断创新的营销模式，1995 年格力空调的产销量一举跃居全国同行第一。

（三）壮大阶段：抓市场、抓成本、抓规模

1997～2001 年，公司狠抓市场开拓，董明珠总裁独创了被誉为"21 世纪经济领域的全新营销模式"的"区域性销售公司"，成为了公司制胜市场的"法宝"。1998 年公司三期工程建设完毕，2001 年重庆公司投入建设，巴西生产基地投入生产，格力的生产能力不断提升，形成规模效益；同时，通过强化成本管理，为公司创造最大利润。自此产量、销量、销售收入、市场占有率一直稳居国内行业领头地位，公司效益连年稳步增长，在竞争激烈的家电业内一枝独秀。

（四）国际化阶段：争创世界第一、创全球知名品牌

2001～2005 年，公司提出了"争创世界第一"的发展目标，在管理上不断创新，引入六西格玛管理方法，推行卓越绩效管理模式，加大拓展国际市场力度，向国际化企业发展。2005 年，公司家用空调销量突破 1000 万台/套，实现销售世界第一的目标，成为全球家用空调"单打冠军"。"格力空调，领跑世界"的时代已经来临！

格力人在成功实现"世界冠军"的目标后，2006 年公司提出"打造精品企业、制造精品产品、创立精品品牌"战略，努力实践"弘扬工业精神，追求完美质量，提供专业服务，创造舒适环境"的崇高使命，朝着"缔造全球领先的空调企业，成就格力百年的世界品牌"的愿景奋进。

三、财报数据

格力电器发布的 2016 年年度报告中，营业收入 1083.03 亿元，同比增

10.80%；归属于上市公司股东的净利润154.21亿元，同比增23.05%；基本每股收益2.56元；加权平均净资产收益率30.41%。公司拟10派18元（含税）。

（案例来源：格力官方网站。）

四、讨论问题

请根据企业财务管理目标理论，分析格力电器公司在发展过程中的财务管理目标是如何演进的？

案例3　长安汽车的飞速发展

一、公司概况

重庆长安汽车股份有限公司，简称长安汽车或重庆长安，是中国长安汽车集团股份有限公司旗下的核心整车企业，1996年，在深圳证券交易所上市，A股代码000625，B股代码200625。

其历史可追溯到洋务运动时期，起源于1862年的上海洋炮局，曾开创了中国近代工业的先河。伴随中国改革开放大潮，20世纪80年代初长安正式进入汽车领域。1996年，注册并成为极具竞争力的上市公司，目前拥有2家上市公司、4只股票。2014年3月，重庆长安汽车股份有限公司收购合肥长安汽车有限公司。

2017年6月30日，重庆长安汽车股份有限公司荣获中国商标金奖的商标创新奖。

二、发展历程

（一）长安前身

长安汽车的前身是上海洋炮局，由洋务运动发起人李鸿章于1862年（清同治元年）12月授命英国人马格里和中国官员刘佐禹在上海松江城外一所庙宇中创办。

1865年，因李鸿章升任两江总督，而迁到南京更名为金陵制造局，主要生产各种枪炮。

1929年，改隶兵工署直辖，并更名为金陵兵工厂。

1937年，"八·一三"上海事件爆发，金陵兵工厂被轰炸数次。为准备抗战，兵工厂西迁重庆簸箕石和南岸铜元局，并在1938年3月1日恢复生产，在抗日战争中提供了弹药3000余吨,手榴弹30万余发和各类枪械约50万支,是整个抗战期间最大的兵工企业。

1951年,二十一兵工厂改名为长安机器厂。1953年进入汽车行业。1957年,中国第一辆吉普车在长安诞生,同年重庆兵工厂开始试制长江牌46型吉普车,并在1958年试制成功,参加了1959年的国庆阅兵仪式。1963年底停产,累计生产1390辆,停产后将技术资料转交北京汽车制造厂,成为北京吉普。

1994年,长安机器厂和江陵厂合并成立长安汽车有限责任公司。

(二)长安今生

重庆长安汽车股份有限公司(简称"长安汽车")以长安汽车(集团)有限责任公司(以下简称"长安集团")作为独立发起人,以其与微型汽车及发动机生产相关的经营性净资产及其在重庆长安铃木汽车有限公司的股权,折股5.0619亿股投入,并于1996年10月31日以募集方式向境外投资者发行境内上市外资股(B股)2.5亿股而设立,总股本为人民币7.5619亿元。长安汽车领取重庆市工商行政管理局颁发的渝经28546236-3号企业法人营业执照。

1997年5月19日,经中国证券监督管理委员会同意,长安汽车向社会公开发行人民币普通股(A股)1.2亿股。

2005年12月,重庆长安汽车股份有限公司(简称"长安汽车")的最终控股公司中国南方工业集团公司(简称"南方集团")以其全资子公司长安集团持有的长安汽车普通股850399200股(占长安汽车股份总额的52.466%)作为对中国南方工业汽车股份有限公司(简称"南方汽车")的部分出资,南方汽车因此成为长安汽车的母公司。经中国证券登记结算有限公司深圳分公司于2006年3月30日登记确认,长安集团所持长安汽车的国有法人股已过户给南方汽车。

2009年7月1日,经国家工商行政总局核准,长安汽车的母公司中国南方工业汽车股份有限公司("南方汽车")更名为中国长安汽车集团股份有限公司(简称"中国长安")。随后,长安汽车的关联企业的股权关系也进行了调整。

2016年,中国汽车市场产销规模再攀新高,全年累计产销双超2800万辆,同比增长分别为14.5%和13.7%,并再次刷新全球单一市场的历史纪录,连续8年稳居全球第一大汽车市场;在全球市场所占比重已由1/4强向接近1/3迈进,一个3000万辆级的汽车市场已经成型。乘用车产销继续保持平稳增长态势,分别完成2442.1万辆和2437.7万辆，比2015年同期分别增长15.5%和14.9%。长安汽车集团公司经营质量不断提升，完成了董事会年初下达的经营指标，其中销售汽车306.34万辆，完成全年经营计划目标的103.84%；统计口径销售收入2660.31亿元（含合营企业100%收入），完成全年经营计划目标的105.15%，合并报表收入785.42亿元，完成全年经营目标的108.93%。

（案例来源：长安汽车官方网站。）

三、讨论问题

请根据企业财务管理目标理论和新浪财经网上的年报资料，分析判断长安汽车的财务管理整体目标是什么？并说明理由。

案例4 格林柯尔系神话破灭

一、案例介绍

（一）顾氏高层管理者的"资本神话"

顾雏军，1959年生于江苏泰县。1975~1977年上山下乡，1981年江苏工学院动力工程系本科毕业，1984年天津大学热能工程系研究生毕业。1988年是他人生的重大转折点，他以"顾氏循环理论"为基础发明了格林柯尔制冷剂，这是他此后涉足商海的最大资本，也是他提出整合我国制冷行业的根基。但是，这个可能改写工程热力学理论的"顾氏循环理论"，受到业内广泛的质疑。顾雏军的导师吕灿仁等3人联名发表文章，认为"顾氏循环"在理论上不能成立；清除伪劣科技"顾氏理论"座谈会使顾雏军与学术界的关系彻底僵化。

1989年顾雏军下海经商，1990年在英国注册了格林柯尔制冷剂生产公司，随后又在北美和东南亚广设分公司；5年后，无氟制冷剂的重要生产基地——天津格林柯尔成立；事业上一帆风顺的顾雏军在1998年成立了北京格林柯尔环保工程有限公司，并于2000年进入了资本市场——格林柯尔科技控股有限公司在香港创业板上市，共募集资金5.4亿元港币。有人预计，顾雏军在下海的10年间身价已经超过20亿元。至此，格林柯尔神话开始上演，随后高潮迭起。

不可否认，顾雏军有着过人的天赋，他发明的格林柯尔制冷剂成本低，节能效果也很明显。在商场上，他也是眼光独到的经营者和管理者。但是，让人们刮

第一章 财务管理基础理论案例

目相看的是顾雏军在资本市场上同样显得游刃有余,甚至可以说是所向披靡。而最让业界瞩目的就是顾雏军曾成功入主危机重重的科龙电器。当时,同在香港主板和深圳 A 股市场两地上市的科龙电器,在业界曾是制冷行业和家电生产行业的巨头。1996 年和 1999 年,科龙电器先后在中国香港和深圳成功上市。1999 年公司的销售额一度达到 56 亿元,但随后科龙陷入了连续两年亏损的境地,并走入 ST 的行列。加之科龙电器股权非常分散,因此,许多公司开始"觊觎"科龙。出人意料的是,格林柯尔击败了通用电气、松下以及惠而浦等公司,成功入驻科龙。

2003 年 5 月,顾雏军拥有全资股份的顺德格林柯尔,在合肥和美菱电器达成合作协议,顺德格林柯尔以 2.07 亿元的价格,收购了美菱电器 20.03% 的股份,成为美菱电器最大的股东。2003 年 7 月份,格林柯尔旗下的科龙与杭州西泠集团签署协议,收购西泠 70% 的股权。同时,格林柯尔与南京斯威特集团抢食小天鹅,并争购小鸭电器。短短两年,一连串资本运作战绩,使顾雏军一跃成为引人瞩目的"资本狂人"。也就是在抢购小天鹅时,顾雏军喊出了他事后一直追悔的经典话语"我唯一不缺的就是钱"。顾雏军更将触角伸向汽车业,并加快了其整体收购的速度。在家乡扬州,顾雏军布下进入客车行业的第一颗棋子。2003 年 12 月,顾雏军以 4.178 亿元,通过扬州格林柯尔协议收购了亚星客车 11527.3 万股国有股(占总股本的 60.67%),并因此触发要约收购义务。收购扬州亚星之后,顾雏军马不停蹄地收购了国产汽车轴承第一品牌襄阳轴承。2004 年 4 月,襄阳轴承第二大股东襄轴集团将其持有的 4191 万股国有法人股转让给格林柯尔,转让总价为 1.01 亿元。转让后,格林柯尔将持有公司 29.84% 的股权,成为第一大股东。尽管已掌控 4 家 A 股公司和 1 家香港创业板公司,顾雏军的资本运作仍未停歇。2004 年 8 月,格林柯尔以 1.84 亿元的价格收购商丘冰熊冷藏设备有限公司;11 月,顾雏军通过境外子公司 GRC Capital 全资收购了法国汽车配件生产商汤姆肯斯的子公司盖兹国际在法国莱维斯的汽车管件工厂和英国汽车设计公司 LPD,从而打通了客车从设计到零部件再到整车生产的整个产业链。

在一系列收购完成之后,顾雏军的格林柯尔系已悄然成形,产业顶端是格林柯尔制冷剂,作为产业链的上游资源,一条线路是直接向下游两家电器类上市公司出口,另一条线路是向两家汽车及其汽车配套类上市公司产业延伸。通过这一系列的"资本运作",格林柯尔也瞬间缔造了总资产超过百亿,横跨制冷、家电和汽车等行业的资本"神话"。

（二）中国证监会的深入调查

2004年8月10日，郎咸平质疑顾雏军，也拉开了"郎顾之争"的帷幕，由此对顾雏军的质疑也达到了高潮。2004年年报披露后，科龙便问题频出，陷入了重重危机。2005年1月，香港联交所发布公告，创业板上市委员会公开谴责格林柯尔包括主席顾雏军、首席执行官兼总裁胡晓辉在内的6名执行董事，谴责原因是公司与天津格林柯尔工厂在2001年的关联交易。关联交易已经超出了联交所授予的在关联交易上的豁免条件，违反了创业板上市规则。2月24日，格林柯尔旗下美菱电器又公布了整改报告。由于中国证监会安徽监管局在2004年9月27日～9月30日对美菱电器进行了巡查，并勒令其进行整改。整改的主要原因，一是资金占用问题，二是2004年重大借贷事项未及时披露，三是财务和管理上的问题。2005年4月27日，科龙电器突然发布预亏公告，公司2004年预计将亏损6000万元。然而，科龙在2004年1至9月底净利润超过2亿元，每股收益也达到0.2元。3个多月的时间，科龙的业绩就从天堂掉入地狱。祸不单行的是，亚星客车2005年4月26日公布了2004年度和2005年度第一季度亏损报告。自2005年4月27日起，公司股票简称变更为"*ST亚星"。与此同时，4月底有消息称，中国证监会分别下派了广东、江苏、湖北、安徽四地的证券监管部门联合对格林柯尔涉嫌违规挪用其控股的上市公司科龙电器资金，收购美菱电器、襄阳轴承以及亚星客车三家上市公司的事件展开调查。5月10日，科龙电器发布公告称，公司因涉嫌违反证券法规已被中国证监会立案调查。7月20日，证监会调查组撤出科龙电器。7月26日，美菱电器发布公告称，美菱集团正在与广东格林柯尔洽谈收购其所持股份的相关事宜。7月29日晚，刚下飞机的科龙电器董事长顾雏军闪电被拘。2005年9月2日，佛山市公安局对公司前董事长顾雏军、执行董事严友松、张宏及另外4名原管理人员执行逮捕。

随后，证监会有关部门负责人表示，对科龙电器调查发现的违法违规行为负有直接责任的顾雏军及其他相关责任人员，在经过告知、听证等法定程序后，将依法做出行政处罚。这位负责人重申，为维护证券市场的"三公"原则，保护广大投资者的合法权益，促进证券市场的健康发展，对损害上市公司及证券市场其他参与者合法权益的各种违法犯罪行为，中国证监会将与有关部门紧密配合，一如既往地依法严厉查处。

（三）债权人的资本冻结

继中国证监会采取一系列措施后，格林柯尔的债权人也纷纷向法院申请冻结格林柯尔的相关股权或资产。

扬州格林柯尔所持*ST亚星的全部股权也被广东省深圳市中级人民法院宣布冻结，申请的是上海浦东发展银行深圳分行，冻结期限自2005年7月29日起至2006年7月28日止。

佛山中级人民法院冻结广东格林柯尔所持美菱电器股权，是应交通银行佛山市顺德支行提出的诉前财产保全申请。公告说，因广东格林柯尔、格林柯尔制冷剂（中国）有限公司、顾雏军承兑汇票垫款纠纷，交通银行佛山市顺德支行向佛山中院请求冻结广东格林柯尔、格林柯尔制冷剂（中国）有限公司、顾雏军的银行存款7500万元，或查封（扣押）其相应价值的财产，并由交通银行广州分行提供担保。美菱电器收到了佛山法院所发（2005）佛中法立保字第210号民事裁定书和（2005）佛中法立保字第210号查封清单。佛山中院裁定书上称，其已于2005年7月15日依法冻结了广东格林柯尔所持的美菱电器82852683股，冻结期限从2005年7月15日至2006年7月14日。资料显示，佛山中院冻结的广东格林柯尔所持82852683股的美菱电器，是广东格林柯尔对美菱电器持有的全部股份。而就在2005年6月底，美菱电器还公告称美菱集团准备回购广东格林柯尔所持的这些股份。按照法院决定的冻结期限，意味着美菱集团将无法实施原定的回购计划。

格林柯尔对美菱电器、*ST亚星所持股权的被冻结，意味着整个格林柯尔系已经达到了彻底崩溃的边缘，因为5家A股上市公司中可能已没有一家还真正属于顾雏军的了。如果顾雏军到时候不能如期归还相应的款项，这些被冻结的股权将会被各地法院依法采取拍卖等措施。因此，整个格林柯尔系目前可以说已经处于彻底崩溃的边缘。如果顾雏军不能通过出售A股上市公司股权去填平所挪用的资金，其拥有六成左右股权的在香港创业板上市的格林柯尔科技控股也说不定会被强制脱离格林柯尔系。那样的话，整个格林柯尔系就彻底崩溃了。

（四）中小股东及其他相关利益主体的"倒顾运动"

因中国证监会调查而暴露的科龙危机，使长袖善舞的顾雏军遇到了极大麻烦。

财务管理案例

同时，中小股东、企业内部的力量和其他社会公众也形成了强大的"倒顾"势力。格林柯尔系的审计师德勤会计师事务所也与其提出"分手"。占公司销售收入近100%的空调和冰箱业务部分生产线已经停产。2005年7月8日，科龙电器公告称，公司三位独立董事陈庇昌、李公民、徐小鲁提出辞呈。

2005年7月11日，一场公开的"倒顾运动"开始，作为持有100股科龙电器的小股东，知名律师严义明提议召开科龙电器临时股东大会，罢免董事长顾雏军。"自从我们登出征集书以后，已经收到了许多中小股东的咨询或委托。其中也包括一些股份较多的投资者。"上海律师严义明负责征集投票权的助手童女士如是说。整个投票权的征集活动一直持续到8月12日，许多投资者寄来了投票授权书。严义明本人也曾在香港举行了记者招待会，和当地的投资人做了进一步的深层次沟通。按照科龙电器公司章程，持有公司发行在外的有表决权的股份10%或以上的股东以书面在征集人获得满足《科龙公司章程》规定比例的科龙电器股东委托后，征集人将规定格式的书面提议提交给科龙电器董事会，提请科龙电器董事会召集2005年度临时股东大会。

与此同时，格林柯尔内部倒顾势力也逐渐形成。虽然顾雏军对科龙拥有绝对控制权，但是科龙内部并非铁板一块，在经销商问题、康拜恩品牌等问题上，顾雏军同其他相关人员产生了很深的矛盾。因为顾雏军的绝对权威地位，多数持反对意见的人员已经出走。但是，在目前的情况下，一些利益受损的经销商和其他人员开始联合倒顾。据称，科龙在推出康拜恩品牌后，因为其超低价格获得巨大成功，有眼光并且肯冒险的经销商也借康拜恩新品推广时期优惠的经销商政策获利不少。但顾雏军觉得康拜恩经销商获利空间太大，决定采取一些制约康拜恩冰箱销售的措施，并辅以高压政策推行这些政策。但是这些措施严重损害了经销商的利益，一些经销商尝试着偷偷避开这些政策。这些经销商一经被发现便被课以高额罚款，全国经销商被罚款金额高达800余万元。科龙公司从营销副总裁到销售总监都极力反对并三番五次劝说顾雏军，但顾雏军态度非常强硬。多个冰箱分公司经理甚至因为替经销商说话而被迫"下课"。

（案例来源：许小青，黄小勇．产权主体与财务目标选择——基于格林柯尔系的案例研究．江西社会科学，2007（6）．）

二、讨论问题

1. 存在最优的财务管理目标吗？请说明理由。

2. 请描述格林柯尔的财务管理目标,并作出分析。

3. 最优的财务管理目标在现实中能执行吗?为什么?

4. 从财务管理目标来讲,格林柯尔留给我们的教训是什么?如何改善企业的财务管理目标?

第二节 财务管理体制与公司设立案例

教学目的和要求:通过本节案例学习,你应该对财务管理体制和公司设立理论有一个全面、深刻的认识,同时能够利用财务管理体制和公司设立的相关理论来研究实际问题,分析财务管理体制在企业实践过程中的执行情况,并在此基础上为企业在不同环境下设计合理的财务管理体制。

案例5 泸天化的"十个统一"财务管理体制

一、案例简介

泸天化(集团)有限责任公司是我国特大型化工企业,年销售额近20亿元,利税2亿元左右,是中国500家最大工业企业和最佳经济效益企业之一。集团公司形成了以"十个统一"为内容的财务管理体制和会计核算体系:

1. 统一资产管理。集团公司拥有的资产由公司统一管理,各单位受托经营本单位资产,受托经营限额以内的部分资产处置权必须报集团公司批准并备案,集团公司内任何单位和个人不具备资产处置权。

2. 统一资金管理。集团公司财务部成立了资金结算中心,取消了二级财务机构在各专业银行的账户,1997年度财务费用比1996年同期减少了1500多万元。具体措施主要有:(1)集团公司内所有资金应由公司集中统一管理,通过资金结算中心对内部各单位统一结算和收付。(2)各二级单位在资金结算中心开立内部结算账户,并执行资金的有偿占用。(3)统一包括附营业务收入在内的所有财务收支,各单位通过资金结算中心统一结算。

3. 统一银行账户管理。各二级单位开立的账户均予以注销,二级单位确因生产经营、科研开发、基本建设等需要,在各专业银行或非银行金融机构开立账户时，需报经集团公司批准。集团公司有权调用各单位的结余，并实行有偿占用。

4. 统一信贷管理。集团公司作为一级法人，统一向各专业银行、非银行金融机构和有关单位办理各种资金信贷事项，各二级单位向集团公司申请内部贷款，有偿使用。

5. 统一税费征纳管理。

6. 统一物资采购管理。集团公司内主要原材料、燃料、设备、备品备件、辅助材料由公司统一采购，各项物资采购必须编制采购计划，严格物资进出库的计量和检验制度。集团公司内有部分采购权的二级单位，其采购业务在供应部门指导下进行，并优先使用公司内各级库存物资。

7. 统一财务收入管理。集团公司各种主营业务收入和附营业务收入都归口为财务部门管理，各单位和部门的非财务机构不得截留公司的各项收入。各单位财务部门必须将所实现的收入通过资金结算中心的内部结算制度集中统一到集团公司。

8. 统一发票管理。集团公司实施了由财务部统一购领发票，统一解缴税金等一系列发货票管理制度。

9. 统一会计核算和管理。具体要求包括：（1）各单位财务负责人对所设会计科目和会计账簿的真实性和准确性负责，并全面及时地反映资产、负债、权益的财务状况和收入、成本（费用）、利润及其分配的经营成果，各内部报表编制单位必须及时、定期向集团公司财务部报送内部报表。（2）集团公司各单位必须建立财产清查制度，保证公司财产物资的账实、账账和账证相符。（3）各单位审核报销各种费用，必须按照集团公司的有关规定执行。（4）集团公司内各财务部门应当建立健全稽核制度，严格执行出纳人员不得兼管稽核、会计档案保管和有关收入、费用、债权债务等账务的登录。坚持出纳和会计核算岗位分开的内控原则。

10. 统一财会人员管理。集团公司财务实行月度例会制，由财务部负责人主持，负责总结和布置集团公司财务工作。集团公司会计人员的业务接受财务部监督和指导。集团公司逐步实施对二级单位的会计主管和会计人员的集中管理。另外，集团公司实施了基本建设三项管理制度——投资计划管理制度、项目在建管理制度、工程预决算管理制度。

（案例来源：刘亚干. 从泸天化的"十个统一"探讨财务管理体制. 会计之

友，1999（8）.)

二、讨论问题

1. 针对我国众多集团公司财权分散、财务失控、竞争力急剧下降而纷纷陷于困境的状况，"泸天化"财务管理有什么样的启示？

2. 集权式财务管理的具体方式有哪些？

3. 如果说全面管理是实现集权管理的保障，那么企业应如何建立与完善全面管理？

案例6　日本企业的财务管理

一、案例资料

资本是企业进行生产经营的前提条件，股东的投资是企业的最初投资。作为企业支柱和经营源泉的资本进入企业以后，经过循环周转，促使资本不断增值，以保护企业得以存在和发展。

（一）财务管理

日本企业的财务活动具体表现为资本的筹集和运用，资本筹集和运用的计划和控制即是财务管理。记录和核算作为财务对象的资本变动情况时，所使用的方法和手段是财务会计，而在进行财务管理时则主要使用管理会计。

（二）资本的筹集和运用

日本企业资本筹集的来源有外部金融和内部金融之分（见图1-1）。其形式如下：

1. 外部金融主要有商业信用、信贷金融、证券金融等。2. 内部金融主要有发行股票增资、保留利润、计提折旧费及财产处理等。

日本企业资本运用的具体表现形式主要有：货币储备；赊销投资；库存投资；有形资产投资；无形资产投资；公司对外投资；创业投资；科研开发投资；资本筹集投资（见图1-2）。

（三）财务部门的职能

1. 筹集和运用资金。这是日本企业财务部门的第一个职能。企业进行生产经营需要一定量的资金，而这些资金的筹集和运用是以财务部门为中心实现的。

2. 承担财务会计工作。这是日本企业财务部门的第二个职能。财务会计通过

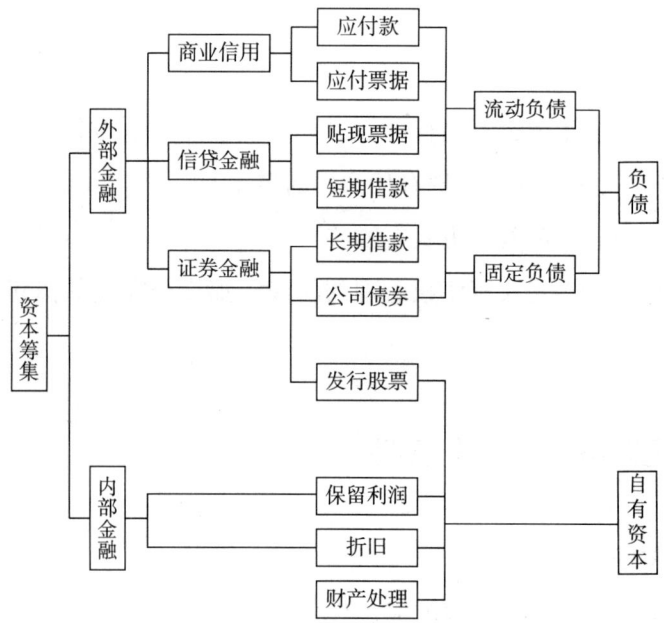

图1-1 日本企业的资本筹集

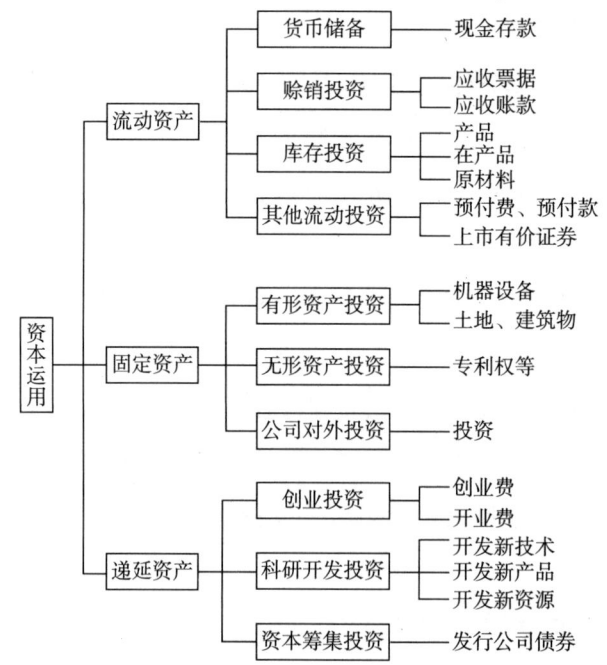

图1-2 日本企业的资本运营

记录、收集、处理资本变动情况，提出企业经营活动的有关情况，客观真实地反映企业财务状况及经营成果，保护企业财产。

3. 承担管理会计工作。日本企业的会计工作，除了财务会计，还有管理会计。根据日本商法有关规定，财务会计具有强制性，而管理会计没有法定强制性，其是否设置由企业自行决定。

如前所述，财务会计是为研究企业以往经营状况提供情报。管理会计则不同，它是为研究企业未来如何发展提供会计情报。管理会计的重要任务，就是为企业进行合理决策提供切实可靠的情报。

（四）财务管理的范围

财务管理是企业管理的重要组成部分，其范围主要包括以下三个方面：

1. 财务政策。它是企业组织和进行资本筹集与运用业务工作的指南。

2. 财务计划。它是企业财务政策的具体化，把企业在计划期内财务活动的内容、程序和目标、数据具体表现出来。

3. 财务控制。它是在财务计划实施过程中对财务活动所进行的指导、限制和调整。

（五）企业财务管理组织机构

日本企业财务管理机构的组织形式取决于企业内部管理的模式及其规模的大小和经营内容的复杂程度。日本大部分企业实行统一核算、统一管理的高度集中型模式。这一模式下的管理组织形式特点是，实行统一指挥，垂直领导，权力高度集中于最高领导层。

企业内部各个职能部门之间，实行高度专业化的分工，分别担任生产、销售和财务等专门职能，并自成独立系统，层层传达，执行企业最高管理者的命令，最高管理者通过这些职能部门实现其对企业的管理。与这一管理组织形式相适应的大、中、小型企业的财务管理组织机构，如图1-3、图1-4和图1-5所示。

二、讨论问题

1. 怎样看待日本企业财务管理体制？你认为日本的这种体制是否合理？

2. 日本企业财务管理体制在中国能不能运用？为什么？

3. 作为一个庞大的企业，在财务上应该有一整套体制。假如你是松下集团总裁，你怎样设计财务管理体制？假如你是海信集团总裁，又怎样设计财务管理体制？

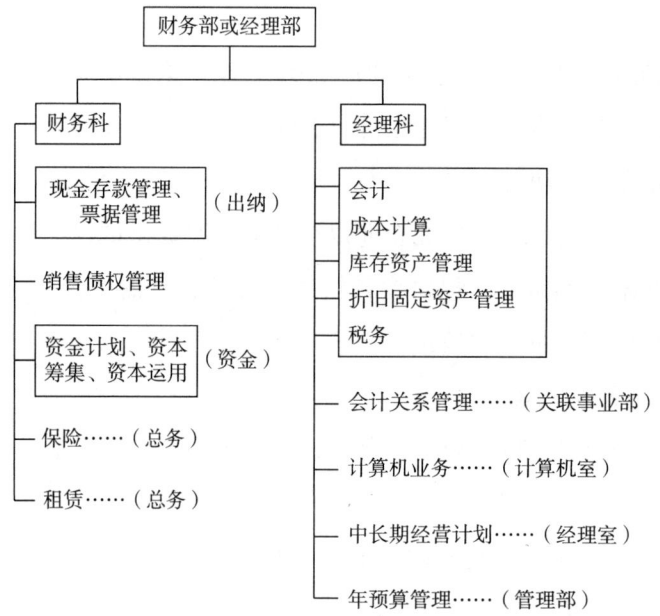

图1-3 日本大企业的财务管理组织形式

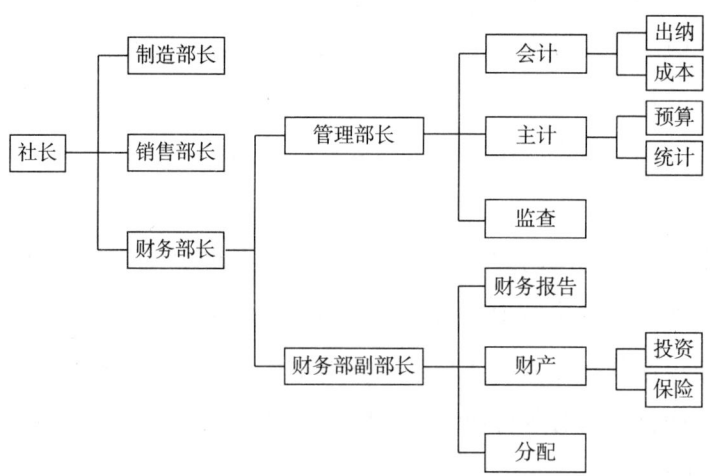

图1-4 日本中等企业的财务管理组织形式

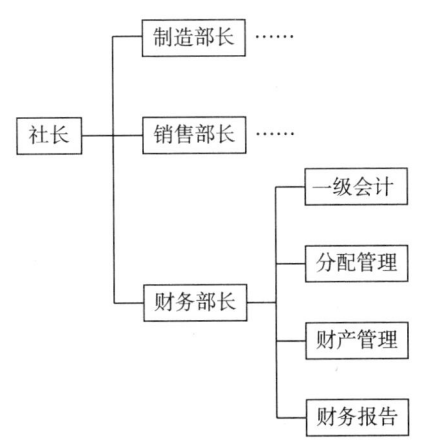

图1-5 日本小企业的财务管理组织形式

案例7 合伙企业设立那些事儿

一、案例资料

王某大学毕业后准备开办一家软件公司，因资金不足，王某便找其堂哥和表妹帮助。于是，在一家咨询公司上班的堂哥和在工商银行做信贷员的表妹共同帮助王某，分别为王某出资12万元和6万元。王某的堂哥、表妹与其商量，不如一家人一起办网络公司，由于他们上班没时间管理公司，决定由王某负责经营管理，王某的堂哥、表妹帮助介绍客户，软件公司以王某的名义注册登记，三个人按照出资比例进行利润分成。王某看在兄妹的份上，答应了其堂哥、表妹的建议。为了避免日后发生矛盾、影响彼此之间的感情，三人特就出资与利润分成事项达成书面协议。

随后，王某向大学同学张某、刘某分别借了8万元钱。准备工作完成后，王某以个人名义向工商行政管理机关申请设立登记，领取营业执照，软件公司开业。由于王某经营得当，其堂哥、表妹也经常介绍客户为软件公司招揽业务，公司发展顺利，年终盈利10万元，三人按照出资比例进行了分配，分别得到5万元、4万元和2万元。

王某向张某的借款到期后，张某向王某索要，王某称无力偿还，要求张某再宽限1年，1年后利息加倍偿还，张某不同意。王某又提出请张某入伙该软件公司，张某借给王某的8万元钱抵作出资，按照出资比例分享盈利，张某认为该公司生意红火，随即同意。张某入伙后1个月，刘某要求王某还钱，王某推托不还，于是刘某将王某诉至法院。

二、讨论问题

1. 该软件公司应属于个人独资企业还是合伙企业，为什么？出资人身份是否合法？请说明理由。

2. 王某的表妹如果贷款买房，王某是否有权决定以软件公司的房产做抵押担保？为什么？

3. 张某的入伙能否发生？请说明理由。

4. 刘某的借款应如何偿还？如果1年后刘某向该公司借了8万元钱没有偿还，能够要求与其抵消吗？为什么？

第三节　财务价值观念案例

教学目的和要求：本节案例主要涉及资金时间价值和风险价值相关理论，通过本节学习，你应该对财务管理中的时间价值、风险价值相关理论有一个全面、深刻的认识，同时能够利用相关理论来分析实际问题。

案例8　要住房还是要补贴

一、案例资料

张博士是成功海归人士，国内某领域的专家，某日接到一家上市公司的邀请函，邀请他作为公司的技术顾问，指导开发新产品。邀请函的具体条件如下：

1. 每个月来公司指导工作一天。

2. 每年聘金20万元。

3. 提供公司所在城市住房一套，价值100万元。

4. 在公司至少工作6年。

张博士对以上工作待遇很感兴趣，对公司开发的新产品也很有研究，决定接受邀请。但他不想接受住房，因为每月仅到公司工作一天，住公司招待所就可以了。因此他向公司提出，能否将提供住房改为发住房补贴。公司研究了张博士的请求，决定可以在今后6年里每年年初支付张博士25万元补贴。

收到公司的通知后，张博士又犹豫起来，因为如果接受住房，可以将其出售，扣除售价5%的契税和手续费，他可以获得95万元的现金；而若接受补贴，则每年年初可获得25万元。

二、讨论问题

1. 根据以上资料，假设每年存款利率为3%，张博士应该如何选择？

2. 如果张博士本身是一家企业的业主，其资金的投资回报率为32%，他又该如何选择呢？

案例9　提前还贷为何要多付利息

一、案例资料

银行贷款利率一提再提，搞得"房奴""车奴"焦头烂额。部分贷款者开始了提前还贷的行动，没想到，有人提前还贷却莫名其妙地多付了利息，这是怎么回事呢？

2016年，陶先生用房产抵押向银行借了一笔50万元的1年期个人消费贷款，年利率为7.254%（在1年期基准利率5.58%的基础上上浮了30%），贷款于2017年3月29日到期。为了节约利息支出，他于2017年3月28日提前归还了50万元的贷款。

还款后，陶先生回家仔细一算，发现银行多收了312元利息。因为如果到期还款，利息是36270元，而提前一天还款，利息却是36582元。提前一天还款少占用银行资金一天，为什么还要多支付利息？陶先生百思不得其解。

二、讨论问题

请运用所学理论，向陶先生说明提前还贷要多付利息的原因。

案例10　北方公司应选择哪个方案投资

一、案例资料

北方公司近年陷入经营困境，原有柠檬饮料因市场竞争激烈、消费者喜好产生变化等开始滞销。为改变产品结构，开拓新的市场领域，拟开发两种新产品。

1. 开发洁清纯净水：面对全国范围内的节水运动及限制供应，尤其是北方十年九旱的特殊环境，开发部认为洁清纯净水将进入百姓的日常生活，市场前景看好，有关预测资料如表1-1所示。

表1-1　　　　　　　北方公司开发洁清纯净水的市场销售预测情况

市场销路	概　率(%)	预计年利润(万元)
好	60	150
一般	20	50
差	20	-10

注：经过专家测定该项目的风险系数为0.5。

2. 开发消渴啤酒：北方人有豪爽、好客、畅饮的性格，亲朋好友聚会的机会日益增多；北方气温大幅度升高，并且气候干燥；北方人的收入明显增多，生活水平日益提高。开发部据此提出开发消渴啤酒方案，有关市场预测资料如表1-2所示。

表1-2　　　　　　　北方公司开发消渴啤酒的市场销售预测情况

市场销路	概　率(%)	预计年利润(万元)
好	50	180
一般	20	85
差	30	-25

二、讨论问题

通过对两个产品开发方案的收益与风险的计量，进行方案评价，并替北方公司作出科学决策。

案例 11 买股票还是买债券

一、案例资料

千女士有一笔长期资金准备投资,她要求的最低收益率为 11%。

现有股票和债券可供选择:

1. 东方公司拟发行一批债券筹资,债券面值为 1000 元,票面利率为 10%,期限为 5 年,每年付息一次,到期还本,预计售价 980 元。

2. M 公司股票现行市价为每股 9 元,上年每股股利为 0.15 元,预计以后每年以 6% 的增长率增长。

二、讨论问题

1. 假定千女士购买该债券后持有至到期,请利用债券估价模型,计算东方公司债券的内在价格。

2. 利用股票估价模型,计算 M 公司股票价值。

3. 代千女士作出投资决策。

案例 12 创办火锅连锁店风险与收益决策

一、案例资料

小白兔公司准备以 1500 万元投资筹建火锅连锁店,根据市场预测,预计该公司在三种不同的营销情况下可能获得的净利润及其概率的数据如下:

1. 若市场营销情况好,概率为 0.3,预计每年可获利 600 万元。

2. 若市场营销情况一般,概率为 0.5,预计每年可获利 500 万元。

3. 若市场营销情况差,概率为 0.2,预计每年可获利 300 万元。

假定火锅行业的风险价值系数为 0.6,计划年度正常的贴现率为 12%。

二、讨论问题

从风险报酬角度讨论小白兔公司创办火锅连锁店的财务可行性。

第四节 资本预算案例

教学目的与要求：通过对本节案例的学习，你应掌握资本预算的相关理论和技术要点。熟悉如何编制资本预算，了解资本预算管理和过程监管的基本规范。

案例13 东方公司的现金预算

一、案例资料

东方公司2015年1~3月实际销售额分别为76000万元、72000万元和82000万元，预计4月份销售额为80000万元。每月销售收入中有70%于当月收现，20%次月收现，10%第三个月收现，不存在坏账。

假定该公司销售的产品在流通环节只需缴纳消费税，税率为10%，并于当月以现金交纳。该公司3月末现金余额为160万元，应付账款余额为10000万元，需在4月份付清，不存在其他应收应付款项。

2015年4月份有关项目预计资料如下：采购材料16000万元（当月付款70%）；工资及其他支出16800万元（用现金支付）；制造费用16000万元（其中折旧费等非付现费用为8000万元）；营业费用和管理费用2000万元（用现金支付）；预交所得税3800万元；购买设备24000万元（用现金支付）。现金不足时通过向银行借款解决。2015年4月末现金余额要求不低于200万元。

二、讨论问题

1. 要求根据上述资料，计算东方公司2015年4月份的下列预算指标：
（1）现金流入额；（2）现金流出额；（3）现金余缺；（4）应向银行借款的最低金额；（5）2015年4月末应收账款余额。

2. 企业进行财务预算的重要性。

3. 保障企业预算成功的因素有哪些？

案例14 山东航空股份有限公司全面预算管理系统

一、项目背景

被誉为"齐鲁之翼"的山东航空集团是2000年成立的国有大型一类航空运输企业集团。公司已拥有资产54.4亿元，经过17年的发展，山航集团以山东航空集团有限公司为母公司，拥有山航股份、山东太古（飞机维修）、航空培训、广告公司等子公司和山航大厦、济南丹顶鹤大酒店（三星级）、烟台飞行员度假村等分支机构，形成以运输业为龙头，上下游产业相配套发展的经营格局，逐渐发展成为一个具有多种产业结构布局的综合性企业集团。

山航集团全面预算的编制主体十分复杂，成员单位既涉及控股、非控股的子公司，又涉及非法人的独立核算单位；既涉及B股上市公司，又涉及内资企业；既涉及航空运输主业，又延伸到与航空业有关的飞行员、乘务员、地面维修业务培训等多种行业。原来集团公司各成员单位执行分行业的会计制度，2004年起统一实行《企业会计制度》。山航以现代企业制度为基础，实行董事会领导下的总裁负责制。

2005年年初，山航在综合平衡了各软件的特点和其他集团取得的经验之后，结合自身情况，决定首先从全面预算管理入手，这也是整个山航推出战略管理的重要组成部分以及实现全面信息化的第一步。

虽从全面预算管理入手，但山航着眼于未来集团信息化统一平台的建设。因此，既要考虑企业现有特点及需求，能满足集团及下属企业全面预算管理的需要，能够建立全面预算管理体系优化企业的资源配置，保证集团公司总体财务目标的实现，全方位地调动各个层面员工的积极性，促进企业建立、健全内部约束机制，规范企业财务管理行为，促使企业效益最大化；又要能面向集中管理实现集团信息化统一平台建设，要求整个系统在战略上实行集中控制，整合所有资源，在战术上实行分布式经营，做到既降低经营风险，又发挥规模经济优势，协助集团实现战略性目标。成熟的产品线、大型企业实施案例也同样是山航所关注的。

浪潮通软与山航财务部经过6个月的通力协作，全面预算管理系统于2006年8月成功验收，山航的2006年全面预算也已经编制完成。

目前系统运行稳定，用户反映良好，实现了财务部门对整个生产经营活动的动态监控，加强了财务与其他部门之间的联系和沟通。全面预算控制制度的正常运行建立在规范的分析和考核的基础上，财务部门依据某个即时会计资料的反映和掌握的动态经济信息，系统分析各部门预算项目的完成情况和存在的问题，并提出纠偏的建议和措施，报集团领导批准后，协同职能部门按规定的流程对各部门的预算执行情况进行全面考核，并把企业中的各种经济活动统一到了企业整体发展目标上来，在集团内部形成上下一致的合力，推动着整个集团的高效运转。

二、基本需求

山东航空集团作为国有大型一类航空运输企业，要求系统具有很强的安全性、可靠性、易使用性、可扩展性和先进性等技术特点，同时还要能体现山航对全面预算的管理思想，尤其是事前预算、事中控制、事后分析调整，并根据预算执行情况进行绩效考核。系统要特别强调资源的配置和对集团公司战略目标的支撑，出发点应是集团公司的管理思想，从集团管理角度看待全面预算系统，不是从账务管理系统中导出来的数据罗列和报表管理，要真正成为山航战略管理的强有力支撑。

三、系统总体目标

1. 面向内部管理，提高企业营运的计划性和可监管性。
2. 面向业务流程，实现全面预算报表编制规范化。
3. 面向决策，提供辅助决策支持。
4. 面向未来，构筑统一的企业财务信息化平台。

四、整体架构

全面预算信息系统的整体构架以集团的分级管理构架为基础，企业预算报表信息由集团公司成员单位根据集团确定的年度经营目标，将预算目标层层分解落实到企业内部各预算编制单位，并将本单位预算报表汇总上报到集团公司，集团公司借以对预算执行情况进行分析和监控，并实现对预算执行情况的考核和评价。

五、建立预算体系

全面预算管理是利用预算对各部门、各单位的各种财务及非财务资源进行分配、考核、控制，以便有效组织和协调企业的生产经营活动，完成既定的经营目标。业务预算、投资预算、筹资预算、财务预算共同构成企业的全面预算。山航预算体系主要由以下部分构成（见表1-3）。

表1-3　　　　　　　　山东航空集团的预算管理体系

预算体系	预算表	编制部门
业务预算	销售收入预算	销售部、货运部
	生产计划预算	企业管理与证券部
	人工预算	人力资源部
	航材采购及维修预算	机务工程部
	飞机及发动机维修预算	机务工程部
	物资采购与物料消耗预算	财务部
	业务成本预算	财务部
	销售费用预算	销售部、货运部
	管理费用预算	财务部
资本预算	固定资产投资预算	财务部
	权益性资本投资预算	企业管理与证券部
	债券投资预算	企业管理与证券部
筹资预算	筹资预算	财务部
	财务费用预算	财务部
财务预算	预计利润	财务部
	预计资产与负债	财务部
	预计现金流量	财务部

六、预算编制审批流程

山航集团公司按照"二下二上"的预算编制流程。先下达预算目标，各企业单位根据"一下"目标并结合自身情况编制企业"一上"预算，在预算编制过程中进行平衡检查及控制检查，检查通过后上报汇总，集团对各单位上报的预算报表进行审查，对不符合要求的预算报表，填写审批意见发回原单位进行修改，预算报表审核审批通过后，结合企业预算情况及集团经营目标制定企业的预算指标，形成"二下"指标，下达企业，企业根据"二下"指标编制"二上"预算，"二上"预算要受"二下"指标控制，并进行平衡检查，检查通过后的预算数据上报上级公司，上级公司进行审批处理，对审批通过的预算进行汇总合并形成集团公司预算，集团公司将以此为依据，在预算期内，监督、控制预算的执行情况。

执行过程通过对比分析、环比分析、定基分析等多种分析方法，可以对指标、预算项目、预算表进行分析，通过对预算执行情况差异分析，可以从单位（部门）、预算期间、预算项目、预算版本四维进行穿透分析，查找差异原因，为决策提供支持。

（案例来源：陈玉菁．财务管理实务与案例（第三版）．中国人民大学出版社，2015．）

七、讨论问题

1. 分析山东航空全面预算管理系统的主要特点。
2. 就山东航空全面预算管理系统的应用情况给出你的评价。

第二章

筹资管理案例

第一节 资金需要量预测

教学目的和要求：通过本节案例学习，你应该对资金需要量相关理论有一个全面、深刻的认识，同时能够利用相关理论和主要方法预测企业的资金需要量，以及为企业进行科学合理的资金安排。

案例 15 东方公司资金需要量预测

一、案例资料

东方公司 2015 年 12 月 31 日的简要资产负债情况如表 2-1 所示。

表 2-1　　　　　　　　　东方公司简要资产负债　　　　　　　　单位：万元

资产		负债及所有者权益	
现金	45	应付账款	40
应收账款	60	应付票据	60
存货	95	长期借款	70
固定资产净值	130	实收资本	100

续表

资　　产		负债及所有者权益	
		留存收益	60
资产合计	330	负债及所有者权益	330

该公司 2015 年的销售收入为 500 万元，公司的生产能力已经处于饱和状态，税后销售利润率为 10%，60% 的净利润分配给投资者。预计 2016 年的销售收入将提高到 600 万元。

假定 2016 年与 2015 年的销售利润率和利润分配政策相同。资产负债表中，流动资产、固定资产、应付账款、应付票据与销售的变动有关。

二、讨论问题

试运用营业百分比法确定东方公司 2016 年需要从外界筹集的资金数量。

案例 16　西岭公司资金需要量预测

一、案例资料

西岭公司 2012～2016 年的商品产销量和资金需要量如表 2-2 所示，预计 2017 年的产销量为 16 万件。

表 2-2　　　　西岭公司 2012～2016 年的商品产销量和资金需要量

年份	产销量（万件）	资金需要量（万元）
2012	12	957
2013	11	913
2014	12.6	962
2015	13	986
2016	14.6	1020

二、讨论问题

1. 采用回归分析法建立直线回归方程，并预测公司 2017 年的资金需要量。

2. 采用高低点法建立直线回归方程,并预测公司 2017 年的资金需要量。

3. 比较两种方法的优劣。

案例 17　小型家具制造商的筹资安排

一、案例资料

山城公司是一家小型家具制造商。已知该公司 2015 年销售收入 2000 万元,销售净利润率 5%,现金股利支付率 50%。山城公司 2015 年简化资产负债情况如表 2-3 所示。

表 2-3　　　　　　　山城公司 2015 年简化资产负债　　　　单位:万元

资产	金额	负债与股东权益	金额
流动资产	700	负债	550
固定资产	300	股东权益	450
资产总额	1000	负债与股东权益	1000

二、讨论问题

1. 如果 2016 年公司仅靠内部融资实现增长,计算其可以达到的增长率。

2. 计算为维持目标资本结构,山城公司在不进行权益融资情况下的所能达到的增长率。

3. 山城公司预计 2016 年销售收入将增长 20%,公司财务部门认为:公司负债是一项独立的筹资决策事项,它不应随预计销售增长而增长,而应考虑新增投资及内部留存融资不足后,由管理层考虑如何通过负债融资方式来弥补这一外部融资"缺口"。假设销售净利率维持上年水平不变,计算:(1) 新增资产额;(2) 内部融资量;(3) 外部融资缺口;(4) 负债融资前后的资产负债率。

4. 山城公司为实现 20% 的销售增长率,除了采取举债融资措施之外,还可采取哪些措施?

第二节 筹资方式案例

教学目的和要求：不同筹资方式各有利弊。通过本节案例学习，可以进一步认识各类筹资方式的特点，同时应该能够利用相关理论来研究现实中各类筹资方式的利弊，为企业筹资安排提供一定参考。

案例18 前进股份有限公司抵押债券筹资

一、案例资料

前进股份有限公司是一家高科技民营企业，其开发和生产的某种纳米材料的市场潜力巨大，公司未来有着非常光明的发展前景。公司目前正处于创业阶段，急需资金支持。但是由于公司规模较小，且目前（初创阶段）的盈利水平和现金净流量较低等诸多条件的限制，公司难以通过向公众发行股票的方式来筹集资金。前进公司采取的筹资方案是定向（非公开）向若干战略投资者发行价值800万元、利率为10%的抵押公司债券。债券投资者认为，如果任前进公司的股东和管理者自行其是，以公司的资产作为保证借入新的债务，显然将使原有债权人暴露在更大的风险之下。出于保持或增加其索偿权的安全性的愿望，经与前进公司协商后双方共同在债务契约中写入若干保护性条款，其中规定允许公司只有在满足下列条件的前提下才能发行其他公司债券：

1. 税前利息保障倍数大于4。
2. 抵押资产的净折余价值保持在抵押债券价值的2倍以上。
3. 负债与权益比率不高于0.5。

从公司财务报表得知，前进公司现有税后净收益240万元，权益资金4000万元，资产折余价值3000万元（已被用于抵押）。公司所得税税率为40%。假定一项新发行债券收入的50%用于增加被抵押资产，到下年为止公司不支付偿债基金。

二、讨论问题

在抵押债券契约中规定的三种条件下，前进公司可分别再发行多少利率为10%的债券？说明上述保护性条款中哪项是有约束力的？

案例 19　快乐股份有限公司商业信用筹资决策

一、案例资料

快乐股份有限公司拟采购一批零件，供应商规定的付款条件：10 天之内付款，需付 98 万元；20 天之内付款，需付 99 万元；30 天之内付款，需付 100 万元。

二、讨论问题

假定以下两个问题相互独立，请讨论：

1. 假设银行短期贷款利率为 15%，计算放弃现金折扣的成本，并确定对该公司最有利的付款日期和价格。

2. 若目前的短期投资收益率为 40%，确定对该公司最有利的付款日期和价格。

案例 20　中国宝安可转换债券发行与转换分析

一、案例资料

中国宝安企业（集团）股份有限公司是一个以房地产业为龙头、工业为基础、商业贸易为支柱的综合性股份制企业集团，为解决业务发展所需要的资金，1992 年年底向社会发行 5 亿元可转换债券，并于 1993 年 2 月 10 日在深圳证券交易所挂牌交易。宝安可转换债券是我国资本市场第一张 A 股上市可转换债券。

宝安可转换债券的主要发行条件是：发行总额为 5 亿元人民币，按债券面值每张 5000 元发行，期限是 3 年（1992 年 12 月～1995 年 12 月），票面利率为年息 3%，每年付息一次。债券载明两项限制性条款：（1）可转换条款规定，债券持有人自 1993 年 6 月 1 日起至债券到期日前可选择以每股 25 元的转换价格转换为宝安公司的人民币普通股 1 股；（2）推迟可赎回条款规定，宝安公司有权利但没有义务在可转换债券到期前半年内以每张 5150 元的赎回价格赎回可转换债券。债券同时规定，若在 1993 年 6 月 1 日前该公司增加新的人民币普通股股本时，其转换价格计算方法如下：

转换价格 =〔（调整前转换价格 - 股息）×原股本 + 新股发行价格 × 新增股本〕/增股后人民币普通股总股本

宝安可转换债券发行时的有关情况是：

由中国人民银行规定的三年期银行储蓄存款利率为8.28%，三年期企业债券利率为9.94%，1992年发行的三年期国库券的票面利率为9.5%，并享有规定的保值贴补。根据发行说明书，可转换债券所募集的5亿元资金主要用于房地产开发业和工业投资项目。具体包括：支付购买武汉南湖机场及其附近工地270平方米土地款及平整土地费，开发兴建高中档商品住宅楼；购买上海浦东陆家嘴金融贸易区土地1.28万平方米，兴建综合高档宝安大厦；开发生产专用集成电路，生物工程基地建设等。

宝安可转换债券发行条件具有以下5个特点：

1. 溢价转股：可转换债券发行时宝安公司A股市价为21元左右，转换溢价为20%左右。

2. 票面利率较低：3%的票面利率相对于同期的企业债券利率低了近7个百分点，可使宝安公司的资本成本率下降了200%。与国外同类企业可转换债券票面利率相比也低了1~2个百分点。

3. 期限较短：宝安可转换债券的期限设计为3年，而其资金投向却主要是超过3年的中长期项目。若债券到期时未能实现转股，而资金投入又尚未有回报，发行公司将面临偿还巨额本金的压力。

4. 未规定债券赎回的转股价格上限：虽然按发行条件，宝安公司有权在最后半年内以每股5150元的溢价赎回债券，但在转股价格上无上限规定，因此在理论上说，债券持有人在两年的可自由转股的期限内，随公司股票价格上涨所能获取的收益不受限制。

5. 转股价格的合理调整规定时间限制：按国际惯例，可转换债券的转换价格在当基准股票受诸如分红送股、低价配股、股票拆细与合并等情况下的人为稀释时，可按既定的规则调整股票价格。但是，宝安公司可转换债券的设计规定，在可转换债券发行半年内（即1993年6月1日之前），公司增发新股可按给定的调整公式进行价格调整，而对此段期间以后新发股票的价格调整，发行公告未作说明与规定。实际上，宝安公司在1993年上半年曾派发股利每股0.9元，并按1:1.3送红股，按上述公式，可转换债券的转换价格调整为｛(25 − 0.09)元 × 26403万股 + 1元 × 0.3 × 26403万股｝/ (1.3 × 26403万股) = 19.392元；而在

1993年和1994年度宝安公司分红方案分别是10送7股派1.22元和10送2.5股派1元，其可转换债券的转换价格则没作相应调整。

宝安公司可转换债券上述的设计特点，应该说归因于当时股票市场持续的大牛市行情和高涨的房地产项目开发的热潮以及宝安可转换债券设计者对转股形势和公司经营业绩过于乐观的估计。从1993年下半年和1994年起，由于宏观经济紧缩，大规模的股市扩容及由此引发的长时间低迷行情、房地产业进入调整阶段等一系列的形势变化，使宝安公司的可转换债券在转股中遇到的困难就不足为奇了。

宝安可转换债券从上市到摘牌，转换为股票的共计1350.75万股。按每股19.392元的转换价格计算，转换为宝安A股691584股，实现转换部分占发行总额的2.7%。如此低的比率恐怕远出乎当初宝安可转换债券发行决策者的意料，亦是与宝安公司经营者的意图和最初愿望背道而驰，毫无疑问，宝安可转换债券的转股结果是一个彻底的失败。

转换失败以及由此带来的巨额资金的偿还给宝安公司经营的压力和负面影响是不言而喻的。在短时期内拿出5亿多元的现金，对于一个企业来说，是相当困难的。据宝安公司1995年度的财务报告反映，为了这笔巨资的偿还，该公司不得不提前一年着手准备，确保资金到位，其间不得不放弃许多的投资获利机会。宝安公司在经营上也被迫作出了很大的调整。这些都成为宝安公司该年度利润下降的直接原因。但宝安公司最终是经受住了考验，顺利完成了可转换债券的还本付息工作，按期将现金兑付给了宝安可转换债券的持有人，避免了任何债务违约纠纷的出现。这对于企业的信誉具有积极的作用。

宝安可转换债券的转股虽然是失败的，但对于宝安公司而言，从总体上看，这次发行可转换债券的尝试并不意味着完全的损失。毕竟宝安可转换债券为该公司提供了利率仅为3%的三年期资金来源，如果不是完全投资于那些长期性的项目，应该能从这笔低成本资金获得较高的投资回报。但对投资者来说，损失是确定无疑的。对于以面值认购的投资者，持有宝安可转换债券就有直接的利息损失，而对于那些在宝安可转换债券上市初期从市场上以高于面值甚至以两倍以上的价格购买可转换债券的投资者来说，损失就更大。这种结局的原因，除了前面所涉及的诸如股市异常波动、可转换债券设计缺陷等因素外，投资者本身对可转换债券性质的认识不足也是其一。投资者在近乎疯狂的投机气氛中，根本不顾及可转换债券本身特定的收益与风险特征,当然也不可能理会宝安可转换债券设计本身存在的缺陷。可见,投资者投资理念和金融意识的不足。

宝安可转换债券作为的中国第一张可转换债券,其产生的过程充满"中国特色",它是市场化与行政化结合的产物,它的实践为我国证券市场提供了大量的经验与教训,总结这一实践,将给后来者提供有益的帮助。

(案例来源:马忠智,吕益民.可转换债券发行与交易实务.人民出版社,1996.)

二、讨论问题

1. 宝安可转换债券发行成功,转换失败所引发的经验与教训是什么?

2. 假如你是宝安公司的总经理,你将采取什么措施改进可转换债券设计与发行中的失误?

3. 企业发行可转换债券时应考虑哪些因素?如果你是宝安公司的财务经理,你将会向总经理提出何种建议筹措资金?

4. 可转换债券投资者在购买此类债券时应注意什么问题?

案例21 神州泰岳创业板上市

你可能不知道神州泰岳,但是你一定知道飞信。当你通过飞信联系好友时,你可能分文未花,但是神州泰岳却从飞信系统的运营维护中获得了真金白银。这家和你关系密切的科技公司在创业板的第一批上市公司之中,是创业板首个百元股。神州泰岳原打算通过上市融资5.02亿元,但由于定价超过预期,终极超募约12亿元。创业板交易第二日,一众"资本新贵"集体陷进跌停潮,神州泰岳以每股93.6元收盘,跌幅达9.04%,毅然"破百"。本案例通过对神州泰岳的上市融资能力分析,指出科技型中小企业应做好企业风险管理,注重自主研发及创新能力,保持盈利持续性与成长性,加强公司管理和资本运营等,以保证其股价的稳定性。

一、案例背景

(一)神州泰岳简介

2001年5月18日,王宁和李力创办北京神州泰岳软件有限公司。2002年5月1日,该公司变更为股份有限公司(以下简称:神州泰岳),2009年10月30日其在我国创业板上市,上市前公司注册资本为9480万元。依据神州泰岳的招股阐明书,发行3160万股,实际上取的是发行底线。依据创业板的上市规定,神州泰岳IPO的股份必须占总股本的25%,发行后总股本为12640万股。

神州泰岳是本土最大的提供IT服务管理(ITSM)的软件企业,排名市场前三名的另外两家企业是IBM和HP。目前,神州泰岳的主营业务是为国内电信、金融、能源等行业的大中型企业和政府部门提供IT运行维护管理的整体解决方案,包括软件产品开发与销售(含自主软件产品和定制软件产品的开发与销售)、技术服务(包括公司向客户提供的与IT运维管理相关的技术支持、技术开发、技术咨询、系统维护、运营管理外包等服务内容)和系统集成(主要是在帮助客户建设IT运维管理系统时需要外购配套的软硬件产品与公司软件产品一起销售并安装)。这种划分只是从管理和分析的角度而进行的,在实际项目中,这三类业务相互立足于运营维护管理、移动互联网平台支撑、互联网应用领域,互相交织、密不可分,构成该公司主营业务分类收入(见表2-4)。

表2-4　　　　　　　　　公司主营业务分类收入情况　　　　　　单位:万元、%

类别	2009年1~6月		2008年		2007年		2006年	
	金额	比例	金额	比例	金额	比例	金额	比例
软件产品开发与销售	4057.21	12.43	8432.26	16.24	5801.73	13.10	4804.69	25.61
技术服务	26729.74	81.92	31486.87	60.64	12120.87	27.38	25727.50	14.54
系统集成	1841.29	5.64	12009.16	23.13	26354.05	59.52	11228.19	59.80
合计	32628.24	100.00	51928.29	100.00	44276.65	100.00	18760.43	100.00

资料来源:神州泰岳官网年报。

(二)神州泰岳的行业地位

市场研究公司(IDC)研究报告显示,神州泰岳在国内IT管理市场的占有率连续4年位居全国第一。IT运营维护管理可以细分为面向计算机网络的IT运营维护管理和面向电信网络的IT运营维护管理,其中业务服务管理(BSM)相关产品与服务是面向计算机网络的IT运营维护管理市场的代表性组成部分;电信运营维护支撑系统（BOSS）相关产品与服务是面向电信网络的 IT 运营维护管理市场的主要组成部分。

1. 国内 BSM 市场领域。根据 IDC 历年的 BSM 市场研究报告显示，神州泰岳在我国 BSM 领域连续多年处于领先地位。2004～2008 年，该公司在 BSM 领域的市场占有率分别为 15.0%、15.1%、19.3%、23.6% 和 25.7%，其市场份额一直居国内第一且逐年提高。

神州泰岳的主要应用领域为成熟度较高的电信、金融和政府等。IDC 市场研究报告显示，2008 年上述三个领域内的 BSM 解决方案市场收入占总体市场份额的 86.9%。目前，神州泰岳在电信、金融和政府的系统运营维护上是领导企业，第一把交椅，国内没有任何一家与其匹敌；在 BSM 市场有 25% 以上的市场占有率，而且是 IT 领域中发展最快的。

2. 国内 BOSS 市场领域。在通信领域，神州泰岳是系统运营维护最大的市场，几乎占领了国内的所有通信商的这项服务。神州泰岳在 BOSS 领域内的市场占有情况如表 2-5 所示。

表 2-5　　　　　　　神州泰岳在 BOSS 领域内的市场占有情况

电信运营商	项目类型	公司所占市场
中国移动	数据网管	14 省
	网管监控平台	总部 + 31 省
	BOSS 网管	6 省（2 省局部）
	电子运营管理	总部 + 6 省
中国联通	增值业务综合网管	一期（总部 + 31 省） 二期（总部 + 19 省）
	WAP 业务网管 扩展短信平台业务网管	总部 + 31 省
中国电信	业务集中监控平台	总部 + 25 省

资料来源：中信证券公司《增长趋势明确，渐入收获期——亿阳信通调研报告》。

3. 飞信是中国移动全力投入的即时通信软件（IM），排在腾讯 QQ 和 MSN 之间，成为通信领域国内第二名。飞信给神州泰岳带来了巨大收益，2007 年收益是

3731万元，2008年是9097万元，2009年半年是8924万元，占净利润的比例分别是42%、75%、76%。

二、案例分析

继美国NASDAQ市场、英国AIM市场、香港创业板之后，我国的创业板于2009年10月在深圳证券交易所正式成立。服务于创新型国家战略的实施，以成长型创业企业为主要服务对象，重点支持自主创新企业，并发挥资本市场对高科技、高成长创业企业的助推器和孵化器的功能。神州泰岳是科技型中小企业上市融资成功案例中的典范，其2009年年报显示：神州泰岳实现营业收入7.23亿元，同比增长39.18%；归属于上市公司股东的净利润2.71亿元，同比增长124.6%；每股收益2.72元，并推出"史上最牛分红方案"——10转增15派3。在分红方案的刺激下，神州泰岳的股价一度突破每股200元。让我们通过对神州泰岳上市融资方案的分析，探析这样的神话是如何创造的。

（一）风险管理

科技型中小企业具有高成长的特性，但也伴随着高度的不确定性，存在较高的技术风险、市场风险、经营风险等。为了保证创业板的健康发展，保障投资者的合法权益，《首次公开发行股票并在创业板上市管理暂行办法》（以下简称《暂行办法》）第四十条规定，创业板公司应提示企业具有业绩不稳定、经营风险高、退市风险大等特点，投资者面临较大的市场风险；第十四条规定，发行人核心技术不应存在重大不利变化的风险；第十六条规定，发行人不应存在重大偿债风险。例如，创业板创立以来，未通过审核的上海麦杰科技公司存在过多经营风险问题，该公司报告期内经营活动现金流不稳定和业务发展严重不匹配，直接导致企业上市失败。

神州泰岳是典型的科技型中小企业，同样面临较高的市场风险、经营风险、管理风险等，公司特别提醒投资者关注的"风险因素"包括对电信行业依赖的风险、对飞信运营维护支撑外包服务业务依赖的风险，以及对税收优惠和政府补助政策变化风险等。其中，对电信行业依赖的风险最为重要。数据显示，2006年、2007年、2008年、2009年1～6月，神州泰岳来自电信行业的营业收入占公司当期营业收入的比例分别为71.10%、82.99%、81.51%和92.02%，公司对电信行业的运营商依赖程度较高。随着电信行业对系统运行效率要求的进一步提升，未来几年内神州泰岳经营业绩对电信行业的依赖程度依然会比较高。如果未来电信行业的宏观环境发生不可预测的不利变化或者电信运营商对信息化建设的投资规模大幅下降，都将对该公司的盈利能力产生较大不利的影响。

（二）自主研发及创新能力

自主创新能力是科技型中小企业的核心竞争力。我国创业板主要发挥支持高科技企业上市融资的作用，所以创业板市场对发行人的自主创新能力有明确要求。《暂行办法》中规定，发行人应具有一定的自主创新能力，在科技创新、制度创新、管理创新等方面具有较强的竞争力。首例未通过创业板发行审核的企业是南京磐能电力科技股份有限公司，原因是其所在行业属于传统行业，又没有突出核心竞争力，不符合创业板的核心定义。北京东方红航天生物技术股份有限公司也存在类似的问题。企业的航天生物的技术和人员严重依赖于中国空间技术研究院，研究院是目前唯一能够为该企业提供设备和资源的单位，研发过程对其他单位存在明显依赖。

神州泰岳长期专注于IT运维管理领域，基于从国内大型客户不断提炼出的用户需求，通过实施和研发两个部门的快速互动，形成了技术和产品水平不断提升和创新的良性互动机制，自主开发了一系列的软件产品，积累了丰富的IT运营维护管理技术。截至上市前，神州泰岳母公司拥有包括资源建模技术、指标建模、关联分析等在内的12项核心技术；子公司新媒传信拥有SIP-C协议、MCP协议、SSI单点登录等42项核心技术。以核心技术为支撑，神州泰岳在IT运营维护管理、运营维护支撑服务、计算机网络管理等方面都处于领先地位，所有核心技术都是集成创新，源自神州泰岳长期以来在项目实践中的研发积累，这些技术的产出离不开公司大量的研发费用及人员的付出。神州泰岳2006~2009年6月研发投入情况如表2-6所示。

表2-6　　　　　　2006~2009年6月神州泰岳研发投入情况

项目	2006年	2007年	2008年	2009年1~6月
研发投入（万元）	2012.84	4991.40	5907.96	4161.68
占营业收入比例（%）	10.73	11.27	11.38	12.75

资料来源：神州泰岳官网年报。

神州泰岳十分重视技术研究开发工作，研发管理团队一直保持稳定，且均具有丰富的IT运营维护产品与项目的技术研发和系统实施经验。截至2009年6月30日，技术研发人员已由2006年年初的175人发展至1555人，在员工总数中的比例较高，达到了89.72%。许多技术人员具备在国际IT运营维护管理厂商的工作经历，且多名技术人员通过了项目管理PMP认证，OTACLE、BMC、CA等多个国际知名厂商的技术认证及C++、JAVA等开发技术的认证。

（三）盈利持续性与成长性

我国创业板的宗旨是促进自主创新及其他成长型企业的发展，所以科技型中小企业的持续成长能力成为审核关注的焦点。企业成长能力既需要核心技术的支撑，也依赖于持续盈利水平。企业的盈利能力是企业后续发展的保障，所以为了控制市场风险，保证创业板的稳定性和成长性，发行条件非常注重科技型中小企业的持续盈利能力。《暂行办法》第十四条明确规定，发行人应当具有持续盈利能力，并且不存在企业产品、行业环境、特许经营权等重大不确定性对企业盈利能力构成重大不利影响的情形。北京东方红航天生物技术股份有限公司申请上市的当年上半年盈利不到上年同期的一半，这表明其盈利动力明显不足，不能体现创业板企业的高成长性，所以成为其未通过审核的原因之一。

2006年以来，作为我国IT运营维护管理领域领先的整体解决方案提供商，随着IT运营维护管理行业在我国的快速发展，特别是在飞信运营维护支撑外包服务业务强劲发展的带动下，神州泰岳的业务规模持续快速扩大，盈利能力不断增强，进一步巩固了其核心竞争力和市场地位。2006~2008年，公司营业收入分别为18760.43万元、44276.65万元和51928.29万元，2008年1~6月和2009年1~6月营业收入分别为22319.42万元、32628.24万元，实现了快速增长。其中，2007年、2008年分别较上年增长了25516.22万元和7651.64万元，增幅分别为136.01%和17.28%；2009年1~6月，公司营业收入较上年同期增长了10308.82万元，增幅为46.19%。神州泰岳的财务数据显示，其盈利能力在逐步增强。

1. 营业收入持续快速增长。

神州泰岳一直处于快速成长阶段。随着公司在我国IT运营维护管理领域领先市场地位的进一步巩固和自身核心竞争力的进一步增强，神州泰岳的营业收入一直保持较快的增速，表现出良好的成长性。

2. 营业收入结构进一步改善。

神州泰岳来自运营维护管理技术服务类的收入，特别是飞信运营维护支撑外包服务的收入持续快速增长，使得技术服务类收入在公司营业收入结构中的占比不断提高。由于技术服务类业务的技术含量较高，毛利率相对较高，是其盈利能力大幅提高的主要影响因素，营业收入结构得到了优化。

3. 不断加强营业成本的控制。

在不断扩大业务规模、改善营业收入结构的同时，神州泰岳通过强化内部管理、提高资金、存货的周转效率等措施加强对营业成本的控制，进而提高其盈利能力。

（四）公司治理情况

公司治理结构是否合理，关系到企业股权结构、各项财务制度、内审控制等日常经营活动能否有序进行，企业目标是否能按计划实施。《暂行办法》中第十九条明确规定，发行人应具有完善的公司治理结构，同时还对发行人提出股权清晰、内部控制制度健全、董事及高级管理人员稳定性等具体要求。但是，我国科技型中小企业多由没有管理经验的科研人员创立，或者为传统家族型企业，所以在公司治理结构、股权结构、`高级管理人员稳定性等方面存在不足。例如，江西恒大高新技术股份有限公司未通过发行审核的原因是因为企业并没有健全的法人治理结构，控制权过于集中，不利于公司治理的有效实施。

神州泰岳股东大会、董事会、监事会、独立董事、董事会秘书制度建立健全并且运行良好，具有完备的对外投资、担保事项的制度。公司严格遵守国家的法律法规，报告期内依法经营，不存在因违法违规行为而被处罚的情形。神州泰岳制定的"公司章程""股东大会议事规则"和"董事会议事规则"，明确规定了股东的权利及履行相关权利的程序；而且神州泰岳第三届董事会第十六次会议审议通过了《信息披露管理办法（草案）》、《投资者关系工作管理制度（草案）》，为公司本次公开发行上市后进一步维护投资者权利做了充分的准备和制度安排。神州泰岳的审计机构——立信会计师事务所有限公司出具的内部制度审核报告，认为神州泰岳按照财政部颁布的《企业内部控制基本规范》及相关具体规范于2009年6月30日在所有重大方面保持了与会计报表相关的有效的内部控制符合规定。

（五）募集资金运用情况

科技型中小企业上市融资的主要动力在于企业缺乏充足的资金进行技术研发、

扩大再生产，融资才能增强企业的市场竞争力。为了加强对上市公司募集资金的管理，《暂行办法》第二十七条规定，募集资金应当用于主营业务，并有明确的用途，而且数额和投资项目应当与发行人现有生产经营规模、财务状况、技术水平和管理能力等相适应。北京福星晓程电子公司，在初次申请上市时并未通过审核，因为其财务报告显示公司近年负债率较低，资金充裕，表明企业并无融资需要，无须通过上市融资满足项目需要。

神州泰岳募集资金投资项目是根据国家产业政策、行业发展趋势、公司实际情况和未来发展规划进行全面分析的基础上，围绕现有主营业务及产品领域的客户需求，在公司原有的技术、产品、客户基础上进行的产品线深度整合、挖掘与提升。我国国家产业政策的支持和IT运营维护管理行业的快速发展，为募集资金项目的顺利实施提供了有力的保障。募集资金投资项目的顺利实施，有利于实现现有业务的升级，进一步提升其行业地位和品牌影响力，进一步丰富其的行业经验，为其实现持续自主创新和快速成长奠定坚实的基础。

从以上几方面看，神州泰岳对风险充分估计，具有稳定的成长性。2011年神州泰岳公布上半年业绩显示实现收入人民币5.35亿元，净利润人民币2亿元，同比分别增长40%和34%。2011年上半年每股盈利为人民币0.53元。其中：飞信收入同比增长22.4%，人民币2.93亿元；农信通收入为人民币2.14亿元；IT服务管理业务也同比强劲增长69%，人民币2.17亿元。股价反映预期，这证明投资者对公司定位、未来的发展前景的认同。

（六）神州泰岳上市融资环境分析

神州泰岳在2008年曾尝试在"中小板"上市融资，但未获批准。2009年，神州泰岳重整旗鼓转战我国创业板，最终获得成功，这与创业板成立的时机密不可分，同时神州泰岳的融入也体现了我国创业板与科技型中小企业上市融资需求相契合。由于创业板的前瞻性，所以我国创业板的上市条件较之中小板有所降低，在盈利、股本、主营业务、董事及管理层、募集资金用途等方面都有特殊要求。相比中小板，在创业板发行上市条件中，主体资格明确要求定位服务成长性创业企业，支持有自主创新的企业。

我国有中小板和创业板市场两大融资平台来满足企业融资的需要。但是有上市融资意愿和需求的高科技中小企业必须做好上市准备，一方面应具备相应的融资能力，另一方面，还应掌握中小板和创业板市场目前发展情况，即我国上市融资环境。

1. 中小板市场。

为贯彻落实十六届三中全会及《国务院关于推进资本市场改革开放和稳定发展的若干意见》精神，自2000年起深圳证券交易所暂停新股上市申请筹备创业板，历经4年的准备建设，我国中小企业板于2004年6月25日正式开盘。我国的小企业板与二板市场不同，是主板市场的一部分，其创立初衷是集中安排符合主板发行上市条件的企业中规模较小的企业上市，待条件成熟时，整体剥离为独立的创业板市场。

从制度安排上看，中小板以运行独立、监察独立、代码独立和指数独立与主板市场相区别，并为有针对性地加强监管和制度创新留下空间，以便在条件成熟时整体剥离为独立的创业板市场。针对中小企业的风险特点，中小板市场采取有别于主板市场的监管措施，维持正常的市场秩序：一是针对中小企业板块的风险特征，在交易和监察方面使用完善交易信息公开、交易异常波动停牌等制度，持续推进交易和监察制度的改革创新；二是完善中小企业板块上市公司监管制度，推行募集资金使用定期审计制度、定期报告披露上市公司股东持股分布制度和上市公司及中介机构诚信管理系统等措施。

虽然中小板独立于主板市场运行，但由于发行上市标准与主板完全相同，对于高科技中小企业来说非常苛刻。比如，要求发行人有良好的资产质量、盈利能力；具体有最近3个会计年度净利润均达为正数，且累计超过人民币3000万元、发行前股本总额不少于人民币3000万元等要求。这样的财务指标条件对于刚刚兴起的高科技中小企业来讲，无异于在其上市融资的道路上设置了一个无法逾越的屏障。截至2010年12月底，在中小板上市交易的公司共531家，涉及农林牧渔、采掘业、制造业、信息技术等多个行业，发行总股本达136.67亿元。其中，高新技术企业占很高比重，但多为已发展非常成熟的企业。这些企业中涉及电子、机械设备、医药生物，以及信息技术等行业的共有244家，所占上市企业总数比例接近46%。

2. 创业板市场。

创业板是地位仅次于主板市场的二板证券市场，是我国多层次资本市场体系的一部分,目的是重点扶持高成长性的高科技企业,为风险投资和创投企业建立退出途径。创业板并不是"小小板",而是作为补充主板市场的二板市场,发挥着支持高科技企业上市融资的作用,所以创业板与中小板(主板)有所区别(见表2-7)。

表2-7　　　　　　　创业板与主板(中小板)上市条件比较

上市条件	创业板	中小板
主体资格	依法设立且持续经营3年以上的股份有限公司,定位服务成长性创业企业;支持有自主创新的企业	依法设立且合法存续的股份有限公司
股本要求	发行前净资产不少于2000万元,发行后的股本总额不少于3000万元	发行前股本总额不少于3000万元,发行后不少于5000万元
盈利要求	(1)最近2年连续盈利,最近2年净利润累计不少于1000万元,且持续增长;或者最近1年盈利,且净利润不少于500万元,最近1年营业收入不少于5000万元,最近2年营业收入增长率均不低于0%;(2)净利润以扣除非经常性损益前后孰低者为计算依据	(1)最近3个会计年度净利润均为正数且累计超过人民币3000万元,净利润以扣除非经常性损益前后较低者为计算依据;(2)最近3个会计年度经营活动产生的现金流量净额累计超过人民币5000万元;或者最近3个会计年度营业收入累计超过人民币3亿元;(3)最近一期不存在未弥补亏损
资产要求	最近一期末净资产不少于2000万元	最近一期末无形资产(扣除土地使用权、水面养殖权和采矿权等后)占净资产的比例不高于20%
主营业务要求	发行人应当主营一种业务,且最近2年内未发生变更	最近3年内主营业务没有发生重大变化
董事、管理层和实际控制人要求	发行人最近2年内主营业务和董事、高级管理人员均未发生重大变化,实际控制人未发生变更。最近3年内高管不能受到中国证监会行政处罚,或者最近1年内不能受到证券交易所公开谴责	发行人最近3年内董事、高级管理人员没有发生重大变化,实际控制人未发生变更。最近36个月内高管不能受到中国证监会行政处罚,或者最近12个月内不能受到证券交易所公开谴责
同业竞争和关联交易要求	发行人的业务与控股股东、实际控制人及其控制的其他企业间不存在同业竞争,以及影响独立性或者显失公允的关联交易	除创业板标准外,还需募集投资项目实施后,不会产生同业竞争或者对发行人的独立性产生不利影响

（1）创业板风险更大。与主板市场相比，我国创业板规模相对较小、稳定性弱，市场容易出现波动。创业板正处于起步阶段，法律规范、监管制度等方面还不成熟，现颁布的《创业板股票上市规则》《创业板市场相关交易规则》《创业板市场投资者适当性管理暂行规定》等法律规范还有待完善补充。而且，在创业板寻求上市机会的企业，多为高科技中小企业，存在较高的技术风险、市场风险和经营风险；高科技中小企业信息不对称问题突出，存在上市公司诚信风险等问题。

（2）创业板市场前景广阔。与中小板相比，创业板市场并不特别强调企业成立时间、规模和业绩，而是关注上市公司未来的研发能力、盈利能力和成长空间，所以在创业板上市的公司多为高科技中小企业。截至2010年12月底，属于电子、机械设备、生物医药和信息技术行业等高科技行业的上市企业共104家，占上市公司总数的68%。我国创业板市场建立之前，很多高科技企业选择到海外创业板上市，中华网、前程无忧、分众传媒等众多知名企业纷纷在美国NASDAQ上市融资。根据创业投资和清科集团（中国领先的创业投资与私募股权投资领域综合服务及投资机构）统计，在其关注的海外13个资本市场上，2009年共有77家中国企业在境外9个市场上市，融资271.39亿美元。所以，有上市公司的成长性和市场的发展潜力两方面支撑，我国创业板前景广阔。

（3）上市门槛降低。由于创业板的前瞻性，我国创业板的上市条件较中小板有所降低，在盈利、股本、主营业务、董事及管理层、募集资金用途等方面都有特殊要求。相比中小板，在创业板发行上市条件中，主体资格明确要求定位服务成长性创业企业，支持有自主创新的企业，净资产和发行后股本总额的标准低于中小板要求，并不过度要求历史盈利水平。

神州泰岳高溢价成功上市意义重大，打开了成长类股票的股价上升空间，初步证明新开板的创业板市场极具活力。

3. 上市融资环境问题分析。

由于我国中小板和创业板成立时间有限，与美国NASDAQ、英国AIM等创业板市场还有很大差距，应当在发展中查找不足，对比发达国家的资本市场的优势，及时发现我国中小板和创业板市场中存在的问题，才能更好地为中小高新技术企业提供上市融资期盼。

（1）资本市场准入标准单一。中小板市场独立于主板市场运行，但发行上市标准与主板完全相同，对于中小高新技术企业来说是可望而不可即的。而且，虽然创业板上市条件低于中小板，但是和海外创业板上市条件相比还是略显苛刻。比如，要求发行人有良好的资产规模，发行前净资产不少于 2000 万元，发行后的股本总额不少于 3000 万元。数据显示，截至 2010 年年底，属于信息技术、医药卫生、电子行业的企业共 62 家，这些企业发行后股本总额平均为 265973 万元，远高于 3000 万元的最低标准。中小板与创业板都在起步期，市场容量有限，远远无法满足中小高新技术企业融资的需要，不可能真正有效地解决企业融资的难题。我国创业板市场缺少像美国 NASDAQ 市场区分小额资本的层次性，不利于处于不同发展阶段企业寻求合适融资渠道。

（2）资本市场制度规范并不完善。政策、法规是中小高新技术企业融资的保障，我国一直致力于法治社会的建设，不断加强解决融资法律、政策问题的力度。有关企业上市融资相关法规众多，除了基本的《中华人民共和国公司法》《中华人民共和国证券法》和《上市公司证券发行管理办法》之外，针对中小高新技术企业上市融资，我国还制定了《暂行办法》《创业板市场相关交易规则》来规范企业融资行为。为了保障投资者的利益，《创业板市场投资者适当性管理暂行规定》还对创业板投资者的资质设置门槛，保障创业板市场的有序交易。中小板、创业板企业退市、转板机制还没有确定，以及相关信息披露并不严苛等问题都有待解决。

经济不断发展，我国资本市场建设日趋完善，相关的法律、法规等配套措施也应根据实际需要作出相应调整，针对我国中小高新技术企业的特点，制定相关政策法规，减少信息不对称问题，以此实现企业上市融资规范化运作，保障创业板、中小板市场的有序发展。

4. 融入资金利用还存在问题。

2009 年 10 月上市融入资金 12 亿元后，该公司没有较好的投资项目。从 2008～2010 年年报现金比率发现（见表 2-8），虽然该公司现金大量闲置在账面上的情况有所改善，但其主营业务过于集中在飞信业务上，还应在多元化方面下功夫。

表 2-8　　2008~2010 年神州泰岳现金比率情况

比率	2008 年	2009 年	2010 年	2010 年 6 月 30 日
流动比率	2.66	21.17	12.40	10.30
速动比率	2.43	20.78	11.99	10.92
现金比率	1.43	19.24	9.82	6.82

（案例来源：刘华．神州泰岳转战创业板上市案例分析．财务与会计，2010（6）．）

三、讨论问题

1. 创业板上市有哪些条件和要求？
2. 创业板上市、中小板与主板上市有何不同？
3. 从本案例出发，评价公司上市应注意的问题？

案例 22　国泰君安首次公开发行并上市

一、公司概况

国泰君安证券股份有限公司（以下简称"国泰君安"）是在国泰证券有限公司和君安证券有限公司合并的基础上发起设立的股份有限公司，是国内历史悠久、综合实力最强的证券公司之一。截至 2014 年 12 月 31 日，公司直接拥有 6 家境内子公司和 1 家境外子公司，在全国 29 个省、市、自治区设有 30 家分公司和 232 家证券营业部；公司全资子公司国泰君安期货有限公司在全国没有 12 家期货营业部；公司控股子公司上海证券有限责任公司在全国设有 1 家分公司和 56 家证券营业部，其全资子公司海证期货有限公司在全国设有 4 家期货营业部。2008~2014 年，公司连续 7 年在证券公司分类评价中被评为 A 类 AA 级，为目前证券公司获得的最高评级。

1999 年 8 月，经中国证监会批准，国泰证券和君安证券合并，同泰证券和君安证券的股东及其他投资者共同发起设立国泰君安，注册资本为 37.2718 亿元。2001 年 8 月，经中国证监会批准，同泰君安采取派生分立的方式，分立而成两个具有独立法人资格的公司，国泰君安作为存续公司拥有及承担与证券业务有关的

第二章 筹资管理案例

资产、业务及与该资产和业务相关的负债，公司注册资本变更为 37 亿元。2005 年 12 月，经中国证监会批准，中央汇金投资有限责任公司以现金 10 元认购国泰君安新增股份 10 亿股，公司注册资本变更为 47 亿元。2012 年 2 月，经中国证券监督管理委员会上海监督局核准，公司增资股份 14 亿股，注册资本变更为 61 亿元。

公司的经营范围为：证券经纪；证券自营；证券承销与保荐；证券投资咨询；与证券交易、证券投资活动有关的财务顾问；融资融券业务；证券投资基金代销；代销金融产品业务；为期货公司提供中间介绍业务；股票期权做市业务；中国证监会批准的其他业务。同时，公司通过全资子公司上海国泰君安证券资产管理有限公司、国泰君安期货有限公司、国泰君安创新投资有限公司以及控股子公司国联安基金管理有限公司分别从事资产管理、期货、直接投资和基金管理等业务；通过全资子公司国泰君安金融控股有限公司所控股的国泰君安国际及其子公司在中国香港从事经有关机关批准的与证券相关的持牌业务；公司控股子公司上海证券及其下属子公司从事经中国证监会批准的证券业务。

2015 年 6 月，经中国证券监督管理委员会《关于核准国泰君安证券股份有限公司首次公开发行股票的批复》批准，国泰君安向社会首次公开发行人民币股（A 股）152500 万股，并于 2015 年 6 月 26 日在上海证券交易所挂牌上市。发行后国泰君安总股本为 762500 万股，本次发行的股份占其发行后总股本的 20%。国泰君安本次 A 股发行前后的股权结构如表 2-9 所示。

表 2-9　　　　　　　　国泰君安 IPO 前后的股权结构

股东名称	本次 A 股发行前		本次 A 股发行后	
	持股数（股）	所占比例（%）	持股数（股）	所占比例（%）
国有股	4880346453	80.01	4729241779	62.02
社会法人股	1219653547	19.99	1219653547	16.00
全国社会保障基金理事会	0	0.00	151104674	1.98
社会公众股	0	0.00	1525000000	20.00
总计	6100000000	100.00	7625000000	100.00

资料来源：国泰君安证券官网《国泰君安首次公开发行 A 股股票招股说明书》。

根据《境内证券市场转持部分国有股充实全国社会保障基金实施办法》《关于国泰君安证券股份有限公司国有股权管理方案变更有关问题的函》及《关于国泰君安证券股份有限公司部分国有股转持有关问题的函》，国泰君安68家国有股东均需履行国有股转持义务，所转持股份的禁售义务由全国社会保障基金理事会承继。本次A股发行前后、上市之前前十大股东持股情况如表2-10所示。

表2-10　　　　　　　　国泰君安的十大股东持股情况

序号	股东名称	本次发行前		本次发行及国有股转持后	
		持股数量（股）	持股比例（%）	持股数量（股）	持股比例（%）
1	上海国有资产经营有限公司	2012346441	32.99	1949347453	25.57
2	上海国际集团有限公司	721142444	11.82	698608342	9.16
3	深圳市投资控股有限公司	644201819	10.56	624071941	8.18
4	上海城投有限公司	260635387	4.27	252491109	3.31
5	深圳能源集团股份有限公司	154455909	2.53	154455909	2.03
6	大众交通股份有限公司	154455909	2.53	154455909	2.03
7	上海金融发展投资基金	150000000	2.46	150000000	1.97
8	中国第一汽车集团公司	119124915	1.95	115402526	1.51
9	杭州市金融投资集团公司	95300608	1.56	92322675	1.21
10	安徽华茂纺织股份有限公司	95299933	1.56	95299933	1.25

资料来源：国泰君安证券官网《国泰君安首次公开发行A股股票招股说明书》。

二、本次发行概况

1. 本次发行股数：15.25亿股。

2. 每股面值：人民币1.00元。

3. 每股发行价格：人民币19.71元/股。

4. 每股净资产：人民币940元（按本次发行后净资产除以本次发行后总股本计算，其中，本次发行后的净资产为2014年12月3日经审计归属于母公司的股东所有者权益和本次发行募集资金净额之和）。

5. 每股收益：人民币 0.86 元（按 2014 年度经审计的扣除非经常性损益前后孰低的归属于母公司股东的净利润除以本次发行后总股本计算）。

6. 发行后市盈率：22.99 倍（按发行价格除以发行后每股收益计算）。

7. 发行后市净率：2.10 倍（按发行价格除以发行后每股净资产计算）。

8. 募集资金总额：人民币 3005775 万元。

9. 每股发行费用：人民币 0.26 元。

10. 募集资金净额：人民币 2966352.05 万元。

11. 发行方式：本次发行采用网下向询价对象询价配售与网上按资金申购发行相结合的方式进行。网下初始发行数量为 106750 万股，占本次发行数量的 70%；网上初始发行数量为 45750 万股，占本次发行数员的 30%。

三、同业竞争及关联交易情况

1. 同业竞争。

公司主要从事经中国证监会批准的证券经纪、证券自营、证券承销与保荐等证券及相关持牌业务，并按照有关法律法规和监管规定开展相关经营活动。公司控股股东北京市国有资产经营有限责任公司（以下简称"国资公司"）及实际控制人上海国际集团有限公司（以下简称"国际集团"）除控股公司外，未控股其他证券公司。公司控股股东、实际控制人及其控制的其他企业与公司不存在实质性同业竞争。

国际集团间接控制的上投摩根基金管理有限公司虽然经营与本公司子公司国联安基金管理有限公司相同的业务，但与本公司不存在实质性同业竞争。国资公司控制的上海国鑫投资发展有限公司、上海正海国鑫投资中心（有限合伙）虽然经营与本公司子公司国泰君安创投公司相似的业务，但不存在实质性同业竞争。国资公司、国际集团及其控制的部分其他企业虽涉及经营与本公司相似的业务，但与本公司不存在实质性同业竞争。

截至招股说明书签署日，控股股东国资公司、公司实际控制人国际集团已与公司签订了《避免同业竞争协议》，明确规定了同业竞争协议范围、限制期间、避免未来出现同业竞争情况的承诺和保证以及履行承诺的约束措施。

由此可认为，本公司控股股东国资公司、实际控制人国际集团目前所从事的业务与国泰君安不存在同业竞争，并且能有效避免未来可能发生的同业竞争。

2. 关联交易。

经常性关联交易涉及向投资管理公司承租房屋、向关联方提供代理买卖证券服务、向关联方出租证券交易席位、接受关联方提供的代理买卖证券服务、公司与关联方之间的银行间市场交易、向关联方转让信用资产收益权、向关联方提供定向资产管理服务等。

偶发性关联交易主要涉及投资公司为本公司提供股权托管服务、公司子公司国泰君安创投公司为投资管理公司提供投资管理顾问服务、公司与国资公司终止资产回转、公司受让国际集团持有的上海证券 51% 的股权、公司控股子公司上海证券向国际集团借入次级债、公司控股子公司上海证券为国际集团提供法人股的股权托管服务、购买并持有上海国际信托有限公司管理的信托计划产品、关联方认购公司发行的债券、公司向关联方提供股票及债券承销服务等。

报告期内公司关联交易遵循公平、公正和诚实信用的原则。其中，公司与国际集团签署协议受让其持有的上海证券 51% 的股权，并按协议约定支付了 30% 的股权转让价款，目的是提高公司的综合竞争力，落实中国证监会关于"一参一控"的监督要求，解决公司与实际控制人之间的同业竞争；报告期内，公司发生的其他关联交易占公司当期营业收入及营业支出的比重较低，未对公司的财务状况及经营成果产生重大影响。

公司自成立以来的关联交易均严格执行《公司章程》及《关联交易管理制度》等的相关规定，独立董事对关联交易审议程序的合法性及交易价格的公允性发表无保留意见。

四、募集资金方向及用途

此次募集资金在扣除发行费用后，将全部用于补充公司资本金，增加营运资金，发展主营业务。主要用于推动传统证券经纪业务向综合理财服务转型、提升投行业务承销能力、扩大资产管理业务规模、适度增加证券投资、业务规模以及增加对融资融券等创新业务、研究业务和信息技术建设的投入。

五、案例分析

(一) 投资风险分析

根据案例资料显示，国泰君安在治理结构、证券市场以及证券业竞争环境等方面存在较大风险。

1. 公司治理结构风险。

截至招股说明书签署日,国资公司持有公司 32.99% 的股份,为公司的控股股东;国际集团直接、间接持有公司 46.74% 的股份,为公司的实际控制人。如果国资公司及国际集团利用其相对控股地位,通过董事会、股东大会对公司的人事任免、经营决策等施加重大影响,可能会损害公司及其他股东的利益,使公司面临大股东控制的风险。

2. 证券市场风险。

证券公司主要经营与股票、债券、期货、金融衍生品等证券相关的经纪、交易投资、发行承销、信用交易和资产管理等业务。证券公司的经营状况与证券市场的长期趋势及短期波动都有着很强的相关性,而证券市场的表现受宏观经济周期、宏观经济政策、市场发展程度、国际经济形势和境外金融市场波动以及投资者行为等诸多因素的影响,存在较强的周期性、波动性。证券市场的波动会对证券公司的经纪业务、投资银行业务、交易投资业务、信用交易业务、资产管理业务、基金管理业务以及其他业务的经营和收益产生直接影响,并且这种影响还可能产生叠加效应,从而放大证券公司的经营风险。

目前,我国证券市场仍处于发展的初级阶段,市场结构、投资者结构、上市公司结构等都有待进一步优化,相关的基础性制度也有待进一步完善,证券市场的周期性和波动性仍表现得较为明显;而我国证券公司业务范围有待拓展、业务模式较为单一,受证券市场特别是股票市场波动的影响程度仍然较高,行业的周期性和波动性特征仍未有根本改观。未来,证券业经营业绩仍将存在随证券市场波动而波动的风险。

3. 证券业竞争环境变化风险。

近年来,我国证券业正在加快业务产品创新和经营模式转型。与此同时,行业管制的逐步放松、对外开放的不断推进、金融综合经营趋势的演变和互联网金融的快速发展等诸多因素,也正在推动证券业的竞争环境发生明显变化。放松管制使证券行业的规模化、差异化和专业化竞争日趋激烈;未来,我国将逐步扩大对证券业的对外开放力度,国际投资银行将更多地进入国内证券市场,同时将不断增加对国内市场的投入。扩大在国内市场的经营范围,国内证券公司将在专业人才、市场扩展和金融创新等方面面临国际投资银行更为激烈的竞争;在客户金融服务需求日益综合化的背景下，商业银行、基金管理公司、信托公司、保险公司等金融机构凭借其客户资源、网络渠道、资本实力等优势，不断向资产管理、理财服务、投资银行等证券公司的传统业务领域渗透；此外，部分互联网公司以其海量的客户基础及互联网服务优势介入金融领域，不断创新互联网金融服务模式，为客户提供产品销售和小额融资等金融服务，从而对传统的证券投资理财方式产生了较大的冲击和替代效应。如果公司不能有效地应对行业竞争环境的变化，公司的市场份额就可能会受到其他市场参与者的挤压，从而会对公司的经营带来较大的风险。

（二）同业竞争与关联交易的分析

控股公司与上市公司不存在同业竞争将有利于上市公司经营的独立和其他股东利益的保护。根据案例资料，公司控股股东国资公司、实际控制人国际集团除控股本公司外，未控股其他证券公司。

另外，第一，虽然国际集团通过上海国际信托间接控制的上投摩根与公司控股子公司国联安基金公司均从事经中国证监会批准的基金管理等业务，但是上投摩根和国联安基金公司均具有独立的法人资格，资产完整，人员、业务和技术独立，并按照监管要求建立了完善的公司治理结构和健全的内部控制制度，以保护基金持有人利益为宗旨，相互独立作出经营决策、主要面对公开市场开展资金管理业务。并且根据上海浦东发展银行股份有限公司公告，国际集团已于2014年7月7日与上海浦东发展银行股份有限公司签署了备忘录，拟转让上海国际信托的控股权。目前，该项股权转让事宜已报送有关监管部门，正在履行审批程序。第二，国资公司控制的上海国鑫投资发展有限公司、上海正海国鑫投资中心（有限合伙）分别从事投资及管理、创业投资等业务，与本公司子公司国泰君安创投公司从事的直接投资业务存在相似性，均涉及直接股权投资。但是，股权投资业务具有普遍性，已成为市场经济体制下商业运行的惯常方式。同时，国泰君安创投公司已建立了相应的信息隔离墙制度或保密制度和较为完善的公司治理结构，上海国鑫投资发展有限公司、上海正海国鑫投资中心（有限合伙）也制定了相应的保密措施，信息隔离墙制度或保密制度以及较为完善的公司治理结构的建立可以有效地减少双方在开展业务时所产生的利益冲突。国资公司、国际集团及其控制的部分其他企业虽然涉及资本运作、资产收购、资产管理、信托等与公司相似的业务，但均不从事经中国证监会批准的证券及相关持牌业务。而且，该等相似业务与公司相关业务在业务性质、监管体制上有较大差异，双方也均建立了较为完善、相对独立的治理结构和业务运行体系，以及防范和避免利益冲突的信息隔离制度。截至招股说明书签署日，公司控股股东国资公司、实际控制人国际集团已与公司签订了《避免同业竞争协议》，明确规定了同业竞争协议范围、限制期间、避免未来出现同业竞争情况的承诺和保证以及履行承诺的约束措施。因此，公司控股股东、实际控制人及其控制的其他企业与本公司不存在实质性同业竞争。

（三）募集资金的运用分析

在中国证监会采取以净资本为核心的风险监管体制下，净资本规模成为决定证券公司市场竞争力的重要因素。随着大型证券公司不断通过境内外上市或再融资等方式扩充资本金规模，国泰君安净资本规模与业内排名领先的证券公司的差距不断加大。在第四届董事会第二次会议审议通过的《2013－2015年发展战略规划纲要》时，公司董事会提出了至2015年年末公司净资本要达到500亿元的发展目标，并将公开发行股票并上市作为实现这一目标的主要途径。

本次公开发行募集的资金，在扣除发行费用后全部用于补充资本金，增加营运资金，发展主营业务。具体用途如下：第一，推动传统经纪业务向综合理财服务转型。公司将大力推动综合理财服务创新，不断拓展和延伸经纪业务的业务和服务范围，致力于为客户提供全产品、全业务、全方位的服务，逐步实现传统经纪业务向综合理财和财富管理转型，同时调整和增设证券营业网点，拓展业务覆盖面，提高服务能力和市场占有率，全面提升经纪业务的行业地位和市场竞争力。第二，提升投行业务的承销能力。更强的资本实力，将为投资银行业务发展提供更大的支持，提升投行业务的综合实力。第三，扩大资产管理业务规模。公司将加大对资产管理业务的投入，开发更多产品，扩大资产管理规模，并以自有资金适当参与资产管理产品，使资产管理业务成为公司重要的利润增长点。第四，适度扩大证券交易投资、业务规模。在风险可控的前提下，公司将根据证券市场情况适度扩大证券投资业务规模，积极改善投资结构，扩大低风险和创新业务的投资规模，重点发展固定收益投资和资本中介业务，继续发挥公司的专业研究和管理优势。第五，加大对创新业务的投入。公司将进一步加大创新业务的投入，扩大融资融券和质押回购业务规模，通过增加创新业务收入进一步改善公司的业务收入结构。第六，加大研究业务投入。公司在加强对发展各项业务提供基础支持的同时，将不断地提高公司研究能力和研究品牌的市场影响力。第七，增加对信息技术建设的投入。公司将科学合理、适时有序地增加对信息技术投入，发挥IT技术对创新商业模式的引领作用，以技术创新驱动业务创新、管理创新，以信息技术进步推动金融技术进步，为公司业务发展和风险控制提供更好的技术支持和安全保障。证券行业是典型的资本密集型行业，净资本已经成为决定证券公司市场地位和发展潜力的重要因素。近年来，公司不断加大对创新业务的拓展力度，创新业务发展整体上处于行业领先水平，但创新业务的进一步发展受到了资本规模的较大制约。另外，一些大型证券公司通过资本市场进行融资，不仅增强了自身的资本实力，也巩固和提升了市场地位。在日益激烈的市场竞争中，净资本规模偏低直接影响了公司业务经营规模的扩大及创新业务布局和盈利水平的提升，在较大程度上制约了公司的发展，因此，公司必须通过股票融资来进一步增强自身的资本实力，进一步扩大业务规模，加快业务发展并优化收入结构，以应对激烈的市场竞争，并在新的竞争格局中巩固和提升公司在行业中的竞争优势和地位。

（四）股票发行价格的确定

IPO发行价格是新股发行过程中最关键的决策之一。发行价格决定了企业的融资额和发行风险，关系到发行人、投资者、承销商等多方利益，甚至还会影响到股票发行后二级市场的平稳性。

IPO发行价格主要取决于IPO定价机制。目前，全球范围内主要使用固定价格机制、拍卖机制、累计投标机制和混合定价机制四种IPO定价机制。其中，累计投标定价机制最为常用，主要应用于以美国、英国为代表的主要境外成熟市场；固定价格机制主要应用于马来西亚、泰国等新兴市场国家；拍卖机制则主要运用于日本、法国、中国台湾地区等。

固定价格机制，是由承销商与发行人在发行前根据一定的标准确定一个固定的发行价格，由投资者根据该固定的发行价格进行认购。固定价格又分为允许配售与不允许配售两种方式。其中，前者是指在股票定价时，承销商拥有自由分配股票的权利，即承销商可以对一些机构投资者实行配售；后者是指不实行配售，针对全体投资者的公开发行。

拍卖机制，是指发行价格由投资者以投标的形式竞价得出。拍卖机制能够吸引更广泛的投资者群体，普通投资者与承销商的优质客户处于完全平等的地位，并且采取公允、透明的配售机制，减少了承销商与少数投资者控制公司股票配售的情况发生。但拍卖机制存在两个突出的问题：一是赢者诅咒。知情投资者只会给予合理的报价，并且会在股票报价过高的情况下退出拍卖，而处于信息劣势的投资者却对定价合理与定价过高无区别能力，为了获取股票，报价往往过高，导致拍卖股票全部被非知情投资者购买。二是"搭便车"行为。为了获得新股上市的超额收益，在均一价格拍卖中，投机者往往报出高价以保证最终能够以发行价格获得股份，如果拍卖参与者中投机者比例较高，最终 IPO 定价将偏高。

累计投标机制，是指承销商先向潜在的购买者推介股票，然后根据投资者的询价结果制定发行价格的定价机制。具体程序是：承销商和发行人首先通过路演、询价的形式向投资者（通常为机构投资者）收集对股票的需求订单和定价信息。然后由承销商根据收集的询价信息建立一个询价记录，以记录新股发行的所有相关信息（包括每一个提交的报价以及对应的报价机构投资者名称及申购数量），这样承销可以掌握股票的需求情况及销售前景，使其能够根据市场需求对发行价格进行调整，形成最终的发行价格，最后再根据询价记录的信息自主确定对投资者的股票发售与分配。

在累计投标方式下，投资者可以通过路演、与管理层交流、阅读招股意向书和研究报告等形式对发行人进行比较充分的了解，从而降低发行人与投资者之间的信息不对称程度；同时，承销商可以充分了解投资者对新股的需求程度，从而根据市场需求确定发行价格。累计投标机制下，承销商在发行新股时利用自由分配股份的权利，可以向经常性投资者适当倾斜，使得经常性投资者获得比偶然性投资者更多的新股份额，这样经常性投资者就更愿意报出其真实的需求信息。因为如果他们提供的信息经常有误，则可能失去经常性投资者的待遇。

混合定价机制，是指将上述二种基本定价机制结合起来的一种定价机制，如累计投标/固定价格、累计订单询价付自卖、拍卖/固定价格等。其中，累计投标/固定价格混合机制使用最为广泛，即在一次 IPO 过程中分别对不同的份额采用累计投标和固定价格两种方式，一般采用累计订单询价机制向境内外机构投资者配售一部分股票，另一部分额度则用固定价格发售给本地中小投资者。

2014年3月21日，中国证监会发布了最新的《证券发行与承销管理办法》，其中规定首次公开发行股票，可以通过向网下投资者询价的方式确定股票发行价格，也可以通过发行人与主承销商自主协商直接定价等其他合法、可行的方式确定股票发行价格。发行人和主承销商应当在招股意向书（或招股说明书，下同）和发行公告中披露本次发行股票的定价方式。上市公司发行证券的定价，应当符合中国证监会关于上市公司证券发行的有关规定。

选择询价方式的，发行人及其主承销商应当在刊登首次公开发行股票招股意向书和发行公告后，向询价对象进行推介和询价，并通过互联网向公众投资者进行推介。询价分为初步询价和累计投标询价。发行人及其主承销商应当通过初步询价确定发行价格区间，在发行价格区间内通过累计投标询价确定发行价格。首次发行的股票在中小企业板上市的，发行人及其主承销商可以根据初步询价结果确定发行价格，不再进行累计投标询价。在询价制度的实施过程中，尽管证监会对发行市盈率等指标仍有一定的窗口指导，但市场化的询价机制已经成为我国IPO发行的主导机制。新股询价机制有效地提高了发行定价的合理性，投资者可以更多地从公司的基本面和未来的发展出发进行价值判断，报价将有利于制定更为合理的发行价格。

国泰君安初步询价的报价区间为19.50元~20.31元/股，发行人和联席主承销商综合考虑后最终确认定价为19.71元/股。从国泰君安的发行定价来看，最终定价处在报价区间的中间水平，由于IPO的时间窗口选择在市场活跃期，询价机构和市场投资人的热情还是相当高的，网上发行的中签率为1.5742%，网下配售的中签率为0.8929%。此次IPO成功融资超过300亿元，成为5年来两市最大IPO。但是在成功IPO后，经历了股市暴跌，国泰君安的股票价格从2015年6月26日上市首日涨到28.38元，2015年8月25日跌至每股18.76元，两个月的时间即跌破发行价格，同期市场A股指数也下跌了29%。可见，IPO市的发行定价不仅可以体现投资人对公司预期的判断，同时会受到发行期市场投资者情绪的影响。另外，可以看到，宏观经济周期、股票市场波动对证券公司的影响是巨大的。

（案例来源：汤谷良，韩慧博，祝继高. 财务管理案例（第三版）. 北京大学出版社，2017.）

六、讨论问题

1. 从本案例出发,评价 IPO 的股票定价应该考虑哪些因素?
2. 国泰君安收购上海证券 51% 的股权的目的是什么?

案例 23 青岛啤酒捆绑筹资策略

企业经营的根本目的在于盈利,但企业若没有资本投入是难以实现盈利的,因此筹资对于任何企业来说都是决定其生存和发展的重要问题,而筹资又是有代价的,不同的融资方式,企业付出的代价也有所不同。就中国上市公司筹资现状而言,股权筹资是其主要融资方式。

目前中国上市公司仍将配股作为主要的融资手段,进而又将增发新股作为筹资的重要手段,这与发达国家"内源融资优先,债务融资次之,股权融资最后"的融资顺序大相径庭。其原因主要在于以下几点:

1. 中国上市公司股利发放率低,股票发行成本低廉,与境外市场高昂的发行成本相比,在与市盈率相适应的条件下,境外市场的筹资成本大概是 A 股市场的 5～6 倍,A 股市场融资效率较高。与此同时,对上市公司经营者没有形成有效的激励和约束机制,上市公司成了大股东"圈钱"的提款机。

2. 金融监管力度的日趋加强和银行信贷终身负责制度的实施,使得银行极为惜贷,从而使得企业获取长期贷款比较困难,并且贷款利率相对较高。

3. 经营者对负债融资到期还本付息这种硬性约束感到有极大的压力,因而不愿意冒险进行负债融资,致使上市公司争相增发新股,成为除配股之外的又一主要的筹资渠道。

一、捆绑式筹资策略

然而就在此经济环境之下,青岛啤酒股份有限公司突破陈规、勇于创新、创造性地采取了增发与回购捆绑式操作的筹资策略。

2001 年 2 月 5 日至 20 日,青岛啤酒公司上网定价增发社会公众公司普通 A 股 1 亿股,每股 7.87 元,筹集资金净额为 7.59 元。筹资效率较高,其筹资主要投向收购部分异地中外合资啤酒生产企业的外方投资者股权,以及对公司全资厂和控股子公司实施技术改造等。2001 年 6 月,青岛啤酒股份公司召开股东大会,作出了关于授权公司董事会于公司下次年会前最多可购回公司发行在外的境外上市外资股10%的特别决议。公司董事会计划回购H股股份的10%，即3468.5万股，虽然这样做将会导致公司注册资本的减少，但是当时H股股价接近于每股净资产值，若按每股净资产值2.36元计算，两地市场存在明显套利空间，仅花去了8185.66万元却可以缩减股本比例3.46%，而且可以在原来预测的基础上增加每股盈利。把这与公司2月5日至20日增发的1亿股A股事件联系起来分析，可以看出回购H股和增发A股进行捆绑式操作，是公司的一种筹资策略组合，这样股本扩张的"一增一缩"，使得青岛啤酒股份公司的股本仅扩大约3.43%，但募集资金却增加了将近7亿元，其融资效果十分明显，这种捆绑式筹资策略值得关注。

二、动因分析

青岛啤酒股份公司之所以采取此种筹资策略，主要是基于增发新股及股份回购等动因来考虑的。

（一）增发新股的动因

1. 融通资金，持续发展。从资本运作角度出发，上市公司为了今后的可持续性发展，必须寻找并培植新的利润增长点，这就需要大量的资金来保证企业项目的顺利实施。上市公司通过配股筹资面临着困境，其主要原因是拥有绝大多数股份的国有股持有者普遍资金匮乏，无货币资金参与配股，难以满足上市公司（特别是大股东）筹资的要求；再加上国有和法人股不能上市流通，缺乏一个畅通的流通转让渠道，其参与配股的积极性不高，如果放弃配股，又会使国有法人处于不利的投资地位，甚至造成国有资产流失。因此，需增发新股。

2. 调整股权结构。目前，中国大多数上市公司股权结构不合理，普遍存在国有股比例过大、社会公众股比例偏小的现象。据统计，在2000年上报的沪深两市A股公司中，国有股、国有法人股在总股本的比例超过50%的公司有498家，占全部1040家公司的47.88%，超过75%的公司有406家，占上市公司总数的39.04%，有的甚至达到93%以上。形成事实上的"一股独占"或"一股独大"。增发新股的股东全部为社会公众股，相对提高了社会公众股的比重，有利于发挥社会股东的监督和决策作用，有利于建立健全完善的公司治理结构。

（二）股份回购的动因

1. 实现经营目标。企业的经营目标是实现企业利润最大化及股东财富最大化。对于资金大量闲置,一时又没有投资项目投入的公司来说,与其闲置资金不用,还不如将资金用来回购部分股票,以减轻公司未来的分红压力同时提升股票内在品质,为股价上涨创造空间。股票回购不仅在选择分配过剩资金的方式上提供了灵活性,而且在何时分配资金方面也提供了弹性,这一点对公司非常有利,因为可以在股票价值被低估时进行回购。因为内部管理者与股东之间的信息不对称可能导致股票定价错位;如果管理体制者认为股票的价值已被低估,那么公司回购股票就意味着对市场传递出它要回购定价错位股票的信息暗示,积极的反应应该是纠正定价错位,从而推动股票价格上涨。特别是股票在不同的、被分割的交易所进行交易时,如果存在较大的价差,公司进行股份回购还可以实现在不同市场间的套利,进而实现公司不同股票价格的平稳和上扬,从而又提高了公司的市场价值。

2. 改善股权结构,使公司符合绝对控制企业(股权比例底线为30%)的规范。通过回购并注销国有股,能迅速有效地降低国有法人股在全部股本中的比重,改善股本结构。

3. 优化资本结构,增强盈利能力。通过股份回购可以适当提高资产负债率,更充分地发挥"财务杠杆"的作用,增强公司的未来盈利能力,从而提升公司股价,使股东财富最大化,给公司股东更高的回报,同时增大其他公司对本公司收购的难度。

4. 增强上市公司的持续筹资能力。从资本运营的角度出发,上市公司为了今后的可持续发展,必须培育并不断加强公司持续的筹资能力,重视证券市场的再筹资能力。

(三)捆绑式筹资策略的财务效果

上述筹资策略,将给上市公司带来显著的财务效果,主要表现在以下六个方面:

1. 取得了生产经营及扩张规模所必需的资金。上市公司股权融资具有筹资最大、财务风险小、筹集资金质量高等优点,通过上述筹资组合策略,在市盈率较高的资本市场上发行股票,公司既可以筹集大量资金,又没有增加公司的分红压力,可以说是一举两得。

2. 调整了公司的股权结构。中国上市公司股权结构设计极不合理,非流通股份占绝对控制地位，通过增发社会公众股和回购非流通股，可以大大降低国有股东的持股比例，同时以满足国家对绝对控制和相对控制企业的目的，有利于建立健全完善的公司治理结构。

3. 提高了公司的融资效率。上市公司增发新股大多采用上网定价发行方式，该方式发行费用高，融资速度快，并且在中国发行失败的可能性极小，通过股份回购可优化公司的资本结构，可使公司的筹资成本最小化，两方面都对公司提高融资效率起到了积极作用。

4. 提高了公司每股的收益并提升了公司的市场价值，有利于实现企业价值最大化。股份公司的每股盈余是衡量公司管理当局经营业绩的重要标准。通过筹资组合扩大了企业经营规模，培育了公司新的利润增长点，提高了企业的盈利能力。通过股份回购缩减了公司股本总额，两方面都对增加每股盈余起到了积极的促进作用，其结果大大增加了每股收益，吸引市场投资者做出积极的反映，推动股价的大幅上扬，在投资者中树立了良好的市场形象，公司的发展前景也可被投资者所认同。

5. 优化了财务杠杆，提高了企业竞争能力，增大了其他公司收购的成本，进而有效防止了被其他公司恶意兼并或收购。

6. 从纳税的角度考虑，股利应征收20%的个人所得税，而资本所得税的税率远低于股利所得税率，将股份回购看作是一种替代现金股利的股利分配形式，无疑会受到投资者的青睐。

三、案例启示

资本运作的时代中，企业的筹资必需而且重要，市场经济条件下，瞬息万变的市场要求企业不断地对自己的筹资策略进行创新，并要合理解决筹资与效率效果的问题。在中国由于现阶段金融市场存在的一些特殊性，上市公司均以配股作为主要的融资手段，但处于此大环境下的青岛啤酒股份有限公司却大但探索，勇于创新，通过对市场及公司自身情况的详细分析，作出了回购H股和增发A股捆绑式融资决策。其增发新股突破了配股单一模式，完善了公司的股权结构，增强了公司的盈利能力和筹资能力；股份回购实现了公司股票价格的平稳上扬，优化了公司的股本结构。二者的捆绑操作达到了优势互补的效果，并给上市公司带来了显著的财务效果，值得我们对现阶段中国企业适用的筹资方式加以深思。

第二章 筹资管理案例

（案例摘自：黄海燕，袁峥.财务管理习题与案例（第1版）.天津大学出版社，2011.）

四、讨论问题

1. 什么是股票回购？回购H股的原理是什么？
2. 本案例的捆绑式融资策略是如何实现的？有何优点？

案例24　金蝶软件科技公司的融资之路

深圳金蝶软件科技有限公司是我国财务软件产业的卓越代表，是中国最大的财务软件及企业管理软件的开发者、供应商之一；是中国Windows版财务软件和决策支持型财务软件的开创者，是最早成功地研制出制造业管理系统（VMRP-II）的财务软件公司。而这一切的迅速取得与风险投资的介入是密不可分的。

一、公司背景

金蝶公司的总裁徐少春是中国第一批会计电算化硕士研究生，师从于我国著名会计理论家杨纪琬教授。毕业后到深圳蛇口中华会计师事务所工作，1991年辞去公职创办了深圳爱普电脑公司，1992年7月成功开发了爱普财务软件。为了扩大经济规模，1993年8月，徐少春的深圳爱普电脑公司、香港招商局社会保险公司及美籍华人三方合资，成立了现在的深圳金蝶软件科技有限公司，注册资本为500万人民币。公司以"突破传统会计核算，跨进全新财务管理"为目标，进行产品创新，力图把金蝶公司建成国际性的财务软件公司。以现金和技术入股的总裁徐少春，当时并非最大的股东。正是这种经历和体验，使徐少春很早就拥有了容纳百川、借助资本运营的企业发展思路。而这种兼容并蓄的企业家襟怀，也就成了金蝶公司成功走上风险资本创业之路的深层根据。

金蝶公司创立之初，便迅速开发自己的新产品。1993年年底，金蝶公司开发了V2.0和V3.0DOS版财务软件。1995年年底，金蝶公司率先开发出Windows操作系统的产品，市场份额快速扩张。1996年4月，金蝶公司开发的Windows版本的财务软件，被评为"中国首家Windows版财务软件总分第一名"。

1997年，金蝶公司率先推出32种决策知识型财务软件。1998年2月，金蝶公司宣布与微软公司在开发、技术等方面进一步合作，并推出国内第一家3层结构技术基于大型数据库（C/S）版本的财务软件。金蝶公司所处的软件产业作为一种高效益、高投入、高风险的行业，其商品化需要大量的资金不断地投入。企业在开发软件过程中，需要召集大量的人才进行开发。在软件向市场的推介中，需要大量的市场宣传和售后服务。而这一切，都需要一定资金的先期投入。随着改革的深入，国内的财务制度与国际标准逐步接轨，国内在几年内先后成立了200余家大大小小的财务软件公司。如何在众多的财务软件公司中脱颖而出，使用户了解并使用自己的产品是金蝶公司的当务之急。金蝶公司为了抓紧战略时机，扩大自身规模，实现规模化、产业化，1997年前后在国内先后设立了20家分支机构。自1993年金蝶公司成立以来，其营业收入和利润等主要经济指标以每年300%的速度增长。随着规模的扩大，仅靠金蝶公司自身的积累已不能实现金蝶的战略需要和可持续增长，金蝶公司必须实现依靠资本市场来完成高效率的积累。

5年来，金蝶公司数次主动向银行申请，也有几次银行上门来洽谈，最终却只获得80万元贷款，原因就在于没有足够的资产作抵押，也缺乏担保，因为此时金蝶公司只有区区500万元固定资产。事实证明，金蝶公司向银行贷款这条路走不通。

二、风险投资的介入

1998年，对金蝶公司来说，极具历史转折意义。此时，IDG广州太平洋技术创业投资基金正在广深两地寻找投资项目。对风险投资基金而言，寻找投资项目是通过多种渠道来完成的，如可以通过公布投资项目指南，由风险企业提交项目投资申请，或者风险投资者采取主动出击的方式去搜寻投资项目。对各个渠道搜寻来的项目，再由风险投资公司进行考察、评审和筛选。在美国，由风险投资公司或基金的上级机构、贸易伙伴或合作伙伴介绍项目给风险投资者，最后达成风险投资协议的占65%，通过中介组织或中间人达成投资协议的占25%，而通过网络关系、贸易活动、讨论会等方式而达成风险投资协议的只占百分之十几。通过深圳市科技局，IDG广州太平洋技术创业投资基金总经理王树了解到金蝶公司的基本情况，就对金蝶公司进行登门造访。作为金蝶公司来说，IDG广州太平洋技术创业投资基金的介入时机正是时候。没有经历国外风险投资申请的那种复杂程式。既不存在中介服务机构的介入，又没有提交过项目建议书，这笔投资竟然是主动找上门的。短短3个月闪电般的接触，双方就达成了合作协议。

第二章 筹资管理案例

1998年5月18日,享誉世界的国际数据集团(IDG)在中国的风险投资公司——广东太平洋技术创业有限公司向金蝶公司投资2000万元人民币,以支持该公司的科研开发和国际性市场开拓工作,这是IDG对华软件产业风险投资中最大的一笔投资,也是继四通利方之后,国内IT业接受的数额最高的风险投资。

总部设在美国波士顿的IDG(国际数据集团)是集出版、信息网络、展览、市场研究和咨询为一体的世界最大的信息服务商,其业务遍布世界80多个国家和地区,1997年的营业额达20.5亿美元。IDG所属的"太平洋风险投资基金"曾向以生产网络浏览器闻名的网景公司投资200万美元,18个月后网景股票上市,200万美元很快增值为7800万美元,一时传为美谈。1998年前后,该基金在中国北京、上海和广州与当地科委合作,设立由其控股的风险投资基金,着眼于投资当地经济区域有发展活力的高新技术企业。而金蝶公司的资产总额以每年200%~300%的速度增长,作为国内最大的财务软件开发商和供应商之一,其在1998年1年时间里,软件销售总额就超过了1亿元,同时又在企业综合管理软件开发方面取得了可喜进展。具有这样卓越成就的企业,对风险投资者的吸引力是巨大的,IDG广州太平洋技术创业投资基金的主动出击是情理之中的事。

IDG广州太平洋技术创业投资基金对金蝶公司进行考察时,十分注重对风险企业家和他的管理团队的评估。被投资人的能力、知识、经验、个人人品和团体协作能力是风险投资者所特别看重的。IDG广州太平洋技术创业投资基金很欣赏以思想开放的徐少春总裁为首的管理团队。这个团队的特点是具备超前的战略眼光和企业战略设计能力,始终保持着稳固的务实风格和创新精神。1998年3月,IDG董事长麦戈文先生亲自到金蝶进行考察,他对金蝶公司总裁徐少春先生给予了高度的评价,并认为金蝶公司是一个有远见、有潜力的高新技术企业,金蝶公司的队伍是一支年轻而优秀的人才队伍。另一方面IDG看中了金蝶是一个典型的民营企业,企业机制灵活,在思想观念上比较开放、善于接受新事物,同时也非常欢迎这种形式的投资注入。

IDG广州太平洋技术创业投资基金以参股形式对金蝶公司进行投资后,折价入股,成为金蝶公司的股东之一,享有股东的权利,但对金蝶公司不控股,不参与经营,只是通过不断地做一些有益的辅助工作,如介绍和引进专家做报告、开研讨会、帮助企业做决策咨询、提供开发方向的建议等方式来施加影响。第一笔资金到位后，IDG委派王树担任金蝶的董事，对金蝶公司进行监控，王树不过问金蝶公司的经营。但是在这看似宽松的合作之下，风险投资带给金蝶公司的风险意识和发展压力陡然增加。因为按照金蝶公司与IDG的合作协议，金蝶公司必须在获得第一笔投资后的1年间，达到双方规定的目标，即在1997年的基础上，1998年取得200%增长，才有资格获得IDG的第二笔1000万元的投资。正是这种风险压力，促使金蝶公司迅速地调整自己。

三、风险投资引起的冲击

风险投资资金进入风险企业后，对企业的战略、决策等方面会产生深刻的影响。IDG的风险投资资金注入金蝶公司后，使金蝶发生了深刻的变化。

第一，公司的发展战略重新确定。金蝶公司在1998年年底完成了财务软件领域向企业管理软件领域的战略性拓展，并提出了跨入国际管理软件十强之列的宏伟战略目标。这个战略目标的确定，对金蝶公司的整个管理层产生了深远的影响。因为，要进入国际管理软件的十强，就势必要进入国际市场，势必要成为国际化的公司；而要成为国际化的公司，又必须匹配世界级的人才；而要吸引和留住优势人才，则必须使企业自身具有先进的用人制度、管理制度等。这一切新的要求，使金蝶公司的管理层从思维方式到行为准则，都获得了新的坐标，采取新的做法。例如，金蝶公司倡导的"激情管理"，激情管理是基于如此一个原理：企业不是科学，企业的行为既不是物理变化，也不是化学反应，企业是人的组合，企业的运行是人的行为的组合。企业与人一样是一个非常复杂的系统，同样经历着"诞生—成长—稳定发展—灭亡"的生命周期，面临着优胜劣汰、不进则退的生存和发展的危机。企业有一种内在的原动力，这种原动力需要去激发，一种以系统化、全面化为主要特征的管理模式应便于激发这种原动力，这种管理模式就是激情管理，其核心就是企业发展的远大理想，这极大地激发了员工的能动性。

第二，金蝶公司过去对软件的开发高度重视，而对市场占有率却相对忽视。风险投资资金进入后，提出一定的收入和利润增长指标，都需要依靠市场来实现，于是市场占有率便成了金蝶公司的营销重点和宣传重点。这就如同催化剂一般，加速了整个公司的成长，金蝶的分支机构由21家猛增到52家，代理商达到360家，员工从300人增加到800人，销售额增长了200%，1998年销售额约为1.5亿元，可见风险投资的影响是潜移默化的。1998年金蝶公司有着出色的市场作为，

第二章 筹资管理案例

根据国家信息产业部信息中心的统计数据指出，金蝶公司在财务软件市场上的份额由 1997 年的 8% 提升到 1998 年的 23%，为财务软件行业成长性最好的企业。预计在 1999 年将达 35%，成为中国财务软件市场的第一。

另外，IDG 广州太平洋技术创业投资基金不仅给金蝶带来了 2000 万元的投资，还引荐金蝶公司与国际大公司进行交流，把国外一些全新的观点带给了金蝶，使金蝶走上了一条向国际化发展的道路。同时，金蝶可借助 IDG 集团的商业资源，与毗邻的香港地区优势互补，从而进一步拓展金蝶产品的国际性销售渠道，使金蝶公司在成为国际性的财务软件公司的成长中更上一层楼。

在金蝶公司的商务计划书中，其基于竞争战略和取得更强的竞争优势的考虑所制定的短期目标是：1999 年内，实现同业中顾客满意度最高；2005 年，跻身世界管理软件业前十名。金蝶公司把获取的高顾客满意度作为占领市场的战略手段，是因为在市场经济下，讲的是双赢战略。一切为客户着想，是成功的秘诀，尤其是在商品供应者竞争激烈的卖方市场，更是如此，所以金蝶向来重视对客户的服务，时时刻刻把客户利益放在首要位置。金蝶的发展战略是：创造核心能力，强化管理优势，借助资本运营，实现战略目标。金蝶公司把它的核心能力定位于：以顾客为中心，建立系统化的营销服务体系；创造技术领先、性能超群的产品质量；建立行业知识库。金蝶公司一直在追求高效率的营销服务、高品质的产品和能为不同行业服务，这是金蝶公司获取竞争优势的关键。

软件的科技含量高表现在它的生产、使用及相关的服务上。所以软件市场有一个特殊的市场，在这个市场里，产品直接决定企业的运营方式，金蝶的产品有 3 个：财务软件、K3 管理软件和服务，所以金蝶采取以财务软件事业部、K3 事业部和客户事业部为核心的事业部机制。在金蝶公司的产品事业部里，实行独立核算。产品事业部是利润的中心，在产品事业部里，市场规则决定其运营，利益的驱动是经营杠杆，只有靠此才能达到资源的优化配置。除事业以外的其他部门均围绕它们在运作，为它们提供决策、管理、人力、财务、后勤等各个方面的系统支持。如此一来，事业的运作是高产的，整个软件企业的运作向金蝶公司所制定的目标稳步前进。

金蝶公司以超前的意识和大胆创新的精神著称于业界，始终扮演着市场领导者的角色，从"突破传统核算，迈入全新财务管理"到"会计信息化"再到"数字化管理",从1996年率先推出Windows版财务软件到决策支持型财务软件再到1999年全面向Internet进军的网络财务软件,金蝶公司不断引领行业的思想变革并保持行业的技术领先地位。

在管理软件市场上,金蝶公司立足于中国企业的实际情况,开发成功的K3企业管理软件,受到了同行及广大企业的较高评价,并拥有了如中山衡器、宁波海天等一批成功的用户,前景看好。金蝶公司在财务软件领域内取得的骄人成绩,以及在管理软件领域的扩张势头,使得金蝶公司被认为是中国最具实力的管理软件公司,公司的长远发展目标是在2005年进入世界财务和管理软件十强。按国内会计准则,预测该公司1999年销售额约为3亿元人民币。公司原定在1999年内,实现同行业中顾客满意度最高的目标基本实现,金蝶公司的"顾客满意度"始终呈上升趋势。经香港地区一家专业调查机构调查,金蝶公司的"顾客满意率"比1998年上升了5个百分点。

1999年8月17日,金蝶公司发布了其面向21世纪的Internet战略——i100计划,现场通过浏览器远程演示在www.kingdee.com的金蝶2000网络财务软件,标志着网络财务软件产品的首次公开面市,其优质的产品、先进的技术再次成为各方面的焦点。金蝶董事长兼总裁徐少春宣布金蝶面向21世纪的Internet战略体系包括:(1)全面更新中国财务及企业管理软件的Internet应用观念;(2)金蝶两大系列产品(金蝶2000系统、K/3系统)全线向Internet转移;(3)启动B2C(Business To Customer)、B2B(Business To Business)电子商务;(4)实施网络营销和服务;(5)全面建立中国企业数字神经系统,实施中国企业数字化管理战略;(6)为企业提供B2C&B2B电子商务、知识管理、企业经营三大应用解决方案等6个方面。其战略目标是:"让每一个企业、每一个家庭、每一台PC、每一台Net-PC、每一台手持式PC……中均有中国人自己的管理软件,让数字化管理思想延伸到世界的每一个地方。"而世纪交会之际,中国财务软件产业正面临着一场由PC向网络平台迁移的历史性变革,金蝶凭借领先的技术和市场,在Internet上开发的系列管理软件,引领这一变革,必将取得压倒性的优势。

金蝶公司的Internet战略得到了Intel公司的WeB应用安全开发技术、Microsoft公司的WindowsDNA技术、SQLServer大型数据库技术、DNS数字神经系统、IBM的电子商务全面解决方案、BEA公司在中间件技术以及Oracle公司在Oracle8I 数据库技术上的大力支持。国际知名厂商的参与不仅为金蝶网络财务软件的推广应用打下了坚实的基础，也为整个战略的顺利实施提供了多方面的技术保障，确保用户的投资在未来得到最大限度的保护和增值。这些的获得，与金蝶公司得以享用 IDG 集团的国际化管理经验以及在 IT 行业的商业资源是分不开的。

出于保护原始股东利益的考虑，金蝶公司实际上已不可能再接受 IDG 新的投资。利用风险资本创业的高新技术企业，由于企业自身的快速成长，往往需要可持续性的融资和即时的融资。这样，风险企业需要的常常不是一个融资对象，而是更为广阔的融资渠道，由此来保证融资的源源不断和及时有效。目前，深圳金蝶软件科技有限公司正在争取 1999 年 11 月份在香港创业板（GEM）上市，一方面为后续研究发展增强融资能力，另一方面，风险投资企业最终还是要靠上市来实现价值。上市不仅为风险投资的退出提供了可能，而且金蝶公司实行的员工持股计划的激励效果将充分发挥出来，这有助于金蝶公司吸引和留住优秀人才。

四、案例启示

1. 金蝶公司之所以能如此顺利地吸引到风险投资资金，和其优秀的素质不无关系。财务及企业管理软件行业是中国软件产业结构中所占份额最大的一个产业，处在开创期，市场潜力巨大，加之国家政策的扶持，整个行业前景看好。而金蝶公司从事开发生产的财务软件和管理软件，是软件业的主流，有比较大的发展前景。金蝶公司在这个行业中处于领头羊的地位，其对新技术和市场的敏锐、超前的意识，优秀的战略眼光和战略设计能力，稳定、优秀及不断充实的人才队伍，数字化的管理思想和激情管理模式，无不打动风险投资者的，以至于 IDG 董事局主席麦戈文说道："没有哪一家我投资的公司能让我这么骄傲！在你们前进的路上，不但会得到我的全力支持，还将得到 IDG 全球 12000 多员工的支持。"由此，风险企业在吸引风险投资时，一定要突出自己的优势所在。

2. 在我国众多的风险投资企业中，风险投资家自己找上门来，要求投资，而且对创业者如此高评价的企业为数甚少，而处在"发展期"快速增值阶段的金蝶公司，正是这样不可多得的好企业。有人说，在中国现在的"买方市场"下，什么都不缺，缺的是好的投资机会，而金蝶的例子足以说明我国现在的经济体制的弊病所在，即分配给民营经济的各方面资源太少了。同样是软件企业，国有的可以上市融资，而民营的只能寻找风险投资这种昂贵的资本。但被扶持的，并不一定能变得强大。在我国软件行业中，金蝶公司和用友公司所占的份额便是明证。

（案例来源：黄海燕，袁峥. 财务管理习题与案例（第1版）. 天津大学出版社，2011.）

五、讨论问题

1. 什么是风险投资资金？具有什么特点？
2. 企业如何引入风险投资资金？金蝶公司是如何实践的？给我们带来了哪些启示？

案例25 恒大地产发行永续债

一、恒大地产的基本情况

恒大地产最早于1996年6月24日在广州市成立，成立时公司名称为广州市天帝房地产开发有限公司。1997年2月更名为广州市恒大房地产开发有限公司，后于2006年4月更名为恒大地产集团有限公司。

公司成立时的初始注册资本为1000万元，其中广州市天帝实业开发有限公司（1997年3月18日更名为广州恒大实业集团有限公司，简称"恒大实业"）以现金认缴注册资本900万元，出资比例为90%；广州凯龙实业有限公司（简称"凯龙实业"）以现金认缴注册资本100万元，出资比例为10%。天帝房地产股权结构如图2-1所示。

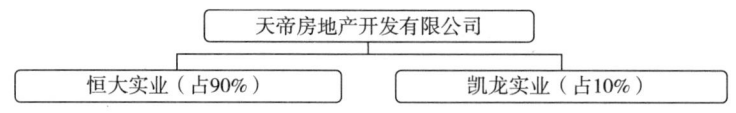

图2-1 天帝房地产股权结构

几经发行人股东会议的通过和《股东转让出资合同》，恒大地产"类永续债"发行前的股权结构如图2-2所示。

截至2013年6月30日，恒大地产的净利润为65.1亿元，总资产达到了2745.9亿元；现金余额为419.7亿元，较2012年同期增长69.6%。

图2-2 恒大地产"类永续债"发行前的股权结构

二、"类永续债"发行的具体事项

为缓解资金压力,恒大地产拟于2013年6月末完成发行30亿元的类优先股产品(2013年全年250亿元),筹集资金用于4个项目公司的运营。首年预期年化收益率为8.2%~9%,后续预期年化收益率逐年递增,恒大地产担保本息。第一单类优先股从民生加银基金管理有限公司设立专项资产管理计划开始,由民生银行以自布资金或理财资金认购,民生加银基金收取管理费,民生银行从资管计划获取本金及收益,随后以委托贷款形式,通过民生银行向恒大地产下属的项目公司发放委托贷款。由于该笔贷款未设置固定期限,所以根据香港会计准则规定可计入"永久资本工具"计入权益项。同时,合同中设置了"利率重置条款":第一、二年不低于约定利率的12%、13%,第三年如不还款,利率大幅仁升至18%,以后可逐年递增。这也被称为"2+N"模式,也就是银行在合同规定的第三年起设置高息,倒逼企业在两年内还贷,以无期"永续债"变有期"常规债"。下面简要介绍此模式。

恒大地产集团6月拟先发行30亿元的"类永续债",筹集的资金用于图2-3中项目子公司(4个)的运营。这笔筹集资金用于购买4个项目公司的超过40%的股权成为项目公司的股东方。待项目进行清算后,本息全部结清。

A银行以自有资金、理财资金、同业资金及可利用的存贷资金等多种方式、多个渠道,投资于资产管理公司或基金子公司,作为委托人成立资产管理计划(一般一个房地产项目成立一个资产管理计划)。资产管理计划份额销售期届满,将进行验资,并向中国证监会备案。自证监会书面确认之日起,资产管理计划备案手续办理完毕,资产管理合同生效。资产管理合同经过证监会验资、备案生效之后,委托人将委托B银行通过委托贷款方式将资金发放给A银行事先选定的恒大地产项目子公司的房地产项目进行开发使用,以项目子公司的股权质押、在建土地抵押或由恒大地产提供担保。

该资产管理计划经过产品结构设计,成为"类永续债"模式,一方面将资产管理计划项下发放的资产管理贷款形式上设置成无固定期限；另一方面则通过约定控制性条件，使实际贷款期限控制在3年以内。恒大地产的境外上市公司将此类无固定期限债务记为权益性投资而非负债，可以达到降低上市公司资产负债率的目的。

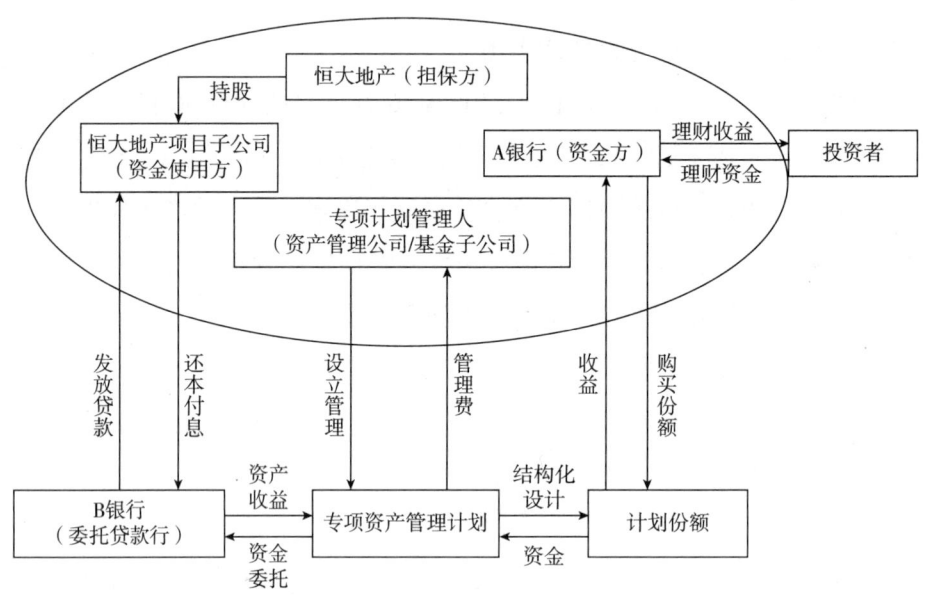

图2-3 恒大地产永续债的交易模式

三、发行人的主要财务数据与指标

发行人的主要财务数据与指标如表2-11所示。

表2-11　　　　　　　　恒大地产主要财务数据　　　　　　　　单位：万元

项目	2010年	2011年	2012年	2013年1~6月
营业收入	4580140.00	6191818.00	6526084.00	4195231.00
净利润	802468.00	1178463.00	918192.00	651463.00
总资产	10445247.00	17902341.00	23899055.00	27458676.00
流动资产	9159599.00	15352119.00	20054363.00	22769779.00
非流动资产	1285648.00	2550222.00	3844692.00	4688897.00
负债合计	8308624.00	14706370.00	19729923.00	21658536.00
流动负债合计	5742991.00	9980294.00	15037780.00	16259396.00

续表

项目	2010年	2011年	2012年	2013年1~6月
非流动负债合计	2565633.00	4436286.00	5399140.00	4692143.00
所有者权益	2136623.00	3195971.00	4169132.00	5800140.00
流动比率(倍)	1.59	1.54	1.33	1.40
资产负债率(%)	79.00	82.00	84.00	81.00
净资产收益率(%)	37.00	36.00	22.00	11.00

资料来源：恒大地产 2010 年、2012 年公司年报及 2013 年中期报告。

四、案例分析

(一) 永续债发行财务评价

1. 永续债条款的特殊性。

恒大地产是我国首家采用"类永续债"模式发行债券的企业。类永续债由于其特殊性，根据香港地区会计准则，可以将其计入权益工具。其在条款的设计上存在一定的特殊性：

(1) 资金来源及用途。资金来源包括银行的自有资金、理财资金或同业拆借资金等。贷款用途包括用于支付项目未付地价、归还股东借款、支付工程款。但若贷款用途为支付地价，则投资者可要求企业自有资金支付地价的比例不得低 35%。

银行对贷款的企业一般设有资产负债率上限，恒大地产 2012 年的资产负债率就达到了 0.84，再向银行贷款会非常困难，而采用永续债的方式不仅可以避免贷款困难，而且还可以降低企业的资产负债率。

(2) 贷款利率及利息。贷款利率前两年较低为 10% 左右，第三年利率升幅为 30% 左右，第四年及以后的利率较最初会上升较大幅度并一直维持在较高的利率水平 18%，这促使企业在两年内还本。还款来源首先为项目公司的销售回款，其次为项目公司所属的房地产集团调拨的集团内资金。若项目公司及房地产集团上市公司任何一年不宣布分红导致借款人不承担当年付息的义务，则当年资金成本上浮 50%，并递延至下一年支付，但上浮后的资金成本率以 18% 为上限。

恒大地产永续债最初两年的利率比较低，两年后若还款不及时，则利率急速上升，会给企业带来不利影响。永续债业务赋予了发行人利息递延支付的权利，但当发行人递延支付利息时，利息将会在原有基础上大幅增加，使得发行人延迟支付利息的代价非常大，促使发行人按期支付利息。永续债期限的设置表面上看是无限期，满足了国际会计准则对于权益的界定，可将此类无固定期限债务计入发行者的权益而非负债，但利率设置为"2＋N"模式，呈现跳升机制，使得融资者前两年可以享受较低的融资成本，而第二年起利率大幅跳升，促使融资者还款，变无限为有限，以无期"永续债"变有期"常规债"。

（3）担保方式。恒大地产永续债的担保方式为：项目公司股东提供项目公司股权质押、恒大地产提供连带责任担保。如果在签订协议时项目公司已取得了项目地块的土地使用权证，项目公司应将该地块的土地使用权抵押给委贷银行用以担保所有债务的偿还。如果在签订协议时项目公司尚未取得项目地块的土地使用权证，项目公司应在取得项目地块的土地使用权证后的2个月内将项目地块追加抵押给委贷银行用以担保所有债务的偿还。

永续债业务中要求房地产企业项目公司提供股权质押、在建工程（或土地）抵押、房地产集团担保等增信措施。另外，项目投融资的安排、项目公司销售回款的监管以及延迟付款的违约处理等条款的设计都保障了投资者的权益。

2. 发行企业获利能力和发展前景评价。

从资产负债表来看，永续债反映在"股东权益其他项目"中，恒大地产2013年共发行了约350亿元的永续债。在资产方面，企业所持有的现金总额（包括限制性存款）大幅度增加，2013年全年共计增加了421亿元，涨幅高达201%；2013年年末存货成本增加了364亿元，与2012年的数据相比大幅增长。在债务方面，2013年恒大地产的短期借款金额高达358亿元，涨幅达到88%；另外，长期借款年度共计增长318亿元，涨幅高达77%。由以上分析可以看出，恒大地产资产负债表项目的变动与其债务和权益资本的增加是息息相关的。

从利润表来看，2013年恒大地产的营业收入有了较大幅度的增长；由于营业收入的增加，恒大地产2013年年报中净利润也有49%的增长。虽然恒大地产的营业业绩相比2012年有了很大的改观，但是就其利润规模来看，并不足以解释资产负债表大幅度的变动。因此，经营业绩的改善并不是资产负债表变动的主要影响因素。

恒大地产2010~2012年的净利润率分别为17.52%、19.03%和14.08%，净资产收益率分别为37%、36%和22%。公司2013年1~6月的净利润率和净资产收益率分别是15.53%和11%，相差无几。所以永续债的发行对利润农的影响比较小。从公司的利润构成看，公司2010~2012年的房地产销售收入占营业收入的比例很高，是公司营业收入和利润的主要来源，并预计未来很长一段时间内仍将是公司最主要的支撑。近年来，由于"北上广"的房价飙升很快，所以国家极有可能出台调控政策，在分析恒大地产发展前景的时候也要考虑宏观政策的变化。

3. 从公司现有的财务结构考虑偿债风险。

目前常用的资产负债结构指标有两种：第一种为负债比率，用于分析负债筹集程度和财务风险的大小，对债权人来说可以表明债券的安全程度。不同行业、不同类型企业的负债比率差异较大。一般来说，处于高速成长时期的企业，其负债比率可能会高一些。第二种为流动比率或营运资金比率，即企业流动资产和流动负债之比，用于分析企业短期负债到期前的变现偿还能力。一般认为，企业的流动资产应是其流动负债的1.5倍或2倍以上，比率越高，企业的短期偿债能力越强。

(1) 短期偿债能力分析。恒大地产的流动比率在同行业中处于偏低的水平，但是在2013年其流动比申明显提升，有了较大的改善；相比之下，恒大地产的速动比率变动最为明显，从2013年中期开始呈台阶式上升趋势；现金比率在2013年也有明显的提升。总体来说，恒大地产2013年的短期偿债能力得到了极大提升，各项指标均处于行业较高水平。

(2) 长期偿债能力分析。虽然恒大地产在2013年通过短期借款取得了358亿元的资金，长期借款更是新增318亿元，但与此同时，企业资产负债率不升反降，同时产权比率也降低，接近于行业平均水平，这其中的关键就是发行了250亿元计入权益资本的永续债。因此，正是通过发行250亿元的永续债，使恒大地产在2013年年报中做到了虽然资产总规模增加近千亿元、债务规模增加数百亿元，但资产负债率却在下降。

总体来看，恒大地产的短期和长期偿债能力都得到了极大的改善，最主要的推动因素就是永续债的发行，而这一切又是建立在永续债计入权益资本的前提下。但是，如前文所述，"2＋N"的利息重置条款和回购条款的存在，使得永续债的稳定性远不如股权资本。因此，永续债在提高企业偿债能力的同时，也存在极大的潜在风险因素。

4. 比较各种筹资方式的资金成本和方便程度。

企业债券市场中的中介组织主要是投资银行，由于投资银行的竞争和信息的标准化，债券发行费用比较低。该公司发行的永续债是债券中中期票据的一种，其特定的发行对象和较长的期限以及直接的融资方式，都会使其成本相对地降低。同时在符合一定条件的前提下，还可以将永续债作为权益工具，修缮公司的资产负债率。

通过上述的比较可以知道，债券相对于贷款融资来说，具备较低的成本，因此，我们可以明显地看出永续债的发行将会给公司带来成本上的极大收益，同时在不分散公司股东权益的基础上增加公司的长期资本，可以说是一举两得。

（二）永续债若干问题研究

永续债与其他债券相比，最突出的特征就是没有固定期限或者是期限非常长。中期票据筹资期限的策略，即决策一个恰当有利的债券还本期限，必须与企业的投资计划相匹配。过短的筹集期限将会使企业面临到期无法还本付息、资金流断裂的风险，而较长的筹资期限将会使企业在未来承担过多的不必要的利息。而永续债作为特殊的中期票据，不在于还本期限，因为永续债本身的期限就不确定且不需要还本，但是要考虑利率。由于永续债比一般的债券风险大，所以其利率一般要高于其他债券的水平，可能在重置利率之后会给企业带来较大的偿债压力，所以如若发行永续债，应该考虑以下六个问题：

1. 期限与赎回条款。

期限安排是永续债券最突出的特征，如前所述，它们没有明确的到期时间或者是期限非常长。但实际上，永续债一般都带有赎回条款，即发行人在条款约定的时间点或者时间段内拥有按某种价格赎回永续债的权利。比如，发行结束3、5或10年以后开始设置发行人赎回权。不少永续债的赎回权还不止一个，赎回价一般为面值，有的还规定了最后赎回日，这使得多数永续债的实际存续期并非"永久"，甚至在第一个赎回点就被全部赎回的永续债也不少见。

2. 票息和利率重置条款。

永续债的票息水平一般很高。而且多数永续债设置了所谓的"可变票息"，即对永续债在进入赎回期之前和赎回期设置不同的票面利率，后者一般高于前者，这样的安排实际上达到了刺激发行人赎回债券的效果。

所以企业要结合自己的资金用途与市场环境，确定最适合的票息及利率重置条款，不要在回款不乐观的情况下同时利率飙升，从而造成自己的偿债能力崩盘。

3. 股息推动和停发机制。

永续债的发行人向清偿顺序相同或靠后的证券派息时，必须向永续债付息。永续债利息未获全额清偿前，清偿顺序相同或靠后的证券亦不得派息。

4. 无担保。

永续债存在次级属性，加上为满足计入权益所需要的诸多条件，一般不设置担保等条款。特殊情况下或者选择永续债发行模式时，是否设置担保是由多方面因素决定的。

5. 无违约/交叉违约事项。

除有明确期限产品的到期偿付外，无任何事项（比如票息推迟等）可构成发行人在永续债项下的违约/交叉违约。如前所述，永续债的偿付顺序一般都比较靠后，次于公司的普通债务而优于优先股和普通股。而且，永续债可以设置利息延期支付条款，即公司不支付当期利息时不构成违约。由于永续债的这些特性，它们往往被计入权益而不是负债。"债券之名，权益之实"是永续债产品的灵魂。

6. 利息延迟支付。

永续债的发行人可自主决定延迟支付利息或在一定条件下强制延迟支付利息，且一般还约定下列相关条款：延息累计/免除，即延迟的利息可约定累计（复利/单利），也可约定免除（有条件/无条件）。

（三）永续债与优先股的比较

永续债与优先股具备非常明显的相似性。在我国，两者至少在如下方面有所不同：

1. 融资成本方面，永续债应更低。

永续债票息应该可以在税前抵扣，这与优先股相比降低了发行人的融资成本。此外，永续债的评级一般也比优先股略高，实际期限略短，这有助于降低其融资成本。

2. 潜在需求群体不同。

永续债如果被监管机构和投资者认定为债券，银行将成为潜在投资者，需求群体得以扩大。而且国内保险和债券基金投资权益产品一般要受到更多的限制，而投资永续债受到的约束可能会略低。永续债毕竟是以债券形式面世，票息的不确定性相对于优先股略低。在海外市场，永续债的发行量要比优先股大。

3. 运用方式不同。

优先股的运用方式可能比永续债稍多，条款设计也可以更灵活，比如可以设置可转股条款。满足一定的条件下，优先股可以选择性的转换为普通股。即与永续债相比，优先股投资者具有在一定条件下恢复表决权的权利，而永续债一般不具有这一特点；优先股在附有转股条款时，类似于含可预期股息（固定或浮动）的可转债，在没有转股条款且股息可预期时，又类似于永续债。由于优先股介于永续债和可转债之间，赋予了发行人根据具体情况设计条款的权利，因此更加灵活。

4. 清偿顺序不同。

从破产清算时剩余财产的清偿顺序来看，永续债的偿还顺序先于优先股。

（案例来源：汤谷良，韩慧博，祝继高. 财务管理案例（第三版）北京大学出版社，2017.）

五、讨论问题

1. 比较债券融资和股权融资、银行贷款融资及永续债融资。
2. 中期票据相对于其他债券有何优缺点？
3. 企业发行债券时需要考虑哪些因素？
4. 债券的定价模型有哪几种，各有什么优缺点？
5. 简述永续债融资的优缺点。

案例26　廉租住房建设中的融资渠道

一、案例资料

刘言是滨城区廉租住房办公室主任，最近他一直忧心忡忡，根据山东省政府下达的工作任务，滨城区今年的廉租住房建设要达到12000套，这可不是一个小数目，要完成这么多住房建设，需要花费大量的资金，而仅靠政府提供的资金远不能弥补巨大的资金缺口。如何弥补廉租住房建设的资金缺口成了刘言最近工作的头等大事。目前廉租住房建设资金来源渠道狭窄，资金数量有限，如何拓宽其融资渠道满足巨额的融资需求是刘言一直思索的问题，他开始细细梳理国家廉租住房建设中的融资方式，以期能够找到突破口。

（一）廉租住房建设现状

1. 廉租住房的社会需求。

改革开放近40年来，中国生产力得以解放，整体经济获得了极大发展，但是在分布上却出现了经济区域性不平衡和社会各阶层的财富分布不平衡。贫富差距的拉大，使得城镇低收入住房困难家庭的绝对数量有所增加。这一方面是由于经济结构的不断调整，社会中产生了大量的下岗失业人员；另一方面由于城市化步伐的加快，农村大量务工人员涌入城市，这些进城务工人员大多属于低收入人群，无力解决住房问题。

2010年以前，住房和城乡建设部曾将廉租住房的开工建设、竣工交付总量定为750万套。2011年，全国新开工建设保障性住房任务定为1000万套。而在"十二五"期间，中国内地的保障性住房开工建设总量任务指标达到3600万套。可见政府对廉租住房的建设力度不断加大，供给成倍增加。但是另一角度来看，需要享受最低生活保障的城镇低收入人群也在逐年扩大，截至2012年5月，全国城镇需要享受最低生活保障的人数已经达到了2159.9万人。随着我国经济结构的持续调整及城市化进程的不断加快，在未来30年内，需要最低生活保障的人口数量仍将持续增长。我国目前的财政投入与巨大的保障人口数量相比，仍然存在很大缺口，政府建设的廉租住房很难满足广大低收入家庭的住房需求。

2. 廉租住房的资金需求。

从廉租住房需要的资金量来看，根据住房和城乡建设部提供的有关资料，政府每年至少需要投入近500亿元的资金，才能基本保证城镇最低收入家庭的住房需求，而且这一数字在逐年上升中。财政部发布的2011年6月份公共财政收支情况数据显示，在公共财政支出中住房保障支出1188.75亿元，比前一年增长76.6%。在2012年的政府工作报告上，温家宝同志明确指出，要在确保质量的前提下，基本建成500万套，新开工700万套以上。而住房和城乡建设部透露在2011年开工的1000万套保障房中，至少2/3未能实现竣工，转而延续到2012年继续建设。因而2012年的保障房整体在建规模将至少在1300万套以上，如果按照 2011 年的建设标准建设，整体的资金需求将在 1 万亿元以上。如此巨大的资金需求使得中央大幅增加了 2012 年的保障房建设资金。据 2012 年发布的财政预算报告显示，2012 年中央住房保障支出安排 2117.55 亿元，同比增长 23.1%。尽管如此，保障房建设的资金问题依然严峻。在实际操作中，各地政府提供的住房保障性资金甚至不足 150 亿元，且这部分资金的落实情况也并不理想，资金方面存在巨大缺口。

"十二五"期间建设 3600 万套保障房所需的配套资金更是缺口巨大。资金不足和土地供应紧张等问题已严重牵绊住了保障房建设步伐。因此，政府正在试图通过新的方式推进保障房建设。

3. 廉租住房的资金供给。

2007 年国务院颁布的《国务院关于解决城市低收入家庭住房困难的若干意见》中明确提出，各地区用于建设廉租住房的资金来源主要有中央及地方财政拨款、住房公积金增值收益的可提取部分、土地出让金净收益的 10% 和社会捐赠等。

（1）财政拨款。廉租住房制度是旨在解决低收入家庭的住房困难问题的重要保障制度，其社会福利性和公益性特点决定了其建设的资金来源主要依靠政府的财政拨款。然而，我国可用于建设廉租住房的财政资金无法满足其巨额的资金需求。以 2009 年为例，我国计划向 260 万户低收入家庭提供廉租住房，需要的建设资金超过 1500 亿元，而中央政府提供的财政拨款仅有 330 亿元，各地方政府需要填补超过 70% 的资金缺口。与此同时，由于经济危机后期房地产市场的低迷，以土地出让金为主要财政收入的各地方政府收入锐减，从而影响了用于廉租住房建设的资金支出。可以说，面对如此巨大的资金缺口，政府显得心有余而力不足。

（2）住房公积金增值收益。住房公积金增值收益是指住房公积金业务收入与业务支出的差额，也是我国廉租住房建设的重要资金来源。但是该资金来源在现阶段存在很多缺陷和争议：

首先，住房公积金增值收益需要积累一段时间才能形成一定规模，将其作为资金来源缺乏连续性；其次，提取住房公积金增值收益的比例在各地区存在不均衡性，如东部地区和中西部地区提取比例差异显著；最后，住房公积金制度建立的初衷是保障普通工薪阶层的市场住房购买能力，是一种工薪阶层职工之间的互助，是否应当将其用于保障低收入家庭的住房需求，争议较大。

（3）土地出让金净收益。2007年财政部颁布的《廉租住房保障资金管理办法》中指出，用于廉租住房建设的土地出让金净收益提取比例由原来的5%提高到10%。土地出让金一直以来被称为地方政府的"第二财政"，如我国2010年地方土地出让收入高达2.9万亿元，但其中仅有463亿元用于廉租住房保障支出，占比不足1.6%。有些地区提取比例远超过了10%，如个别地区该项比例占到政府预算外收入的60%以上，但更多的地方政府没有按照10%的比例提取土地出让金净收益用于保障房建设。

我国东西部地区间的差异和土地出让价格不同，使得西部地区相对东部地区需要更多的廉租住房，但该地区获得的土地出让金净收益却比东部地区少很多，使得廉租住房的需求量和土地出让金净收益10%的资金额在地区间也存在不均衡性。

通过对廉租住房及其资金保障的了解，刘言看到，虽然我国经济一直保持稳定的发展速度，但是要满足低收入家庭对廉租住房的需求，政府资金供给在巨大的资金需求面前显得"杯水车薪"，这也更坚定了刘言拓宽廉租住房融资渠道的决心。

可是廉租住房带有政府的社会福利性质和公益性质，对于该建设项目的融资必须慎之又慎。到底该如何筹集资金？刘言一时心里没了主意。

突然，"砰，砰"的敲门声把刘言从自己的思绪中拉了回来。敲门的是刘言的大学同学、市住房公积金办的副主任张刚。一见到老同学，无须寒暄，刘言就把自己最近的工作压力一股脑说给了张刚。张刚听完之后开玩笑似地说："我们单位倒是有大量闲置的住房公积金，可是这能不能拿给你们用？到底该怎么用？用好用坏怎么算？这可都是难题！"说者无意，听者却有心，送走了张刚，刘言迅速搜集资料，研究住房公积金援建廉租住房的可行性。

（二）滨城区住房公积金运用状况

1.滨城区住房公积金缴存概况。

截至2010年年底，滨城区归集住房公积金余额174.51亿元，贷款余额140.44亿元，贷款率为80.48%，比上年下降2.27个百分点，闲置资金增加到超过34亿元。实现业务收入5.63亿元，业务支出4.60亿元，增值收益1.03亿元，增值收益率继续下滑，降为不到1%。从2010年全年数据看，归集和提取业务平稳增长，归集总额突破60亿元；而信贷业务受房地产宏观调控和中心贷款规模控制等因素的影响，较2009年下降明显；2011年受调控影响更大，贷款继续下降，而公积金的归集总额继续攀升，滨城区住房公积金闲置资金持续增加，使用效率保持低位徘徊，大量的闲置资金运作长期处于极低收益水平状态。

其实，滨城区情况并非个案，而是全国住房公积金使用状况的缩影，中西部地区闲置资金情况更加突出，运用率分别为71%和56.1%，特别是贵州、河南、河北、甘肃等地运用率均不足30%，海南、西藏甚至不到20%。由于投资比例和方向限制，大量公积金闲置在银行，形成巨大的隐性浪费。

2. 利用住房公积金闲置资金援建廉租住房的政策。

事实上，住房公积金与廉租住房建设两者有着紧密的联系，我国已经出台了一系列政策为住房公积金援建廉租住房提供了可能。

（1）住房公积金增值净收益的使用政策。2007年国务院要求，住房公积金增值净收益要全部用于廉租住房建设，以保障廉租住房建设资金的落实；住房和城乡建设部等七部门2009年再次强调住房公积金增值净收益全部用于廉租住房建设。这两个文件，从政策上将两者初步联系起来，为解决廉租住房建设资金难题提供了一个思路。

（2）住房公积金贷款支持保障房建设的政策。为提高住房公积金使用效率，并拓宽保障房建设资金来源，住房和城乡建设部、财政部、发展改革委、人民银行、监察部、审计署、银监会等七部门2009年联合印发《关于利用住房公积金贷款支持保障性住房建设试点工作的实施意见》。该文件提出，利用住房公积金闲置资金发放的保障性住房建设贷款，必须定向用于经济适用住房、列入保障性住房规划的城市棚户区改造项目安置用房、特大城市政府投资的公共租赁住房建设，禁止用于商品住房开发和城市基础设施建设。在优先保证职工提取、保证个人住房贷款、留足备付准备金前提下，可将50%以内的住房公积金结余资金贷出以支持保障性住房建设，贷款利率按照5年期以上个人公积金贷款利率上浮10%执行，严控贷款规模，禁止无偿调拨。2010年8月，住房和城乡建设部确定了西安、洛阳等28个城市为首批试点城市，标志着利用住房公积金闲置资金支持保障性住房建设的试点工作正式启动。

3. 住房公积金用于廉租住房建设的设计方案。

如何将闲置资金成功地运用于廉租住房建设，这是刘言急切想解决的问题。

为此，他搜集了很多资料，终于功夫不负有心人，滨城区人大代表刚好在每年一度的人大会上提出了能否着手考虑将住房公积金名下的闲置资金用于廉租住房建设的提案。人大会上的提案转到刘言手里的时候，他有一种"刚想睡觉就有人送枕头"的感觉。他马上组织人手，就此问题调集精干人员，组成了一个课题小组。住房公积金用于廉租住房建设，这可是一件与每个市民息息相关的大事，课题组的成员不由得有一种使命感，纷纷热情地投入工作。工作组经过到试点城市洛阳、唐山、济南、长沙等地的考察，进一步明晰了滨城区利用住房公积金闲置资金支持保障性住房建设的实施细节。

首先由滨城区住房公积金管理处注资成立资产型房地产投资信托（Real Estate Investment Trust，REITs），然后由REITs支付资金收购市政府的廉租住房，再由市政府租回廉租住房并支付租金给REITs，将廉租住房租给廉租户，最后REITs根据收入按规定比例分红给公积金缴存人或管理处。住房公积金廉租住房REITs流程如图2-4所示。

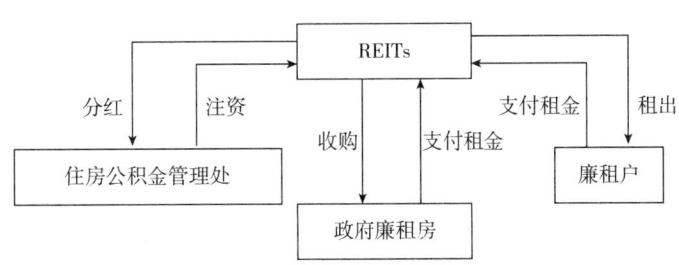

图2-4 公积金廉租REITs流程

由此，滨城区政府获得了一笔低成本巨额资金用于廉租住房建设，从而解决了廉租住房建设资金匮乏的困局，既能保证圆满完成预定任务，同时公积金缴存户的收益也增加了，廉租住房数量也增加了，使低收入住房困难家庭福利得到了改善。

至于公积金的本金，在紧张时期可由REITs将廉租住房出售回本，从而保障缴存户在需要提取公积金或贷款时能迅速获得资金的权利，其福利将不会被破坏。

随着收集资料的增多，刘言对住房公积金援建廉租住房建设的可行性信心更足了，有了解决廉租住房资金的办法，他顿时如释重负。回到家中，刘言在饭桌上不经意说起来自己最近在忙碌廉租住房资金缺口问题,这个问题激发了儿子刘方的极大兴趣。刘方大学读的是金融专业,他早就听说过国外有私人资本参与政府公共项目建设的例子,即 PPP 融资模式。此外,在中国也并非没有 PPP 融资模式,北京地铁线的建设、奥运场馆的建设都是 PPP 融资模式成功运用的例子。父子俩越说越起劲儿,连夜讨论起了 PPP 融资模式在廉租住房建设中应用的可能性。

(三) PPP 融资模式介绍

PPP (Public Private Partnerships),即公私伙伴关系,又称公私合作制,自 20 世纪 90 年代开始在西方流行,目前已在全世界范围内被广泛应用,并且正在成为各国政府实现其经济目标和提升公共服务水平的核心理念和措施。在首创 PPP 模式的英国,PPP 融资模式被认为是政府提供现代化、高质量的公共服务以及提升国家竞争力战略的重要因素,是政府现代化的基石。

1. PPP 融资模式的运作思路。

PPP 融资模式的主要运作思路是:政府部门先根据城市基础设施建设的需要,按照相应的标准选择私人部门加入,以特许经营权协议作为基础,组建特殊的项目公司,并由该项目公司负责项目的资金筹措、项目的建设和经营等活动。在这个过程中,政府部门和私人部门双方相互协调,并共同负责项目的整个运作周期,政府部门通常会与金融机构达成直接协议,该协议能够使项目公司顺利地取得该金融机构的贷款,保障项目的顺利建设,其运作思路如图 2-5 所示。

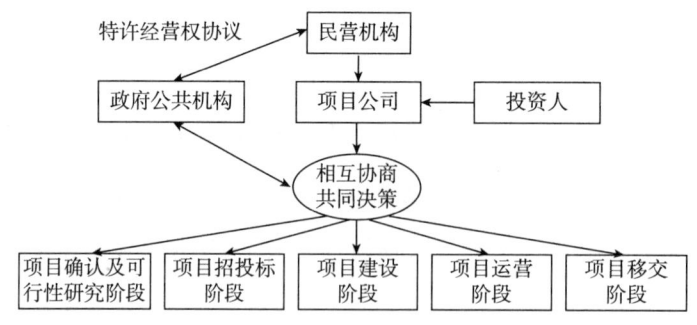

图 2-5 PPP 融资模式的运作思路

在廉租住房项目中引入 PPP 融资模式的适应性如何呢?刘言更想听听来自政府的声音。他给在住房和城乡建设部工作的同学打电话说明意图,同学积极热情地帮他分析。夜已深了，传真机的铃声划破了屋里的沉寂，一份《PPP 融资模式在廉租住房中的适应性分析报告》映入眼帘。

2. PPP 融资模式引入廉租住房的适应性。

（1）社会资金充足。自改革开放后，城镇居民存款一直呈上升态势。近年来，虽然银行实际利率低于名义利率，但居民储蓄存款仍在增加。数额巨大的民间资本试图通过投资的方式避免通货膨胀的影响。这部分民间资本总额巨大，并且随着我国经济持续增长，将其投入廉租住房建设市场是完全有可能的，这对于国家、银行和资金投资者来说，更是一种多赢的行为：一方面，可以拓宽闲置的民间资本的投资渠道，同时也降低了银行因存款余额过大而产生的系统风险；另一方面，在加快资金周转速度的同时，弥补了我国廉租住房项目的资金缺口，为廉租住房建设提供了稳定的资金来源。

可见，充足的民间资本为 PPP 融资模式在廉租住房建设中的应用提供了可行性。

（2）良好的项目运作环境。自从党的十七大报告提出要健全廉租住房制度以来，中央和各地方政府关于廉租住房的政策不断出台。2007 年 11 月，住房和城乡建设部等九部委联合发布《廉租住房保障办法》，该办法对廉租住房的申请条件、申请程序、房屋租金标准及如何确定等作出了明确规定。2005 年 2 月，国务院颁布了《关于鼓励支持和引导个体私营等非公有制经济发展的若干意见》指出"允许非公有资本进入金融服务业"，其肯定了对民间资本发展的支持。另外，我国出台了《招标投标法》《担保法》和《抵押法》等，这些法规对民间资本进入廉租住房项目，引入市场竞争机制，实现投资主体多元化，提高基础设施建设效率提供了有力的政策支持，为 PPP 融资模式的运行奠定了良好的政策环境。

我国政府对廉租住房的重视程度在逐年增强，这一切都为实施 PPP 融资模式营造了良好的竞争机制环境，有利于培育产权明晰、具有自我约束机制的市场竞争主体。

（3）"双赢"或"多赢"机制。廉租住房作为我国住房保障体系的重要组成部分，主要是为城镇低收入家庭解决住房问题，廉租住房的建设具有很好的社会效应，但经济效益相对较低。通过创新廉租住房的融资模式，将 PPP 融资模式引入项目的建设中，对于政府而言，一方面廉租住房项目的建设资金存在巨大缺口，而私人资本的参与可以有效缓解政府的财政压力；另一方面可以通过PPP融资模式，将民营企业先进的技术和管理方法引入廉租住房的建设中，提高社会资源的有效利用，有利于政府公共部门通过这种长期合作提高自身管理水平。对民营企业来讲，参与廉租住房的建设，能够与政府公共部门建立长期的合作关系，并通过政府的相关扶持政策获得项目的经济效益。特别是在当前全球经济不景气的背景下，很多行业都面临巨大的投资风险，房地产行业也处于调控状态，民营企业在政府给予的优惠政策下，选择将资金投到收益比较稳定的廉租住房项目中，将是一个相对安全的选择。

各方面资料显示，政府为PPP融资模式引入廉租住房项目创造了良好的项目运作环境。

（四）尾声

经过近3个月的努力，刘言终于找到了两种自认为适用于滨城区扩展廉租住房资金渠道的有效方法，但是，随着对这两种融资模式的深入了解，他深切体会到还有很多工作要做。两种模式下如何保障资金的安全使用？住房公积金援建廉租住房建设和PPP融资模式参与廉租住房存在哪些风险？面对这些风险又该如何有效控制？在这两种模式下，政府又该怎样为项目的实施创造良好的运作环境？

解决不了这些问题，刘言深知自己还将会辗转反侧，夜不能寐。

（案例来源：姚宏. 中国管理案例共享中心案例库.）

二、讨论问题

1. 我国廉租住房建设融资渠道有哪些？这些渠道有哪些优缺点？

2. 请你自行查找数据进行调研，根据数据说明我国住房公积金运用的基本情况如何？将其运用于援建廉租住房的政策条件有哪些？

3. 将住房公积金运用于廉租住房建设的关键条件是什么？如何保障住房公积金使用的安全？政府在运用住房公积金进行廉租住房建设中应发挥哪些作用？

4. 根据廉租住房建设中的资金需求与供给的对比情况，廉租住房引入PPP融资模式是否具有现实性？

5. 政府为民间资本参与廉租住房建设创造了哪些有利条件？

6. PPP融资模式中的风险除了文中列出的部分，还可能存在什么风险？这些风险与其他项目风险有什么不同？可以采取什么措施来有效应对这些风险？

7. 根据滨城区的实际情况，利用住房公积金闲置资金模式和采取 PPP 融资模式，哪一种更适合滨城区的廉租住房建设？

第三节 筹资决策案例

教学目的和要求：通过本节的案例学习，应该对资本结构决策方面的理论有一个全面、深刻的认识，同时能够利用资金成本理论、杠杆理论和资本结构理论来研究实际问题，进一步熟悉资金成本比较法、每股收益法和公司价值比较法的实际运用。

案例 27　神威公司筹资决策

一、案例资料

神威公司计划筹资 600 万元，有 A、B 两种方案可供选择。

A 方案：发行债券 300 万元，发行股票 300 万元，债券票面利率 8%，股票的股利率 15%。

B 方案：向银行借款 200 万元，借款利率 5%；发行债券 200 万元，债券利率 9%；发行股票 200 万元，股利率 18%。

二、讨论问题

若企业适用所得税税率 40%，试评价 A、B 两个方案的优劣。

案例 28　太阳公司的筹资决策

一、案例资料

太阳公司目前年销售额 10000 万元，变动成本率 70%，全部固定成本和费用（含利息费用）2000 万元，总优先股股息 24 万元，普通股股数为 2000 万股。该公司目前总资产为 5000 万元，资产负债率 40%，目前的平均负债利息率为 8%，假设所得税率为 40%。该公司拟改变经营计划，追加投资 4000 万元，预计每年固定成本增加 500 万元，同时可以使销售额增加 20%，并使变动成本率下降至 60%。

该公司以提高每股收益的同时降低总杠杆系数作为改进经营计划的标准。

二、讨论问题

1. 计算太阳公司目前的每股利润、利息保障倍数、经营杠杆、财务杠杆和总杠杆。

2. 假定所需资金以追加股本取得，每股发行价2元，试计算追加投资后的每股利润、利息保障倍数、经营杠杆、财务杠杆和总杠杆，判断应否改变经营计划。

3. 假定所需资金以10%的利率借入，计算追加投资后的每股利润、利息保障倍数、经营杠杆、财务杠杆和总杠杆，判断应否改变经营计划。

4. 若不考虑风险，两方案相比，哪种方案较好。

案例29 魔科公司的筹资决策

一、案例资料

魔科公司2016年年初的负债及所有者权益总额为9000万元，其中，公司债券为1000万元（按面值发行，票面年利率为8%，每年年末付息，3年后到期）；普通股股本为4000万元（面值1元，4000万股）；资本公积为2000万元；其余为留存收益。

2016年该公司为扩大生产规模，需要再筹集1000万元资金，有以下两个筹资方案可供选择。

方案一：增加发行普通股，预计每股发行价格为5元；

方案二：增加发行同类公司债券，按面值发行，票面年利率为8%。预计2016年可实现息税前利润2000万元，适用的企业所得税税率为25%。

二、讨论问题

请利用每股利润分析法，替魔科公司进行筹资决策。

案例30 发达公司的筹资决策

一、案例资料

发达公司是一家上市公司，该公司是以计算机软件及系统集成为核心业务，面向电信、电力、金融等的基础信息建设提供应用软件和全面解决方案。公司当前正在做2022年度的财务预算。下一周，财务总监郭为将向董事会汇报2022年度的总体财务计划。预算的重点在于投资项目的选择和相应的融资方案的确定。

以财务部牵头，与各个业务部门集中研究，全面考察所有备选投资项目，经过周详的项目可行性分析后，初步认为下一年度可供选择的项目如表2-12所示。

表2-12　　　　　　　　发达公司备选投资项目

项目	投资额(万元)	内含报酬率(%)
A	1500	15.4
B	2400	14.4
C	1400	13.5
D	900	12.6
E	1000	11.3
F	800	10.2
G	400	9.7

在现金流量方面，估计所有项目在第一年都将是净现金流出。而在随后的项目有效期内均为净现金流入，并且所有项目的风险预计都在公司可接受的水平之内。

郭为审查后认为，大家在项目机会的把握及初步可行性分析方面已做得相当出色，当务之急是将主要精力放在如何选择筹资方式及分析资本成本方面。

在15天前召开的一次公司理财会议上，发达公司的财务咨询顾问任先生告诉郭为：预计发达公司来年可以按面值发行利率为9%的抵押债券2000万元；若超过2000万元，且不高于3000万元，便只能发行利率为10%的无抵押普通公司债券。财务顾问及其所在的投资银行作出上述预测，乃是基于发达公司2022年度的资本预算总额及来年留存收益的预测。郭为预计来年的留存收益大约为4000万元。

郭为与咨询顾问均认为公司当前的资本结构属于最佳结构，其构成为长期负债40%，普通股权益15%，留存收益45%。

此外，财务人员还收集了如下信息：

(1) 发达公司当前的普通股市价为每股 21 元；

(2) 投资银行还指出，若以当前市价再增发新股以筹集 1000 万元股本，公司所能得到的每股净现金流量将是 19 元；

(3) 发达公司当前的年度股利为每股 1.32 元，但郭为确信董事会将会把 2022 年度股利水平提高到每股 1.41 元；

(4) 公司的收益和股利在过去 10 年里翻了一番，其增长速度相当稳定，估计公司为了给投资者传递一个公司稳定成长的信号，这一增长速度仍将持续下去；

(5) 发达公司适用的所得税税率为 40%。

二、讨论问题

请运用案例中提供的信息，根据发达公司 2022 年度融资活动的边际资本成本，与初步选定的投资机会相比较，确定 2022 年度的最佳资本预算。你认为有哪些因素可能会影响郭为采纳这一资本预算？

案例 31　蓝天公司的筹资方式选择

一、案例资料

蓝天公司是经营机电设备的一家国有企业，改革开放以来由于该企业重视开拓新的市场和保持良好的资本结构，逐渐在市场上站稳了脚跟，同时也使企业得到了不断的发展和壮大，在建立现代企业制度的过程中走在了前面。为进一步拓展国际市场，公司需要在国外建立一全资子公司。

公司目前的资本来源包括面值为 1 元的普通股 1000 万股和平均利率为 10% 的 3200 万元的负债。预计企业当年能实现息税前利润 1600 万元。开办这个全资子公司就是为了培养新的利润增长点，该全资子公司需要投资 4000 万元。预计该子公司建成投产之后会为公司增加销售收入 2000 万元，其中变动成本为 1100 万元，固定成本为 500 万元。该项资金来源有三种筹资形式：(1) 以 11% 的利率发行债券；(2) 按面值发行股利率为 12% 的优先股；(3) 按每股 20 元价格发行普通股。

二、讨论问题

在不考虑财务风险的情况下，试分析该公司选择哪一种筹资方式。

案例 32　冰冰股份公司的资本结构决策

一、案例资料

冰冰股份公司于 2007 年发行股票并上市，普通股 6000 万股，每股面值 1 元，发行价格为每股 5.4 元，筹资费率为 2.3%。该公司一直实行固定股利政策，2013 年实现净利 8480 万元，每股股利 0.8 元。公司股票当前市价为 11.38 元。公司的长期负债均为长期借款，长期借款利率为 8%，公司所得税税率为 25%。2013 年年末公司资产负债情况（部分）如表 2-13 所示。

表 2-13　2013 年年末公司资产负债情况（部分）　　单位：万元

资产	金额	负债和股东权益	金额
流动资产	26081	流动负债	4562
长期资产	36337	长期负债	16000
		股本	6000
		资本公积	25656
		盈余公积	2432
		未分配利润	7768
资产合计	62418	负债和股东权益合计	62418

预计该公司不同债务水平的债务利率和 β 系数如表 2-14 所示。

表 2-14　不同债务水平的债务利率和 β 系数

长期资本中债务比率 W(%)	债务利率 Kb(%)	β 系数
0	0	1.2
10	8	1.25
20	8	1.3
25	8	1.4
30	9	1.5
40	10	1.7
50	12	2.0

当前无风险报酬率为 10%，股票平均报酬率为 15%。该公司拟追加筹资 1000 万元，有两个方案可供选择：

方案一：发行新股，股票面值 1 元，按中间价发行，发行费率为 4%；并准备从 2019 年起，实行稳定增长的股利政策，股利预计以后每年增长 5%。

方案二：发行 5 年期债券，债券面值 100 元，票面利率 11%，每年付息一次，到期还本，发行价格为 108 元，发行费率为 4%。

二、讨论问题

1. 按账面价值和市场价值分别计算加权平均资本成本。
2. 分别按股利增长模型和资本资产定价模型计算普通股和留用利润的成本。
3. 计算追加筹资方案的资本成本。
4. 选择追加筹资方案并阐明理由。

第三章 投资管理案例

第一节 对内投资

教学目的和要求:通过本节案例的学习,你应该对企业内部投资,包括原材料、固定资产等投资的理论有一个全面、深刻的认识,同时能够利用相关理论来解决实际问题。

案例33 中宏公司的原材料购买决策

一、案例资料

中宏公司经常从友利公司购买原材料,友利公司开出的付款条件为"2/10,N/30"。一天,中宏公司的财务经理王洋查阅公司关于此项业务的会计账目,惊讶地发现,会计人员对此项交易的处理方式是在收到货物后15天支付款项。当王洋询问记账的会计人员为什么不取得现金折扣时,负债该项交易的会计不假思索地回答道"这一交易的资金成本仅为2%,而银行贷款成本却为12%,因此根本没有必要接受现金折扣。"

二、讨论问题

1. 会计人员在财务概念上混淆了什么?
2. 丧失现金折扣的实际成本有多大?

3. 如果中宏公司无法获得银行贷款，而被迫使用商业信用资金（即利用推迟付款商业信用筹资方式），为降低年利息成本，你应向财务经理王洋提出何种建议？

案例34　康元葡萄酒厂的生产线建设决策

一、案例资料

康元葡萄酒厂是生产葡萄酒的中型企业，该厂生产的葡萄酒酒香纯正，价格合理，长期以来供不应求。为了扩大生产能力，康元葡萄酒厂准备新建一条生产线。

张晶是该厂的助理会计师，主要负责筹资和投资工作。总会计师王冰要求张晶搜集建设新生产线的有关资料，并对投资项目进行财务评价，以供厂领导决策考虑。

张晶经过十几天的调查研究，得到以下有关资料：

（1）投资新的生产线需一次性投入1000万元，建设期1年，预计可使用10年，报废时无残值收入；按税法要求该生产线的折旧年限为8年，使用直线法折旧，残值率为10%。

（2）购置设备所需的资金通过银行借款筹措，借款期限为4年，每年年末支付利息100万元，第4年年末用税后利润偿付本金。

（3）该生产线投入使用后，预计可使工厂第1～5年的销售收入每年增长1000万元，第6～10年的销售收入每年增长800万元，耗用的人工和原材料等成本为收入的60%。

（4）生产线建设期满后，工厂还需垫支流动资金200万元。

（5）所得税税率为30%。

（6）银行借款的资金成本为10%。

二、讨论问题

为了完成总会计师交给的任务，请你帮助张晶完成以下工作：

1. 预测新的生产线投入使用后，该工厂未来10年增加的净利润。
2. 预测该项目各年的现金净流量。
3. 计算该项目的净现值，评价该项目的可行性。

案例35　梅雁集团的项目投资选择

一、案例资料

广东梅雁集团在企业发展中科学合理地使用资金，进行最佳投资选择，使企业经营业绩稳定持续增长。公司在进行决策时，以利润为中心，同时考虑眼前利益与长远利益相结合，从而确定公司的投资方向。投资已成为公司追求经济利益的经营行为，也正是一次次最佳的投资选择带来了公司的成功。仔细分析其投资选择，具有以下特点：

1. 选准项目。

对拟投资的项目，公司的经营机构本着有利于公司产业结构的调整，着重于高新技术发展的原则，进行严谨科学的可行性论证，然后交董事会决策。梅雁公司于1992年改制为股份有限公司，募集了5000多万元资金后，怎样使其尽快发挥出较大的效益，给股东以较高的回报率，是"梅雁"决策者面临的问题。经过科学分析和慎重考虑，董事会决定，坚持按公司招股说明书的规定，把资金投到早已瞄准的高科技产业上。在进行充分的可行性论证基础上，梅雁公司成立了南海汽车配件有限公司，引进国内外先进设备，生产汽车液压顶杆，免维修蓄电池厂等高质量的出口汽车配件；同时还走出家门向外拓展，先后到珠海特区等地办实业。公司紧扣决策和经营管理各个环节，努力使这些科技含量高、前景广泛、效益好的项目陆续上马。通过这样的投资选择，梅雁公司成功地避免了因投资房地产从而积滞资金的局面，确保了新项目有足够的资金按期完成投资，建成投产，发挥效益。

2. 巧用资金。

公司在把握好资金投向后，决策者们精打细算努力做到了资金活用，从而获取最大的经济效益。梅雁公司在同外商合作兴办南华汽车配件有限公司和珠海力佳液压件有限公司时，抓住外汇市场开放前夕的有利时机，用募集的股金调剂了一笔美元，用于两家公司的投资，巧妙地运用了资金。

梅雁公司在珠海西兴建客都宾馆按计划需投资5000万元，但他没有按常规去投资建设，而是在短期内集中投资了3000多万元，在完成土建工程以后，先完善第一层 6600 多平方米的客房、餐厅和营业门市装修，然后将第一层的门市租赁出去，把回收的资金再用来装修其他部分。做到边基建，边装修，边回收资金，使宾馆建得快、收效快，少占用 1000 多万元的投资资金。由于"梅雁"的精打细算，原需 1 亿多元投资的南华汽车配件公司、珠海客都宾馆、液压顶杆厂等主要项目，他们只用了近 5000 万元。

3. 把握时机。

翻开梅雁公司 10 多年的发展历史可以看到这样的现象，即公司在经济发展过程中，每一次向新台阶跳跃都发生在全国经济发展的降温时期，人们把它称为"梅雁现象"。解释这种"梅雁现象"，可以概括为："善察经济风云，敢于逆流搏击，选准最佳投资时机。"这已成为梅雁企业集团公司领导班子把握经济发展时机的"温度计"。

梅雁公司认识到，国家实行经济宏观控制是根据国情而定，梅雁集团不能随大流束缚自己发展的步伐，应加速发展自己，做到"冷时不冷，热时不热"。据此，梅雁公司十分注重观察国内外经济风云的变化，抓住各次经济潮落时机，避实就虚，逆风搏击前进，创造了投入越快越好的小气候和经济跳跃发展的机会。在 1989 年和 1990 年治理整顿期间，梅雁公司组建起企业集团公司，统一调配使用集团公司内部资金，通过向社会发行公司债券和向银行租赁等方式，多方筹集资金，乘建材价格下降之机，兴建起 2 万多平方米的宾馆、厂房、办公楼和住宅楼宇；同时，新办起灰砂砖厂、大型现代化养殖场、客都商场等企业，增购顺风客运公司的车辆，扩展了营业线路，为集团公司在全国经济发展时期的发展打下了坚实的基础，积聚了强大的后劲。1991 年梅雁企业集团公司又乘人们的发展注意力集中在深圳的股市和地产之机，在珠海西区以较低价格购买了 1 万平方米的土地使用权。根据县会计师事务所投资评估，梅雁集团在三年经济治理整顿时期，所兴建的房屋和所购置的土地使用权，价值总额达 2900 多万元。所有的这些成功的投资决策，都是梅雁公司善于把握良好时机的硕果。

二、案例分析

一定数量的资金，可能有多种投资机会，这就需要进行投资决策。投资决策以产品的可行性为基础，以实现最高资金利润率为前提，以经济效益与社会效益最佳化为标准，对投资的时机和项目进行科学的可行性分析，最后加以权衡敲定。

只有作出正确的最佳投资选择，即投资决策科学合理，企业才能取得最佳经济效益，否则会因资金使用不当而导致企业经营出现问题。梅雁公司的一系列投资行为便可以称得上是中国企业投资的经典之作，其在进行投资决策的时候，力求在现有约束条件下使公司整体战略利益最大化，对瞬息万变的投资机会灵敏异常，时刻把握着市场脉搏。并且，在确定好投资方向之后，对所投资的资金灵活运用，精打细算，最终取得了巨大的成功。

（案例来源：黄海燕，袁峥. 财务管理习题与案例（第1版）. 天津大学出版社，2011.）

三、讨论问题

1. 项目投资应该注意哪些问题？
2. 该案例给我们带来了什么样的启示？

案例36　梅兰书店项目管理

一、案例资料

马克一直梦想能拥有自己的企业。不过，非常不幸的是，他一直都没能积蓄起足够的资金来实现自己的梦想。总之，对此他感到很不得志。

马克了解到在斯普里菲尔德将要开设一个小商业区。这件事很有吸引力，因为这使他意识到或许他会由此找到开创自己企业的机会，于是他决定去考查一下这种机会的可能性。这个商业区离他家大约50英里，在那里，马克很吃惊地发现它是那么繁华。这个商业区虽小，只有大约20个商店，但却种类繁多。里面有一个超级市场、一个药房、一家银行、一家餐馆、一家珠宝店、一家体育用品商店、一家影视中心以及其他一些商店。所有这些商店都一家接一家地紧挨着。于是他将自己的想法告诉了这个小商业区的经理弗雷德。弗雷德在了解了马克的想法后，告诉他现在整个小商业区正好还剩下一个店位没有租出去，其租金是每月4000美元。另外，这个店面没有完全装修好，如果马克愿意租，那么他就得自己去进行最后的装修。同时，弗雷德经理还特别指出，每月4000美元的租金不包括事业费，这笔费用得按马克的实际使用情况额外支付。再则，商业区必需的维护费由所有商店的主人根据所经营的规模分摊，如果税收和保险费有所提高，也由大家分摊。店位出租的形式是承租人先预交两个月的押金，另外再提前一月支付下月份的租金。这就意味着如果马克与这个小商业区签下租房合约，他就必须先交12000美元的租金及押金。租约期限一般为3年，如果承租人愿意在3年后继续承租，那么他就得在3年的租期结束前6个月提出申请。对这些条件，马克没有什么异议，他告诉经理，他想开办一家书店。经理给他30天时间来做出最后决定，是否在这个小商业区租一个店位。

马克回到家里，非常兴奋地将有关开办书店的设想告诉自己的妻子梅兰。他相信这个书店会为他们赚取大笔的钱。当他们把自己的想法与父母进行讨论时，双方的父母都非常赞赏并且愿意提供资助以帮助他们启动将要开办的书店，并向马克与梅兰提了一些建议。正是按照他们的建议，马克与梅兰和小商业区企业管理部取得联系，并与之签署协议。弗雷德很热情地给马克提供了一张记有许多出版商名字的名单。一般而言，零售书店都是从这些出版商处进书。他甚至还专门为马克写信给这些出版社，向他们解释马克准备在斯普里菲尔德开办书店的想法，希望他们能派出销售代表与马克一起商量图书的进价、汇票贴现、信用、回报及其他一些图书销售活动中必然涉及的问题。另外，弗雷德还与其他一些书店取得联系，了解开办一个书店应该要做的准备工作。正是基于他的调查了解，他告诉马克开办一个书店大约需要25000美元购置必备的书架、装置、一块招牌以及其他必备的装修物。他还告诉马克，一个书店的周转资金需要大约20000美元，而购置书店必备存书的费用至少需要100000美元。这样，一个书店要正式启动，需要店位租金、保险费及其他项目的费用就还得增加22000美元，因此总投资就为167000美元。考虑到这笔投资已然不低，弗雷德在确定马克是否能提供这笔经费之前就没有对马克提出更多的建议。对弗雷德的帮助，马克深表谢意，他告诉弗雷德，除上述准备工作以外，他得到必需的资金后，再请他告诉他其他财务及具体运作的工作。现在，马克已经了解了他要开办一个书店所必需的信息。为了获得足够的投资经费，他和梅兰又与他们的父母聚了一次。马克的岳父、岳母经过努力可以为他们提供125000美元，马克的父母则提供了69000美元的资助，尽管他们父母想尽各种办法才为他们筹集到这笔资金，但他们为开办所获得的投资毕竟高达194000美元，这比弗雷德向马克所说的必需的投资经费高出19000美元。

双方父母都特别强调他们不能够再筹集更多的资金，如果马克失败，他们便

第三章 投资管理案例

将有许多年的生活没法维持,马克和梅兰向他们保证,他们知道他们在做什么,也知道他们肩上承担的责任,因此他们会非常努力,使他们所开办的书店获得大的成功。

马克再没有去请求弗雷德的帮助。他认为现在他已没必要再请别人帮助他,他将自己负责处理一切事物。他感到他不能再浪费时间,因为他想能尽快地让自己的书店开业。首先,马克与那个小商业区签署了租店合约并且在当地银行开设一个账户,将所有的积蓄和贷款存入。接着,他便与一位拥有一套财务系统的会计师商谈如何获得州及联邦的营业执照。这位会计师向马克建议,他应该创办一个公司,最好是一个"S"级公司。按照他的建议,马克与一位律师取得联系,这位律师索价450美元帮他注册公司。对此,马克认为付出450美元所注册的公司对他的书店获得成功没有丝毫益处,于是他决定以自己的名义自己去注册公司。他给自己的书店取名为"梅兰书店"而这只花费了100美元。另外,那位会计师为他给马克的工作索价每月250美元,但是马克认为这笔费用太高,便削减了此项支出。会计师告诉他,他的书店要上交营业税、联邦税以及社会保险费,而所有这些费用的统计工作都包括在他所索取的250美元报酬里面,相对他要做的工作而言,每月250美元的要价并不算高。但是马克仍执意要对此进行削减,他认为既然梅兰曾经在中学时学过财务统计,她便能处理这些财务工作。无论怎样,马克都充分意识到削减支出的重要性。另外,他所要从事的经商活动(开办书店)是"如此简单",他没有必要去寻求外人的帮助,从而增加他每月服务费用的支出,他相信所有的一切他都能够自己应付。值得一提的是,马克所签的租约名义上是"梅兰书店",但是他却自己签订了租约。

不久,那些收到马克信的出版社代表们纷纷打电话来与他进行联系。马克要求他们提供最基本的经典图书,他告诉那些出版社的代表他想要集中销售当前最流行的畅销书,他估算了一下,加上时不时地来源于某些特殊销售的促销,他所获得的毛利应当在30%~35%之间。那些出版社的销售代表们对此极为合作,他们愿意等书到达时,帮助马克进行销售。另外,他们还同意只要在规定的期限内他们可以收回马克没有销售出去的图书。同时他们相信马克的信誉是令人满意的,他可以在取得一定销售业绩的30天期限内向他们支付他所进图书的书款。

这样,大约1个月后,马克的书店便准备正式开业了。马克雇用了三个人和

财务管理案例

他一起负责白天的销售工作,另外还雇用了两个人负责晚上的工作。他所雇佣的兼职人员工作报酬是每小时 9 美元,这种报酬在整个小商业区还是挺不错的。对书店的营业时间,马上计算了一下,这样每天他需要支付 288 美元的日薪(不包括专职经理的薪水),或者说每周 2016 美元的周薪。他决定每天支付的薪水在他需要的时候就直接从每天的销售收入中提取,不过尽量将从中提取的金额控制在每周 500 美元左右。

书店的生意开始时极为火爆。第一周的销售额高达 15000 美元,并且看起来似乎任何时候书店里都有顾客。尽管如此,书店的销售额不久就开始下降。对此,马克发现,他的书店的生意常常处于两端:高峰和低谷。有时,每周营业额不足 5000 美元;有时却又高达 10000 美元,甚至 15000 美元。因此,马克对这种现象并不感到惊慌。相反,在任何情况下,他对自己的工作及管理手下人员的能力都极为满意。开始,他每天都在书店里守到下午 5 点。后来,他对他所聘用的专职经理的工作越来越感到满意,于是在下午 4 点时便立即回家与家人聚在一起。

在书店里,马克的时间一般都用于和顾客交谈,并且在需要的时候,也帮助他所雇佣的人员做些销售工作,在书店的经营上,那些出版社的销售商们给予了他极大的帮助。他们总是设法使书店里堆满各种最畅销的图书,并且也给马克提出建议帮助他怎样使这个书店获取更大的利润。

然而,在书店经营到 8 个月的时候,问题出现了。当时,马克手里的周转资金只有 1500 美元,而一些书商开始强烈要求支付所欠的书款,他们说,这些书款已经拖延很久了。当马克把每个月所进图书的书款加到一起的时候,他很吃惊地发现,他欠书商的书款已高达 80000 多美元,为了还清债务,他不得不去请求在银行的朋友为他贷款 80000 美元,银行在贷款前需要了解他书店的财务情况,于是马克便用银行的财务账目表自己填写了一份。事实上,由于马克对财务的忽视,他根本就不了解他到底拥有多少资产,也就是说他不知道现在他书店具体的财务情况,但是为了能获得银行的贷款,他凭想象对自己书店的财务情况进行了总结:

库存现金 1500 美元

能够收回资金 10000 美元

库存图书价值 150000 美元

书店装置价值 30000 美元

书店资产合计 191500 美元

需要支出费用 20000 美元

其他债务 0 美元

马克自有资金 171500 美元

应付款合计 191500 美元

当银行问及他贷款目的时,马克不得不撒谎说是他需要资金改建住房并增加书店的图书进货。银行在要求马克和梅兰二人签字后,将款贷给了马克。

实事求是地说,在申请银行贷款时,尽管马克对书店库存图书的具体价值不太清楚,但他相信应接近 75000 美元。因此,无论在任何情况下,他都应该有能力用销售这些库存图书所获得的资金偿付他所欠出版社的书款。在他用贷款付清所欠书款后,他又进了一批新书。现在,随着书店库存图书的丰富,书店的营业额又开始上升,每天他都能够收回大量的现金。这时,马克检查了一下自己的银行账目,他发现他的现金已下降到大约 3000 美元,这不足以支付已经拖久了好多天的房租,或者他所雇工人员工作的薪水。对此,他非常苦恼,却又一筹不展。这时他能到哪儿去筹集必须支付的房费呢?幸运的是,就在此时,书店的营业额又进入上升期,这使他能够支付房租及雇员们的薪水并给梅兰带了 700 美元回家。但是好景不长,州税务局又找上门来了。因为马克从来未曾为自己的零售业务上交过税款,税务局没收了他在银行的所有账目。税务部门不会进行预算,他们通知马克,企业的财务应由企业主核算,而不是由消费者说了算。他们要求马克就自己书店的财务情况上交一份详细报表,以确定他应交的税款。

最后,马克不得不将那位会计请回书店,并让他给自己整理一份财务账目。这位会计师为他准备了一份看起来合格的账目,但却未能获得银行的证明。这份账目所涉及的数据如下:

库存现金 800 美元

银行现金(可领取)3000 美元

库存图书价值 50000 美元

其他物品价值 15000 美元

固定资产 20000 美元

书店资产总计 88800 美元

应付账务 126675 美元

应付支票 80000 美元

应付税费 35000 美元

其他费用 25000 美元

应付费用总计 266675 美元

赤字 177875 美元

总计应支付费用及资金 88800 美元

对这份统计表，会计师强调他是根据马克所提供的信息制作的，他不负任何责任。至于马克的书店破产的数据，马克将会对此作出很多解释。

一直以来，马克对书店的经营情况印象都保持得很好。他认为书店的生意进展并不差。可是现在，实际情形却令人沮丧。他欠他父母及岳父母借给他的所有债款，他自己也还欠有银行的抵押贷款。另外，在书店的业务方面他的债务即高达 266675 美元。

二、案例分析

每个人在创业时应客观分析事业的盈利，不可孤注一掷，盲目乐观，应根据具体事实调整方向，并且经营状况并不依赖于个人印象，应根据数据作出判断。在一些情况下，专业的会计师所起的作用非常大，因为你可能会弄不清具体的账务处理程序，所以花一笔费用请一个会计师非常必要。

（案例来源：代凯军. 管理案例博士评点：中外企业管理案例比较分析. 中华工商联合出版社，2000.）

三、讨论问题

1. 阅读该案例后，你觉得会计（财务）在投资决策中起什么作用？
2. 如果你要创业，你要怎么做才不会像马克一样走向失败？

第二节　对外投资

教学目的和要求：通过本节案例的学习，你应该对企业外部投资，包括债券、股票等投资的理论有一个全面、深刻的认识，同时熟悉财务上通行的现金流量折现法、市净率法（成本法）、市盈率法（市场法），分析各种价值评估方法的理论模型、适用环境及其优缺点；掌握企业在实际操作过程中，如何根据自身需求选择恰当的价值评估方法。

案例37 百兴集团公司股票价值估算

一、案例资料

张伟是东方咨询公司的一名财务分析师，应邀评估百兴商业集团建设新商场对公司股票价值的影响。张伟根据公司情况做了以下估计：

（1）公司本年度净收益为200万元，每股支付现金股利2元，新建商场开业后，净收益第一年、第二年均增长15%，第三年增长8%，第四年及以后将保持这一净收益水平。

（2）该公司一直采用固定支付率的股利政策，并打算今后继续实行该政策。

（3）公司的β系数为1，如果将新项目考虑进去，β系数将提高到1.5。

（4）无风险收益率（国库券）为4%，市场要求的收益率为8%。

（5）公司股票目前市价为23.6元。

张伟打算利用股利折现模型，同时考虑风险因素进行股票价值的评估。百兴集团公司的一位董事提出，如果采用股利折现模型，股利越高，股价越高，所以公司应改变原有的股利政策提高股利支付率。

二、讨论问题

请你协助张伟完成以下工作：

1. 参考固定股利增长折现模型，分析这位董事的观点是否正确。
2. 分析股利增加对可持续增长率和股票的账面价值有何影响。
3. 评估公司股票价值。

案例38 中国平安海外投资失败

一、案例资料

中国平安于2007年11月，在二级市场陆续买入比利时富通集团4.18%的股票，成为其最大的单一股东，后又增持至4.99%，总投资成本238.74亿元人民币。平安保险参股时，富通集团业务包括银行、保险和资产管理3个部分，与平安的保险、资产管理和银行三大业务支柱架构相吻合，便于平安借鉴富通综合金融平台的经验。然而好景不长，金融危机下富通集团成为受危机波及的第一批金融企业。面对一触即发的挤兑风险，比利时、荷兰及卢森堡三国宣布联合向富通出资112亿欧元，持有富通集团下属富通银行在三地49%的股权。2008年10月初，荷兰宣布斥资168亿欧元收购原富通全部在荷业务；比利时首相于2009年1月30日凌晨宣布，2008年10月达成的法国巴黎银行收购比利时政府所持有的富通集团比利时银行75%股权的协议继续有效；富通集团资产中85%以上属于银行业务，而富通银行总部在比利时的布鲁塞尔，其合并之前的主要成员也是比利时最大的通用银行，因此比利时银行业务的出售意味着富通集团银行业务将所剩无几，其最核心的资产已经不在富通控股之中。富通集团从"银保双头鹰"被解体为一家资产仅含国际保险业务、结构化信用资产组合部分股权及现金的保险公司。由于上市公司核心业务不复存在，富通复牌后股价一直在1欧元附近波动。中国平安入股富通一年间，最初投资富通的238.74亿元仅剩约6亿元。这一笔让中国平安当初为之兴奋的海外投资，目前已经宣告彻底失败。

（一）平安集团简介

中国平安保险（集团）股份有限公司是中国第一家以保险为核心，集证券、信托、银行、资产管理、企业年金等多元金融业务为一体的综合金融服务集团。中国平安成立于1988年，主要经营深圳市范围内的财产保险业务；1992年经营区域扩展至全国；1994年进入人身保险市场；1996年开始正式经营证券和信托业务，同年开始保险业务的海外经营。2002年，根据保险业分业经营的要求，公司作为主发起人设立平安寿险和平安产险，分别经营人身保险和财产保险业务。2003年，经国务院同意、中国保险监督委员会批准，公司变更为控股公司；同年收购了福建亚洲银行（后更名为平安银行），正式进入银行业。2004～2005年设立了平安养老险、平安健康险和平安资产管理，以实现养老保险和健康保险的专业化经营及保险资产的专业化管理。2006年12月，公司收购了深圳商业银行，以进一步巩固和扩充公司的商业银行业务资源。2004年6月，公司H股股票在香港联交所上市。2007年3月，公司在上海证券交易所上市。截至2007年6月底，按照《国际财务报告准则（IFRS）》，集团总资产约为人民币6178亿元（约合601

亿欧元），权益总额约为人民币 976 亿元（约合 95 亿欧元），公司市值截至 2007 年 10 月 31 日约为人民币 9336 亿元（约合 866 亿欧元）。集团拥有约 24.4 万名寿险销售人员及 5 万余名正式雇员。从保费收入来衡量，平安寿险为中国第二大寿险公司，平安产险为中国第三大产险公司。

（二）富通集团简介

富通集团（Fortis）成立于 1990 年，是一家活跃于世界保险、银行和投资领域，享誉全球的国际性金融服务集团，是欧洲最大的金融机构之一。富通集团包括富通国际股份有限公司和富通银行，其中，富通国际股份有限公司（Fortis Insurance International N.V）直属富通集团，简称"富通国际"，在比利时、荷兰和卢森堡等国家的金融保险市场处于领导地位，在其他国家市场则开展重点业务，拥有"比利时国际保险公司""荷兰保险公司"及在美国的保险业务；富通银行是由比利时通用银行（Generale Bank）、荷兰 Meespierson 银行、比利时 Aslk/Cger Bank 储蓄银行和荷兰 Vsb Bank 储蓄银行等多家银行合并组成的欧洲银行，富通银行涉足商业银行业务、网上银行业务和个人银行及资产管理业务，在世界 65 个国家和地区开展业务，拥有 200 个左右具备法人资格的公司，向个人、企业和公共机构提供广泛的金融保险服务。1998 年富通与比利时通用银行合并后，以原通用银行为旗舰重组集团的银行和投资业务，将各方的基金业务合并，组成新的富通基金管理集团，负责全球范围内的投资管理业务。目前富通基金管理着 500 多个投资基金，管理资产总规模超过 3000 多亿美元。

此次合并造就了国际保险、银行、投资领域的又一"大鳄"，在 2008 年世界《财富》500 强中，富通集团资产排名第 14 位。在 2008 年《福布斯》世界 500 强中，富通集团在销售、利润、资产及市值等指标的综合排名中，荣列全球金融服务商第 19 位。

（三）我国保险行业发展情况

瑞士再保险集团公布的统计数据显示，2007 年全球实现保费收入 4.06 万亿美元，剔除通货膨胀影响后，较 2006 年增长 3.3%；同期，中国保险市场总保费收入 924.87 亿美元，位居世界第 10 位，剔除通货膨胀影响后，保费增速 19.0%，位居各国前列。从我国 2000~2009 年保险收入情况（见表 3-1）看，保费收入的增长自然带来了可运用资金的增加。中国保险业发展报告显示，2003 年年底我国保险资金各投资渠道所占比例中，银行存款占 52.06%，国债占 16.09%。面对提高的保险资金投资运用水平的紧迫性，2004 年 2 月国务院发布《关于推进资本市场改革开放和稳定发展的若干意见》，明确保险资金可以直接入市。2006 年，"国十条"提出了 10 条具体意见，如"鼓励保险资金直接或间接投资资本市场，逐步提高投资比例""支持保险资金参股商业银行""开展保险资金投资不动产试点""支持保险资金境外投资"等。可以看出，我国保险业在资本市场运作投资的政策支持力度在加大。2007 年 7 月 25 日，中国保险监督委员会会同中国人民银行、国家外汇管理局正式发布《保险资金境外投资管理暂行办法》，允许保险机构运用自有外汇或购汇、总资产 15% 的资金进行境外投资，从固定收益类拓宽到股票、股权等权益类产品。保险资金运用渠道的拓宽，对我国保险资金投资所带来了机遇和挑战。

表 3-1　　　　　2000～2009 年我国保险业保费收入及资金运用情况　　　　单位：万亿元

项目名称	2000 年	2001 年	2002 年	2003 年	2004 年	2005 年	2006 年	2007 年	2008 年	2009 年
总资产	0.34	0.46	0.65	0.91	1.19	1.52	1.97	2.90	3.34	4.10
保费收入	0.16	0.21	0.31	0.38	0.43	0.49	0.57	0.70	0.98	1.11
资金运用余额	0.25	0.37	0.58	0.87	1.12	1.43	1.78	2.67	3.05	3.70
投资收益率(%)	4.10	4.30	3.14	2.68	2.87	3.60	5.80	10.90	1.91	6.40

资料来源：中商情报网 www.askci.com。

二、案例分析

（一）中国平安投资富通集团的减值损失

2007 年 10 月，富通因收购荷兰银行的交易而陷入沉重的财务压力。富通的历史业绩良好，平安希望借鉴富通在混业中交叉销售、风险管理，以及产品设计创新等方面的经验，帮助其自身推动保险资金运用的创新，增强其在本土的整体竞争力。2007 年 11 月 27 日，平安人寿决定"战略性抄底"，从二级市场直接购买欧洲富通集团 9501 万股股份，折合约富通总股本的 4.18%，一跃成为富通集团第一大单一股东。2008 年 6 月，平安保险集团最终将持股比例锁定在 4.99%，平安持有富通股份总额为 1.21 亿股，总投资额达 238 亿元人民币。

中国平安对富通集团的投资属权益性工具投资，划分为可供出售的金融资产，属可供出售的权益性工具。根据《企业会计准则第22号——金融工具确认和计量》的规定，可供出售金融资产期末需按公允价值计量，并且公允价值变动形成的利得或损失应当直接计入所有者权益；资产负债表日，当可供出售权益性工具投资的公允价值发生严重或非暂时性下跌时，企业需要对其计提减值准备，且发生的减值损失不得通过损益转回。

但是在实务中，对"严重"和"非暂时性"的判断并没有统一标准，在对可供出售金融资产计提减值准备时，国内多数保险公司都会采用欧洲保险公司的宽松标准，即账面减少50%以上或账面损失减少20%并持续12个月。截至2008年9月底，富通集团的股价下跌幅度超过了70%，针对富通集团的投资计提人民币157亿元（合22.7亿美元）的减值准备，导致2008年第三季度平安保险集团季度报表出现净亏损人民币78.1亿元，而2007年同期实现净利润人民币36.2亿元。

（二）富通集团重组对平安集团的影响

作为金融危机首轮波及的金融企业，富通集团的股权出售方案一波三折。2008年9月29日，富通集团宣布，荷兰、比利时、卢森堡三国政府为挽救富通集团达成协议，分别出资40亿欧元、47亿欧元和25亿欧元，购买富通集团在各自国家分支机构49%的股份，以增强富通集团的资本实力，三国政府同时为富通集团内务银行提供流动性支持。

2008年10月，比利时政府控制了富通集团，以避免其陷入破产。富通集团股权重组中各个股东之间的较量实质上是比利时政府和其他股东之间的博弈，其中也包括富通集团的大股东中国平安保险集团。自2008年9月以来，富通发生了一系列巨大的变化，所涉及的重大决策，都是由比利时政府主导的。其实，摆在比利时政府面前只有三种选择：第一种选择是让富通自生自灭；第二种选择是注入更多现金将其收归国有；而第三种选择便是联姻法国巴黎银行，给富通股东更好的收购条件。由于富通背负了太多债务，如果任由其自生自灭，富通破产的可能性比较大，而富通股份为比利时普通投资者所广泛持有，出于稳定民心的考虑比利时政府不可能采纳第一种选择。而第二种选择将富通收归国有对于一个国家来说比较冒险，而且在市场自由化的经济大潮下大有违反经济规律之嫌，因此比利时政府最愿意看到的境况就是第三种选择，比利时政府、巴黎银行和富通控股就富通比利时银行收购方案达成协议。

比利时政府在 2009 年 3 月 7 日上午发布的一份声明中指出，法国巴黎银行将购买富通银行 75% 的股份。此外，在法国巴黎银行担保下，富通银行将出价 13.75 亿欧元从富通集团手中买入富通比利时保险公司 25% 的股份。这一协议已经是第三次修订了，之前两次均遭到富通集团股东的反对。自 2008 年 10 月，金融危机席卷欧洲，造成富通集团陷入严重财务危机状况，比利时富通银行计划将资产出售给法国巴黎银行，但这一协议遭到富通银行一些小股东的反对。此后，比利时政府冻结交易，并迫使法国巴黎银行和比利时政府修改协议条款，但富通集团股东大会于 2009 年 2 月 11 日又再次否决了修改后的协议条款。

中国平安保险（集团）股份有限公司此前因向富通集团投资 238 亿元而持有其 5% 的股权，成为富通集团最大的单一股东。因此，在 2 月 11 日的股东大会上，中国平安也投了反对票。中国平安认为，自 2008 年 9 月以来，富通发生了一系列巨大变化，其间一系列重大决策都由比利时政府主导，导致富通价值遭受巨大损失，损害了股东利益，这些行为严重违反了公司治理的基本原则，因此中国平安反对原来的各项交易方案。在中国平安带领下的股东维权获得胜利后，中国平安 H 股次日上涨 1.25%。而富通集团股价当日大幅下跌。但当时分析认为，中国平安的胜利也只是暂时争取了待市场回暖后翻本的筹码。

对于法国巴黎银行而言，通过收购富通银行，其可以将吸储业务扩展到比利时和卢森堡，从而成为欧洲最大的商业银行。作为增加持有富通比利时保险公司权益的交换，比利时政府将对富通银行所持结构性产品的最终损失提供最高达 15 亿欧元的担保，并允许富通银行在未来 3 年内发行由比利时政府承销的高达 20 亿欧元的股票。

此外，富通比利时保险公司与富通银行还将签署有效期到 2020 年的分销合作协议。这使法国巴黎银行和富通集团在汽车和住房保险领域的合作可能性增加。

2009 年 3 月 5 日，富通集团股价大涨 13.3%，但仍略低于 1 欧元。平安账面上剩余 53 亿人民币的富通投资对应的股价是约 4.7 欧元，而新方案带来的利好不足以使富通股价从 1 欧元上升至 4 欧元以上价位，年报中还将继续计提减值。

（三）海外投资浮亏对平安股价的影响

中国平安对富通集团的投资受到投资人、政府与媒体等利益相关者的广泛关注,同时也是我国金融企业中遭受损失最大的一宗海外投资。通常情况下,上市公司会通过重大事项公告等形式向市场传递其投资产生的浮亏、计提减值准备等信息,中国平安前后共发布四份对富通集团股票投资相关公告,包括两份澄清公告,一份减值公告及一份预亏公告。下面以中国平安在上海证券交易所发布的有关富通股票投资的减值公告为事项,通过公告前后中国平安股票价格变动趋势来分析A股市场对中国平安发布的有关巨额减值准备公告前后反映,研究市场对公告的解读和反应能力(每个交易日的股票价格设定为当日开盘价与收盘价的平均值)。

1. 事项的确定。

所要研究的事项是自2007年11月27日中国平安在二级场上购入富通集团的股票成为其第一大股东之日起,至2009年3月1年多的时间里,中国平安针对富通集团股价大幅下跌引起巨额浮亏而发布的一系列澄清公告和重大事项公告及预亏公告。查阅中国平安于这段时期内在上海证券交易所发布的所有公告,其中针对A股市场符合条件的公告如表3-2所示。

表3-2 中国平安在A股市场(上海证券交易所)发布的公告时间及内容

公告时间	公告内容
2008年7月4日	澄清公告:截至2008年6月30日,公司不需对富通集团股票投资计提减值准备,该投资归类为可供出售金融资产,以公允价值计量
2008年9月27日	澄清公告:本年报披露的净资产已反映投资富通集团股票的市值变动损失,是否减值处理根据未来国际资本市场和富通集团股价波幅与走势等情况而定。公司的资本金和偿付能力非常充足
2008年10月6日	重大事项公告:公司拟在三季度报告中对富通的投资计提减值准备,该项投资存在157亿元人民币的市价变动损失将计入利润表
2008年10月18日	预亏公告:预计前三季度净利润亏损,亏损原因是在第三季度财务报告中对富通集团的股票投资进行减值准备的会计处理,共计157亿元人民币市价变动损失,转入利润表

资料来源:上海证券交易所官网 www.sse.com.cn。

2. 时间窗口的确定。

时间窗口的选择非常重要,决定其长短的一个重要因素是股票价格对公告信息的反应速度。基于有效市场的假设,价值公告的时间窗口至少应该包括时间发生当日及前一日,因为股票价格几乎会立刻对信息披露做出反映。但事实上,股票价格对信息的反应是滞后的,所以在设计时间窗口时要适当扩大窗口。长、短窗口都有各自的优缺点:长窗口可以覆盖充分的会计信息,但会引入过多的信息噪声;短窗口可以避免信息噪声的干扰,却可能会忽略会计信息的部分信息含量。因此,在实际操作中,要平衡时间窗口的长短,根据具体的环境、会计信息内容等因素来选择最优时间窗口。

为了避免引入较多的信息噪声,同时又保证有足够长的时间窗口反映公告对股价的影响,为此,确定第一份澄清公告时间窗口为前后各10天,即$W1 = [-10, 10]$,其余三份公告发布时间很接近,彼此相距不超过10个交易日,尤其是第二、三份公告是连续发布的,所以本书相应缩短了这三份公告的时间窗口,具体情况如表3-3所示。

表3-3　　　　　　中国平安股份股价变化时间窗口的设定

公告时间	时间窗口
2008年7月4日	澄清公告时间窗口为前后各10天,即$W1 = [-10, 10]$
2008年9月27日	澄清公告的时间窗口设为$W2 = [-10, -1]$
2008年10月6日	重大事项公告的时间窗口设为$W3 = [0, 5]$
2008年10月18日	预亏公告的时间窗口设为$W4 = [4, 10]$

资料来源:上海证券交易所官网www.sse.com.cn。

3. 市场反应与结果分析。

以2008年7月4日发布的澄清公告为事项的股票价格趋势(见图3-1)显示,在该公告前后10天内,股票价格从$T = -3$(即7月1日)开始剧烈下降,下降趋势到公告日当天停止;公告日当天到$T = 3$(即7月9日)期间股票价格略有回升后逐渐趋于平稳。

整个时间窗口期间,中国平安的股票价格从$T = -4$(即6月30日)开始下降,表明A股市场在公告发布前就有负面反应。中国平安在7月4日发布的澄清公告主要是为了回应部分媒体对平安将对投资富通集团股票计提减值准备的报道,也是平安自投资富通以来首次在公告中涉及该项投资的减值准备计提问题。该公告称，截至 2008 年 6 月 30 日，公司不需对富通集团股票投资计提减值准备。金融危机以来，富通集团受到资金短缺的影响，股价急剧下跌，2008 年 6 月 20 日富通集团的股价是每股 9.6 欧元，与中国平安投资时相比下跌近 50%。由于中国平安将其对富通集团的投资归类为可供出售金融资产，当被投资单位股价大幅下跌产生逾 100 亿元人民币浮亏时，如果富通集团情况继续恶化，会使平安集团产生巨额浮亏；如果股价持续严重下跌，平安对投资计提减值准备时，计入损益的减值损失会对平安当年经营成果产生严重影响。不难看出，中国平安发布澄清公告的目的在于向市场传递正面消息，并极力平复投资者的悲观情绪。然而，从市场反应结果来看，该项公告并未得到投资者的积极回应，中国平安股价持续下跌，并没有回升迹象。所以，该公告被市场判定为"坏消息"，并没有起到"澄清"的作用。

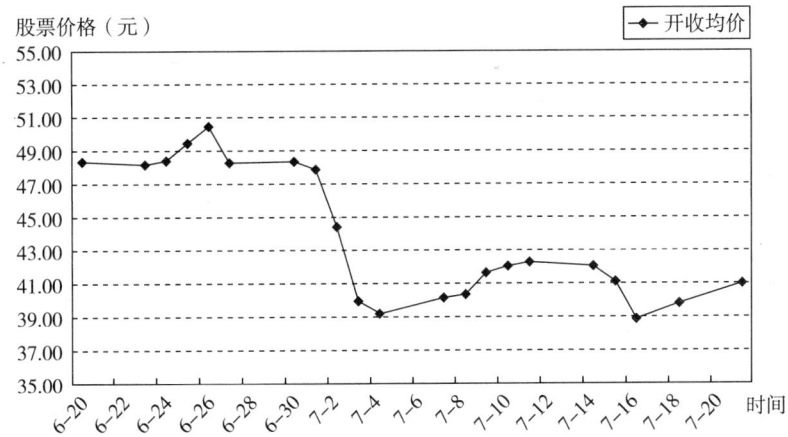

图 3-1 以 2008 年 7 月 4 日发布的澄清公告为事项的股票价格趋势

资料来源：东方财富网。

以 2008 年 9 月 27 日发布的澄清公告为事项的股票价格趋势（见图 3-2）显示，在该公告发布前 10 天，股票价格整体呈下降趋势，在 T = -5（即 9 月 22 日）和 T = -6（即 9 月 19 日）两个交易日内略有上升，但随后继续下降。2008 年 9 月 27 日澄清公告的内容是本年报披露的净资产已反映投资富通集团股票的市值变动损失，是否减值处理根据未来国际资本市场和富通集团股价波幅与走势等情况而定，而且公司的资本金和偿付能力非常充足。该澄清公告主要是声明公司财务状况良好，向市场及投资者传递正面积极的信息。但事与愿违，市场对公告做出了提前的负面反应，说明 A 股市场认为此份公告是个"坏消息"。

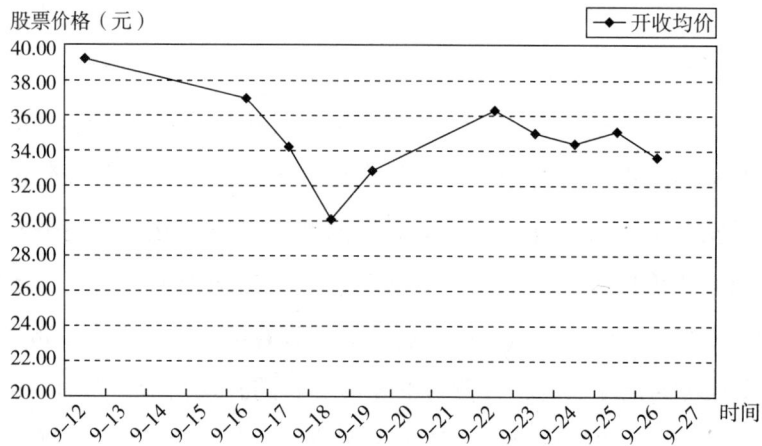

图 3-2 以 2008 年 9 月 27 日发布的澄清公告为事项的股票价格趋势

资料来源：东方财富网。

以 2008 年 10 月 6 日发布的澄清公告为事项的股票价格趋势（见图 3-3）显示，国庆假期后第一个开盘日，澄清公告发布之日起，中国平安的股票价格开始下降，并在 T=4（即 10 月 10 日）时达到最低，休整后在 T=5（即 10 月 13 日）出现小幅反弹。

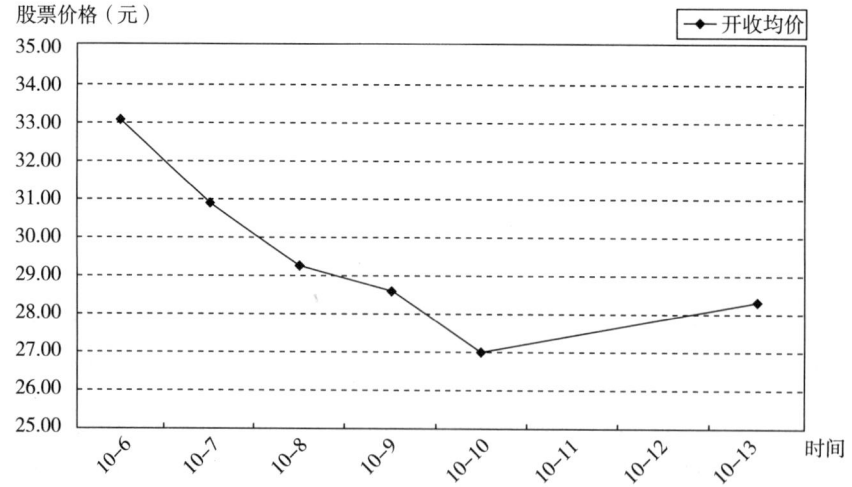

图 3-3 以 2008 年 10 月 6 日发布的澄清公告为事项的股票价格趋势

资料来源：东方财富网。

中国平安股票价格从 T=0（即 10 月 6 日）其开始下降，T=5（即 10 月 13 日）又出现上升，表明市场在公告期有正面反应，公告其后的负面反应可能是因为受到 H 股市场公告的影响。10 月 2 日，中国平安在 H 股市场发布终止购买富通旗下资产管理公司股份交易的公告，虽然这份公告并没有在 A 股市场发布，但投资者可以通过其他渠道获得这一利好消息，投资者认为这项决策避免中国偏干持有更多富通集团股份，可以防止损失进一步扩大。

以 2008 年 10 月 18 日发布的澄清公告为事项的股票价格趋势（见图 3-4）显示，发布预亏公告前后时间窗口内股票价格呈下降趋势，在 T=8（即 10 月 29 日）开始稳步上升。公告期前后市场一直呈负面反应，由此可见预亏公告具有一定信息含量。

纵观各时间窗口内中国平安的股票价格变动，发现 9 月 27 日至 10 月 5 日，沪深两市处于国庆休市期，并没有股票交易。另外，从公告内容来看，10 月 18 日发布的预亏公告是在 10 月 6 日的减值公告基础上发布的，由于将 157 亿元人民币的减值损失计入损益，必然会导致公司第三季度亏损。众多投资者很可能在 10 月 6 日发布减值公告是就预计到这样的结果，并反映在 10 月 6 日前后的股票价格变化上，因此 10 月 18 日发出预亏公告前后，市场反应并不十分显著。因此，10 月 6 日的减值公告最具信息含量，是引起市场显著反应的事项，也就是说企业公布减

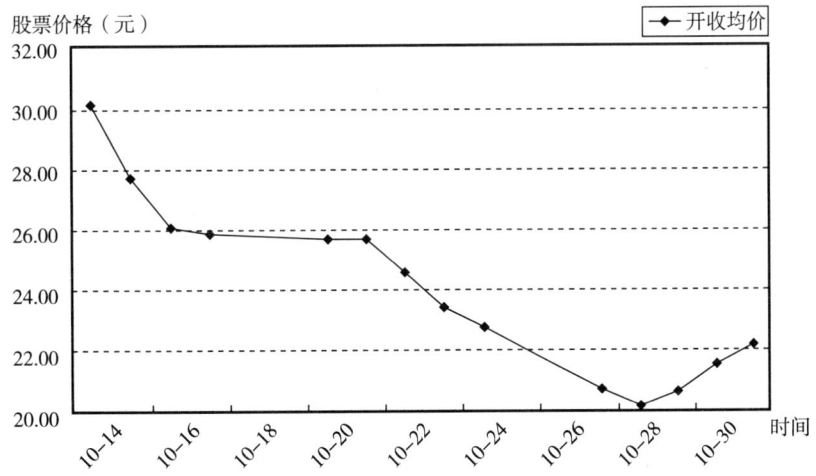

图 3-4　以 2008 年 10 月 18 日发布的澄清公告为事项的股票价格趋势

资料来源：东方财富网。

值前后会引起市场的负面反应，上市公司因海外投资产生巨额浮亏而发布的一系列与计提减值准备相关的公告均具有信息含量，且都是"坏消息"。同时，从对第一份澄清公告获得的市场反应来看，公司试图通过澄清公告稳定投资者情绪，但向市场传递积极信号的做法收效甚微，说明投资者依然会依据市场的实际环境和理性判断作出投资决策。

（四）平安的海外投资失败教训

1. 投资需谨慎。

1990年，富通成立之初，其主业是保险业。通过连续收购比利时通用银行等多家银行，集团业务随之也扩展至银行业和资产管理业。1990~2004年，富通净利润增长了8倍，市值增加了10倍。富通股票总投资回报率，在过去16年更累计高达1232%。这是一个惊人的数字，然而在危机到来时，富通付出了同样惨痛的代价。

据消息人士分析称，中国平安投资富通股票，意在收购后者旗下的资产管理公司。平安集团投资富通遭受巨额账面浮亏，其自身判断失误不能逃避责任，该公司最高决策层没有充分预计到次贷危机的严重程度；中国平安投资富通集团股票的成本价为197元/股，如此高企的收购价，从开始决策到具体行动，中国平安只用了区区数月，便火速在二级市场拿下富通，并几次追加股份力保最大单一股东席位，激进的心态不言而喻。

在金融危机发生后的当下，金融企业怀抱着激情和理性扬帆"出海"，投资海外以期获取投资收益。应当认真论证投资项目的安全性、收益性、多样性和流动性。在满足安全性、流动性和多样性以后，金融企业再去考虑收益性，做到先求资金保值，再求资金增值。

2. 缺乏一定的防范和应对经验。

在很多业内人士看来，虽然在过去20年中，平安始终通过引进海外人才、优化股东结构等办法提升其管理水平，并成为最具国际化特质的本土金融企业，但与成熟的海外金融机构相比，所有的国内保险公司都有相当大的提升空间。因此平安更希望通过与富通的合作，进而低估了金融危机所造成的系统性风险。

富通"国有化"问题暴露出来的则是政治风险：

（1）在这场危机中，各国政府救援陷入危机的金融机构主要有以下几种方式：

提供贷款、政府注资参股、为银行债务和存款提供担保、为银行间信贷提供担保、撮合健康金融机构收购危机机构。本来，比利时、荷兰和卢森堡政府于 2008 年 9 月 29 日宣布向富通投资 112 亿欧元（约合 163 亿美元）分别收购其全资子公司部分股权，这一计划符合各国通行的危机救援方式。但荷兰政府率先违反承诺，比利时政府跟进，将富通集团推入极为不利的境地，然后采取种种违法手段胁迫富通集团董事会同意分别向荷兰、比利时政府廉价全盘出售其盈利能力最佳的银行和保险子公司，占富通集团原有资产的 95% 左右，给富通只留下有限的国际保险业务、出售子公司所得现金和美国次级债券。在这种情况下，富通股价急剧下滑也就是必然的了。

（2）这些拆分出售富通资产的计划由荷兰、比利时政府一手包办，操作过程中多有违反他们本国和欧盟相关法律之处。富通章程明确规定，董事会的一切决定必须符合集团的公司治理宣言，而公司治理宣言明确规定，深远影响富通集团性质的交易必须提交公司股东决定，特别是导致富通停止经营保险或银行业务的交易必须提交股东决定，将导致富通核心权益超过 1/3 被削减的撤资计划也须经股东批准。然而，比利时政府一手全盘包办其收购和转售交易，首先购入富通集团下属全资银行子公司富通比利时银行（Fortis Bank SA/NV）全部股权等项资产，然后立刻将富通比利时银行（Fortis Bank SA/NV）的 75% 股权和富通比利时保险子公司（Fortis Insurance Belgium SA/NV）全部股权转售巴黎银行，有关谈判完全由比利时政府和巴黎银行代表进行，谈判结果直接半强制性地由富通董事会接受，没有按照法律规定程序经过富通股东会审查同意，而比利时政府代表又根本没有经过正式委任成为富通的日常管理人员或代表。

（3）比利时政府"收购"（假如将这种实质上的强制行为称作"收购"的话）富通全资子公司价格极其低廉。比利时政府通过其私人投资公司 SFPI/FPMI 分两次购入富通比利时银行（Fortis Bank SA/NV）全部股权，收购价格合计 94 亿欧元，此价仅相当于当时银行自有资产价值的 50%～60%，也显著低于市场公认估值。在贱价收购富通比利时银行之后，比利时政府立即将其 75% 股权转售法国巴黎银行，立刻获得 16 亿欧元收益。

而且，这样的低廉价格，这样重大的收购，不曾向富通股东征询意见；相比之下，美国官方安排摩根大通收购陷入困境的贝尔斯登，贝尔斯登第一次股东会断然否决了过低的收购价格，摩根大通迅速大幅度提高收购价格，方才赢得贝尔斯登股东会认可。

（4）倘若比利时政府向富通股东公平分配转售富通比利时银行所得利润，这笔程序不合法的交易至少还能保持结果公平，然而比利时政府在这个环节不仅没有挽回、消除对中国投资者的损害，反而制定了严重歧视中国投资者的富通股东补偿计划，明确规定只补偿欧盟个人股东，不补偿机构股东和非欧盟股东，在此计划下，平安集团将不能获得分文补偿。

透过平安集团投资失误的案例，我们有必要反思中国金融企业的海外拓展策略。

（案例来源：李红霞. 财务管理案例. 中国海关出版社，2011.）

三、讨论问题

1. 海外投资的动机有哪些？中国平安的投资动机是什么？
2. 海外投资有哪些风险？中国平安遇到了哪些风险？
3. 中国平安的投资失败的主要原因是什么？带来了哪些启示？

案例39　乐视网的合理价值

一、公司概况

乐视网，全称乐视网信息技术（北京）股份有限公司，2004年成立于北京，享有国家级高新技术企业资质，致力于打造基于视频产业、内容产业和智能终端的"平台+内容+终端+应用"完整生态系统，被业界称为"乐视模式"。乐视网是乐视控股集团旗下的子公司，乐视控股集团旗下公司包括乐视网、乐视致新、乐视移动、乐视影业、乐视体育、网酒网、乐视控股等；2015年，乐视全生态业务总收入超过了100亿元。

乐视网于2010年8月12日在中国创业板上市，是行业内全球首家IPO（Initial Public Offerings，首次公开募股）上市公司，中国A股最早上市的视频公司。目前乐视网影视版权库涵盖100000多集电视剧和5000多部电影，并正在加速向自制、体育、综艺、音乐、动漫等领域发力。2014年12月，贾跃亭宣布乐视"SEE计划"，将打造超级汽车以及汽车互联网电动生态系统。2015年12月，乐视网称将正式启动将乐视影业控股权转让给乐视网事项,拟通过发行股份购买资产并募集配套资金的方式购买乐视影业股权,将乐视影业的控股权转让给乐视网。2016年1月12日下午,乐视以全新面孔亮相。

二、盈利模式

上市以来,乐视网的营业收入持续高速增长,2010年的营业收入为2.3826亿元,2011年为5.9856亿元,2012年为11.6731亿元,2013年为23.6124亿元,2014年为68.1893亿元,2015年为130.1673亿元,年均复合增长率为122.58%。

1. 终端业务收入。

从表3-4中可以看出,终端业务收入是乐视网营业收入的主要来源,乐视网四大主营业务(广告、终端、会员及发行、技术服务)中,终端业务最为抢眼。截至2015年年末,乐视网累计销售超级电视450万台、超级手机300万部;终端业务收入约为60.89亿元,收入占比46.78%,同比增长122.22%,终端业务成本约为81.86亿元,同比增长100.04%,终端净亏损20.97亿元。

表3-4 乐视网营业收入构成变化

营业收入	2015年		2014年		同比增减(%)
	金额(元)	比重(%)	金额(元)	比重(%)	
广告业务收入	2633677836.17	20.23	1572061798.67	23.05	67.53
终端业务收入	6088833693.67	46.78	2740047010.46	40.18	122.22
会员及发行业务收入	3782359728.95	29.06	2421916186.04	35.52	56.17
付费业务收入	2710141070.62	20.82	1525949717.10	22.38	77.60
版权业务收入	776088695.58	5.96	704591996.39	10.33	10.15
电视剧发行收入	296129962.75	2.27	191374472.55	2.81	54.74
技术服务收入	151172563.14	1.16	—	0.00	—
其他业务收入	360681302.19	2.77	84913627.21	1.25	324.76
合计	13016725124.12	100.00	6818938622.38	100.00	90.89

资料来源:乐视网2015年年度报告。

2. 会员及发行业务。

2015年,乐视网的营业收入超过了130亿元,会员及发行业务收入达到了

37.82亿元，比2014年提高了56.17%，占到了全部营业收入的29.06%。值得关注的是，乐视网2014年的会员及发行业务收入超过了广告业务收入，其不仅成为乐视生态业务中最重要的收入来源之一，更颠覆了传统视频行业依靠广告弥补高额版权成本的营收模式。对于整个行业而言，这是历史性的突破。

3. 广告业务。

相较于表现亮眼的终端业务与会员及发行业务，广告业务表现平平。2015年，广告业务收入增速较缓，占全部营业收入的比重降低。市场预测，网络视频广告收入在2015年、2016年仍将保持较高的增长态势，广告业务收入及OTT业务（即互联网公司越过运营商，发展基于开放互联网的各种视频及数据服务业务，强调服务与物理网络的无关性）增长是公司未来最主要的发力点之一。

三、盈利预测

1. 行业发展前景。

（1）中国在线视频市场保持快速增长。2015年中国在线视频市场保持快速增长，在线视频市场规模超过了400亿元，同比增长61.2%（见图3-5）。中国在线视频整体市场在规模保持快速增长的同时，也出现了一些新的增长点。首先，视频用户付费市场在各家视频企业的推动下有了长足的增长，付费用户数量大幅增加；其次，视频广告开始产品化，各视频企业纷纷推出了不同类型的创新营销产品，最后针对广告业主的不同需求，面向不同的用户群体。

根据大数据实现了视频广告的精准性和创新性；最后，视频行业对视频内容的精益求精。IP策略、内容运营以及自制内容的推动，使得视频内容有了更多的利润想象空间。

（2）在线视频广告保持稳定增长，视频广告产品带动视频广告精准性进一步提升2015年，中国在线视频广告的市场规模为231.9亿元，同比增长52.7%（见图3-6）。在线视频广告的市场规模近几年保持着较为平稳的增长态势，市场发展已经较为成熟。视频广告市场未来的增长主要依靠以下几个因素带动：一是广告形式的创新，除了传统的视频贴片广告以外，内容营销以及与广告业主合作的深入整合营销也在不断增加；二是营销产品化，不断增加的营销产品不仅能使广告投放更有针对性，也能挖掘出广告业主更多的细分需求；三是移动端广告的巨大成长空间，目前移动端广告占视频广告的比例与移动端流量的占比还有较大差距，移动端商业化推进将进一步刺激移动广告收入的提升。

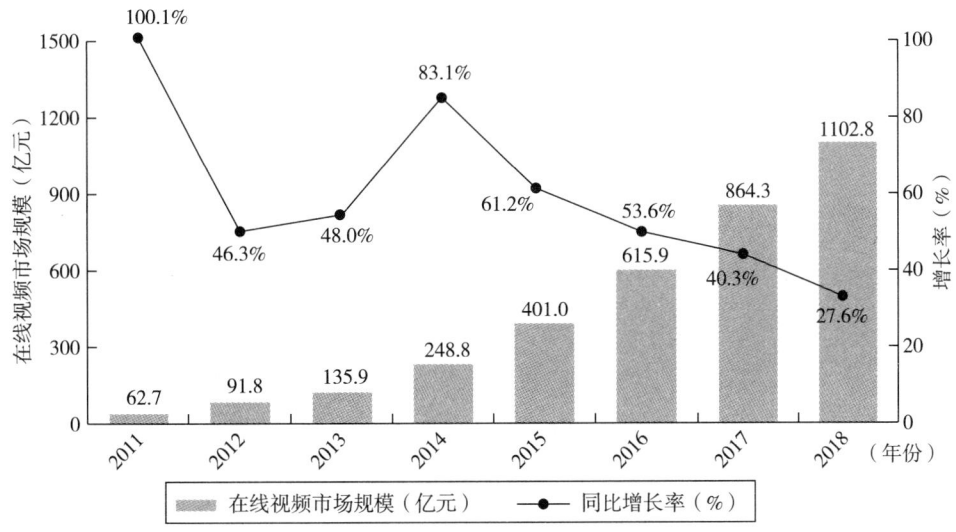

图 3-5　中国在线视频行业市场规模预测

资料来源：艾瑞咨询 2015 年在线视频行业年度监测报告。

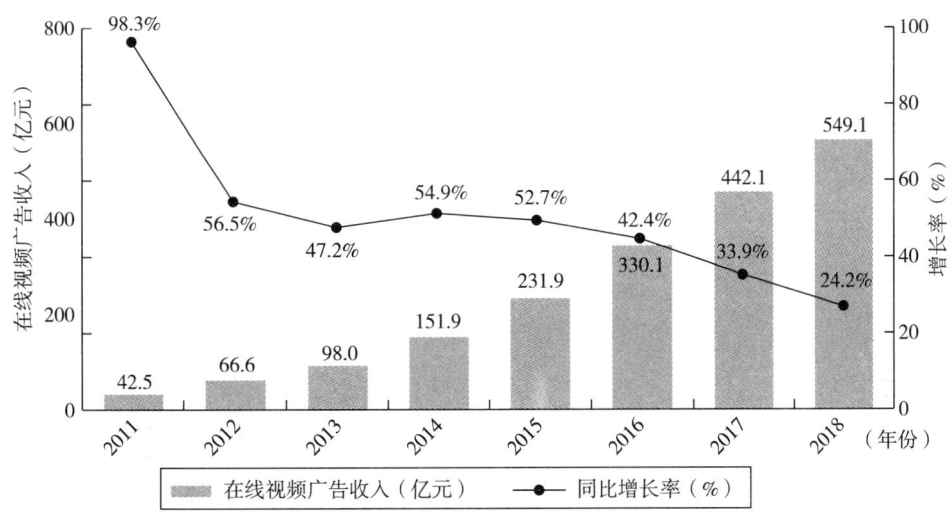

图 3-6　中国在线视频行业广告规模预测

资料来源：艾瑞咨询 2015 年在线视频行业年度监测报告。

2014～2015 年，国内各大在线视频网站纷纷发力研发视频广告产品，改变传统单纯售卖贴片广告的形式，推出各种具有针对性的广告产品，以提升广告溢价，进一步实现流量最大化。而新研发的广告产品的一大目标就是真正实现精准营销，实现对特定用户的定向投放。而对用户进行定向投放的参考标准包括以下几个方面：

一是用户属性。通过对用户行为的分析以及用户浏览器缓存（cookie）的识别等方式，确定用户的人口属性，从而进行定向投放，主要是针对用户覆盖面较广的快速消费品等。二是地域属性。通过用户的 IP 地址等判断用户的地域，主要是针对一些具有很强地域性的本地广告业主。三是内容属性。通过分析视频内容判断用户属性，能够判断出具有特别群体属性及风格的用户。四是 LBS（基于位置的服务）。能够判断用户的实时位置，主要是针对效果性更强、需要直接引导到店的广告业主。五是行为特征。能够获得用户更为细致的行为数据，相对于用户属性有更多精细的信息作为参考，主要是针对产品类别更为细分、需要得到用户详细信息的广告业主。通常来讲，视频网站会将不同的定向方式包装成不同的广告产品进行售卖，通过规模化效应和提升精准性来获得更多的广告溢价。

（3）用户付费收入未来几年将迅速增长。2015 年的在线视频收入中，广告收入占比为 57.8%；视频增值服务，即用户付费收入占比为 12.8%（见图 3-7）。相比 2014 年，2015 年的用户付费市场实现了爆发性增长，未来几年仍是付费用户市场的爆发期。市场环境已经发展成熟，在各视频企业的推动下，视频增值服务将逐渐发展为视频网站重要的收入来源。

2. 乐视网发展前景。

近年来，随着三网融合带动整个文化传媒产业链的发展，同时带动终端的变革，传播媒介从传统电视单屏时代进入到了 PC 端、OTT 机顶盒端、智能电视端、移动端屏智能时代，扩充了消费者对内容传播媒介的选择空间。网络视频已深入人们的生活，成为人们休闲娱乐的主要方式之一。网络视频因其便捷性与可选择性，不但为观众提供了更多元、更自由的选择方案，也为广告业主提供了精准营销的渠道。网络视频的渗透率和黏性正不断上升，现有用户群体本身的高价值及其导向性将会带动网络视频向其他群体渗透和扩张。伴随着规模化运作与产业化升级，网络视频行业迎来了跨越式发展的战略机遇期。

2015 年上半年，国务院出台了多个促进经济发展的鼓励政策。《国务院关于积极推进"互联网+"行动的指导意见》文件指出，要突出企业的主体作用，大

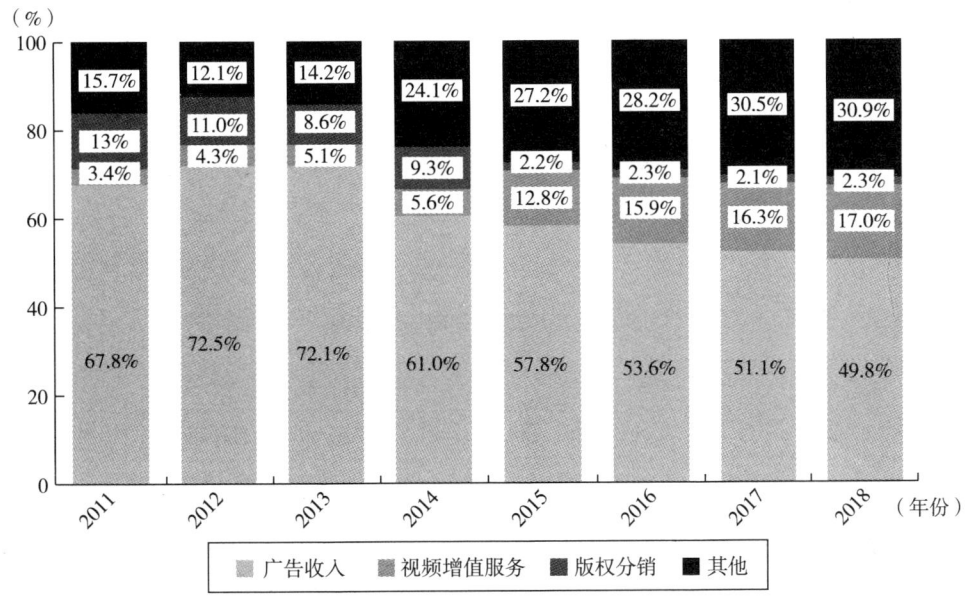

图 3-7 中国在线视频行业收入构成

资料来源：艾瑞咨询 2015 年在线视频用户付费市场研究报告。

力拓展互联网与经济社会各领域融合的广度和深度，推动经济提质增效和转型升级，培育新兴业态，打造新的增长点。《国务院关于大力推进大众创业万众创新若干政策措施的意见》文件指出，要通过结构性改革、体制机制创新，消除不利于创业创新发展的各种制度束缚和桎梏，形成小企业"铺天盖地"、大企业"顶天立地"的发展格局。国家发展改革委、外交部、商务部联合发布的《推动共建丝绸之路经济带和 21 世纪海上丝绸之路的愿景与行动》文件指出，要推动中国与"一带一路"沿线国家的国际合作，鼓励跨境电子商务发展。《关于做好政府向社会力量购买公共文化服务工作意见的通知》文件指出，要转变政府职能，推动公共文化服务社会化发展，逐步建立起适应社会主义市场经济的公共文化服务供给机制，为人民群众提供更加方便、快捷、优质、高效的公共文化服务。《国务院办公厅关于印发三网融合推广方案的通知》文件指出，在全国范围推动广电、电信双向进入。

在国家"互联网+""双创""一带一路""三网融合推广"等政策的支持下，IPTV（交互式网络电视）业务将得到快速发展，同时也将为乐视的电视终端业务等带来发展空间,助力公司取得优异的业务成绩。公司今后还将继续坚持构建"乐视生态"的战略布局,为国家经济增长做出贡献。

3. 盈利预测结果。

表3-5中对乐视网的盈利预测是以其历年营业收入来源、结构以及历史业绩、未来预测为基础的。

表3-5　　　　　　　　　　2016~2017年乐视网盈利预测

关键指标	2013年	2014年	2015年	2016年	2017年
营业收入(万元)	236124.00	681894.00	1201673.00	2219351.00	3218156.00
增长率(%)	102.28	188.79	90.89	70.50	45.00
归于母公司股东的净利润(万元)	25510.00	36403.00	57303.00	89548.00	140830.00
增长率(%)	31.31	42.75	57.41	56.27	58.38
摊薄EPS	0.32	0.43	0.31	0.48	0.76
基准股份(百万股)	798.47	841.19	1856.02	1856.02	1856.02
摊薄ROE(%)	15.94	11.50	14.59	20.09	25.21
ROA(%)	5.87	1.86	1.68	4.60	6.50
P/E	184.10	135.86	190.48	121.87	76.94
PEG	4.08	1.75	3.32	2.17	1.32

资料来源:Wind资讯。

四、估值方法与估值结果

1. 相对估值:市盈率法。

公司价值 = 预测市盈率 × 公司未来12个月利润

预测市盈率通常选取市场上同行业可比或可参照的上市公司的平均市盈率,由于A股中难以找到与乐视网完全可比的上市公司,因此,我们结合行业的平均市盈率与2015年在A股上市的暴风科技的市盈率来预测乐视网2016年的市盈率。

我们将2010~2015年A股文化传媒行业上市公司的平均市盈率与乐视网的市盈率进行对比,可以发现乐视网的市盈率是文化传媒行业平均市盈率的2~4倍(见图3-8)。我国的网络视频行业正处于高速发展的时期,盈利能力初现,因此预计市场仍将对网络视频行业的"第一股"——乐视网保持看好态度。但鉴于未来爱奇艺、优酷、土豆等行业竞争者进入 A 股的可能性增加，投资者的市场选择会随之增加，乐视网的市盈率未必能超越 2015 年的水平。结合 2015 年网络视频行业上市企业暴风科技 152 倍的市盈率，我们预测 2016 年乐视网的市盈率在 120～160 倍左右。

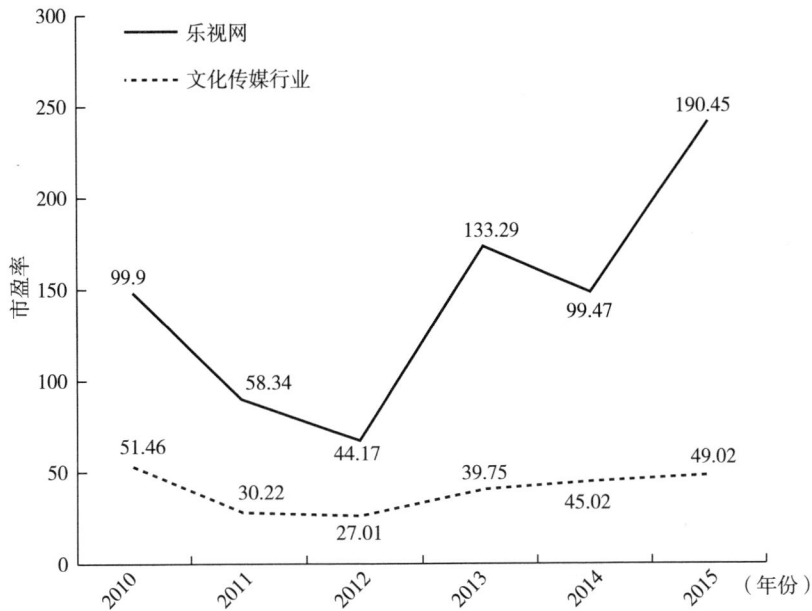

图 3 – 8　2010～2015 年乐视网市盈率与文化传媒行业平均市盈率

资料来源：Wind 资讯。

根据上述对乐视网 2016 年的盈利预测数据，以及 P/E 预测数据，我们计算出乐视网的企业价值在 1000 亿～1500 亿元（见表 3 – 6）。

表 3 – 6　　　　　　　　市盈率法下乐视网的企业估值

预测 P/E	2016 年预测净利润(亿元)	公司价值(亿元)
120	8.96	1075.2
140	8.96	1254.4
160	8.96	1433.6

2. 绝对估值：DCF估值法。

第一步，预测下一个10年的企业自由现金流量。

企业自由现金流量 =（税后净营业利润 + 折旧及摊销）-（资本支出 + 营运资本增加）

乐视网2011~2014年企业自由现金流量复合增长率为68%（见表3-7），2015年，由于资本支出和营运资本的大幅增加，企业自由现金流出现了异常值。结合分析师对乐视网未来9年净利润复合增长率57.6%的预测，我们做出以下财务假设：

（1）2015~2019年，乐视网企业自由现金流量保持50%的高速增长；

（2）2020年进入稳定增长期，企业自由现金流量增速保持5%的水平。

表3-7　　　　DCF法下乐视网2011~2014年自由现金流复合增长率

	2014年	2013年	2012年	2011年
企业自由现金流量（亿元）	4.22	2.57	1.11	0.53
复合增长率	68%			

第二步，计算乐视网的加权平均资本成本（WACC）。

$WACC = K_b \times b_b \times (1-T) + K_e \times b_e$

式中：K_b表示债权资本成本；K_e表示股权资本成本；b_b表示债权资本所占比重；b_e表示股权资本所占比重；T表示所得税税率。

乐视网的资本结构如表3-8所示，DCF法下折现率的假设如表3-9所示。

表3-8　　　　　　　　　乐视网的资本结构

项目	金额（亿元）	占比（%）
股权价值	42.36	37.51%
短期债务	13.85	12.26%
长期债务	56.72	50.23%

资料来源：乐视网2015年年度报告。

表 3-9　　　　　　　　　DCF 法下折现率的主要假设

Beta	0.85	短期债券收益率	3.44%
无风险收益率	2.69%		
风险溢价	10.54%	长期债券收益率	6.57%
股权资本成本	11.65%		

资料来源：国金证券研究所、Wind 资讯。

根据表 3-8 和表 3-9，可计算加权平均资本成本。

WACC = 11.65% × 37.51% + 3.44% × 12.26% × (1 - 25%) + 6.57% × 50.23% × (1 - 25%) = 7.16%

第三步，计算企业价值。如表 3-10 所示。

表 3-10　　　　　　　　DCF 法下乐视网的企业估值

	2015 年	2016 年	2017 年	2018 年	2019 年	2020 年及以后
企业自由现金流（亿元）	6.33	9.45	14.24	21.36	32.05	33.65
折现率（%）		7.16	7.16	7.16	7.16	7.16
现值（亿元）		8.82	12.40	17.36	24.31	1157.60
企业价值（亿元）	1220.49					

五、案例分析

（一）企业价值评估是公司财务决策的基本依据

现代公司管理的核心就在于财务决策，包括投资决策、融资决策和股利分配决策。在各项财务决策中，我们必须也只能够着眼于公司未来，合理地把握公司在可预计年度内的效率及其成长性。从财务决策的角度讲，进行财务决策的前提是要了解公司目前的状况，尤其是未来创造价值的能力与结果，分析财务决策对公司价值可能造成的影响，并预测决策实施后的公司价值。

本案例实际上是一个针对乐视网的盈利预测。对于互联网企业而言，股票市场给予了这些企业相当高的估值。对于不确定性较高的企业，其未来创造价值的能力，应结合当前宏观经济发展以及行业具体情况进行预测，并选择可靠的估值方法或结合多种方法对公司价值进行估算，这个估值结果是企业未来扩股定价的基本依据。

如果乐视网现在或未来有融资计划，基于以上分析的估值结果，若发行定价过高，融资方案必然失败；相反，定价过低，则现有股东利益受损，使得再融资因不能得到现有股东的同意而夭折。在价值最大化财务目标的指导下，财务决策过程实际上就是一个分析该融资决策可能对企业价值造成何种影响的过程。在这一活动过程中，企业价值将直接成为财务融资决策分析判断的基础，以及取舍不同备选方案的标准。

（二）估值的要义：资产（投资）的未来获利（现金流）能力决定公司价值

估值首先就是预测未来，分析未来的盈利能力。所以企业经营与业务分析无疑是价值评估的起点。进行业务分析必须解答的三个问题是：企业的业务是否具有长期稳定特征？企业业务是否具有经营特许权？企业经营是否具有长期竞争优势？

具有长期稳定的业务是企业成功的基础。长期稳定的业务是企业建立竞争优势的前提，企业竞争力的建立需要时间的积累和检验，一个业务频繁变换的公司很难让人相信它能够在一个领域中建立起竞争优势。企业的竞争优势是在多年的经营过程中通过不断强化现有优势以及不断发展创新的过程中建立起来的，只有通过长时间积累建立起来的优势才是竞争对手短期内难以学习和复制的。

在本案例中，乐视网作为互联网公司，一个重要的特点就是其"生态圈"，商业模式显著不同，企业主营业务分散，导致对其价值评估更为困难；同时，互联网企业缺乏稳定的盈利能力也会导致估值的不确定性。因此，除了要将宏观经济与行业的发展作为预测的基础外，还需要具体分析公司的竞争优势等能为企业创造未来盈利的原动力。

乐视网的竞争优势是"终端与内容自制"，未来公司将进军影视发行、体育转播等行业，进一步打造其生态闭环，市场看好乐视网的成长性。但乐视网同样也面临着投资风险，例如技术更新、版权问题，以及处在成长期的中国互联网行业的激烈竞争。

（三）新组织的估值

自1994年互联网行业开始兴起以来，整个经济发展方式和企业组织结构发生了重大变化。以互联网行业为龙头的新经济取得了飞速的发展,相关企业的数量和市场价值也在不断提高。这些新组织与传统企业组织存在着较大的差异,例如对于互联网企业而言,这些企业用户数量增长迅速,但是短期内无法实现盈利,而股票市场却给了这些企业相当高的估值。在这些新趋势之下,传统组织的估值模型对新组织估值的适用性就受到了一定的限制。因此,一系列更符合现代企业价值评估理念的估值模型应运而生。以下将简要介绍一种能应用于新组织估值的模型,即市销率法(P/S)。

市销率指标等于每股市价除以每股销售收入(一般以主营业务收入代替),它能够告诉投资者每股收入能够支撑多少股价,或者说单位销售收入反映的股价水平。

市销率是通过计算企业的股价或市值除以每股销售收入来判断企业的估值偏高或偏低,因此,该指标既有助于考察公司收益基础的稳定性和可靠性,又能有效把握其收益的质量水平。

市销率法最大的优点是,销售收入最稳定,波动性小;并且营业收入不受公司折旧、存货、非经常性收支的影响,不像利润那样易操控;收入不会出现负值,不会出现没有意义的情况,即使净利润为负也可使用。所以,市销率估值法可以与市盈率估值法形成良好的补充。市销率估值法的缺点是,它无法反映公司的成本控制能力,即使成本上升、利润下降,但不影响销售收入,市销率依然不变。另外,市销率会随着公司销售收入规模的扩大而下降;营业收入规模较大的公司,市销率较低。用市销率判断企业潜在的价值是判断它未来的盈利能否大幅增长。市销率偏低就存在上升的可能。

(四) 各类价值评估模型的适用范围及相机选择

虽然现金流量折现法被认为是最具有理论意义的价值评估方法,但并非所有的公司在任何情况下都适用此法。而且有人认为,至少下述七类公司不适宜采用折现法进行价值评估或应用时至少需要一定程度的调整:①陷入财务拮据状态的公司;②收益呈周期性波动的公司;③拥有未被利用资产的公司;④有专利权的公司;⑤正在进行重组的公司;⑥涉及并购事项的公司;⑦非上市公司。前六类公司不适用折现模型的原因是难以估计其未来的现金流量,而第七类公司则是由于其风险难以估量。

事实上，在现实世界中，管理者面临众多的评估标准，股东总收益、折现现金流量、经济利润、净利润等。但我们认为，对该用哪种评估标准的争论已与评估标准的真正目的相脱离。评估标准的真正目的是要帮助管理者做出价值创造决策，并引导公司所有雇员向着价值创造的目标努力。

（案例来源：汤谷良，韩慧博，祝继高. 财务管理案例（第三版）. 北京大学出版社，2017.）

六、讨论问题

1. 企业内含价值的本质是什么？
2. 如何对企业价值评估的不同方法进行抉择？
3. 可否用净资产账面价值法对乐视网的价值进行评估？为什么？

第四章

营运管理案例

第一节 现金管理

教学目的与要求：通过对节案例的学习，学生应了解现金的内容、特点和现金持有动机；熟悉各种现金最佳余额确定模型的适用环境及其优缺点；掌握企业在实际操作过程中，如何根据自身特点搞好现金管理。

案例 40 现金最佳余额判定

一、案例资料

某企业预计下年度现金支出 120000 元，机会成本 6%，每次有价证券转换成本 100 元，每天现金支出十分均衡。

二、讨论问题

试用存货模式求：1. 最佳现金持有量。2. 持有现金总成本。3. 全年转换现金的交易次数。4. 最佳转换周期（1 年按 360 天计算）。

案例 41 张总经理的困惑

一、案例资料

东方酒店财务总监给饭店张总经理的下月预计现金流量如表 4-1 所示。

表 4-1　　　　　　　　　东方酒店预计现金流量

2016 年 12 月 1~31 日　　　　　　　　　　　　单位：元

现金收入：	
现金销售额	2400000
应收账款回收额	2400000
收入合计	4800000
现金支出：	
食品采购	1600000
应付工资	1600000
应付其他营业费用	800000
应付所得税	356400
应付设备款	400000
还贷款	400000
发放股利	80000
支出合计	5236400
现金净流量	-436400

张总经理非常困惑，因为他前两天才得知，下月预计净利润 723600 元。东方酒店预计利润如表 4-2 所示。

表 4-2　　　　　　　　　东方酒店预计利润

2016 年 12 月 1~31 日　　　　　　　　　　　　单位：元

营业收入	5800000
原材料成本	1600000
工资	720000
其他营业费用	800000
折旧	400000
利息	200000
所得税	356400
净利润	723600

二、讨论问题

如果你是财务总监，请你向张总解释：

1. 公司有利润，为何现金出现负流量？
2. 对现金的下降有何对策？

案例42 西门子公司的现金管理方式

一、案例资料

德国工业巨头西门子公司的发展历史已达150余年，在中国的历史也逾120年。其业务领域涉及家电、电子、电力、信息与通信网络等。目前在世界190个国家和地区拥有约550个制造厂商，可以说遍布全球。西门子在世界电气行业排名第三，仅次于通用电气（GE）、IBM。在中国17个城市有办事机构，有39个合资企业，约15000名员工。

为了满足不断扩张的业务需要，加强企业集团的资金管理，1997年年底，西门子公司把整个集团的金融业务从原来的集团财经部分离出来成立了西门子金融服务集团（Siemens Financial Services，SFS），作为其诸多营运集团（包括能源、工业、信息和通信、运输、健康医疗、照明、元件制造）中一个新的业务集团。2000年4月，SFS从职能部门发展成为一个独立法人。

SFS的成立，不仅承担了西门子内部银行的职能，还承担着为所有西门子成员公司提供全方位咨询和财务金融方面的支持，它进行资金管理、项目和贸易融资、财务控制等工作，办理西门子公司全球范围内的结算、信贷、票据清算、外汇买卖、融资、年金管理等业务。

在SFS内部专门设置了一个部门叫资金管理与司库（TFS），主要管理西门子集团对外支付交易，通过内部结算账户管理内部支付交易；按币种集中西门子的全球现金流，通过筹资管理、投资运用，来管理全球资金头寸。SFS对该部门的定位是：西门子集团所有公司财务金融与支付交易的内部银行；西门子所有子公司进行利率与外汇交易的唯一业务伙伴；西门子集团资金管理与司库顾问。

西门子通过成立金融服务集团及在该集团内部设立资金管理与司库，以进行现金管理，掌管公司全球资金的清算、支付和银行关系。西门子在现金管理过程中意识到，作为集团企业，提高现金管理的效率和效益，必须具备三方面条件：一是需要有效利用外部银行，并且银行的服务体系非常发达；二是需要成员单位在 SFS 开立内部账户；三是内部联网，对业务程序、风险控制的要求非常高。现金管理具体操作如下：

首先，每发生一笔结算业务，成员单位通过内部清算系统传达给 SFS，指定划汇账户，由 SFS 处理交易，并且每日将流入和流出集中轧差。其中集团内部交易对冲，外部收支通过银行进行。

其次，进行每种货币的现金集合管理（即现金总库）。集团成员在银行的资金账户由 SFS 对其实行零余额管理（当然首先要与银行签订相关协议），即由银行通过其清算系统，每日将某一现金总库所辖的各成员企业的银行账户余额清零，同一币种的不同现金总库的总余额集中到地区资金中心。

最后，每一种货币都会产生一个全球净流量，如为正值，由 SFS 将资金拆出或投放到资本市场；如为负值，则由 SFS 到资本市场融资补足。

另外，为避免时差带来的损失，SFS 分别在香港、纽约、慕尼黑三个地区设立总资金管理中心。当香港的资金中心每天临近下班时（约为当地时间 15 点），就通过清算系统将全球资金移交给慕尼黑的资金中心（正值当地 9 点，开始上班），由其进行管理；当慕尼黑的资金中心（管理总部）下班前（当地时间 15 点左右），正逢纽约资金中心上班（当地时间 9 点左右），资金又转移给纽约资金中心。而纽约资金中心运作至 21 点（正值香港 9 点），再将资金移交给香港的资金中心。这样，通过三个中心的循环运转，实现了 24 小时的资金调配与运作。

目前，西门子集团通过西门子金融服务集团进行现金管理的银行账户有约 2500 个，共 70 个现金总库，涉及 25 个币种。其中，慕尼黑总部掌管 53 个现金总库，15 个币种；香港和纽约的资金中心掌管 17 个现金总库，10 个币种。每年要进行 900 万次的支付交易。

（案例来源：杜胜利，王宏淼. 财务公司：企业金融功能与内部金融服务体系之构建，北京大学出版社，2001.）

二、讨论问题

1. 企业账款收回主要经过哪几个时间段？西门子通过 SFS 进行现金管理主要在哪些方面提高了现金管理的效率和效益？

2. 如何看待西门子金融服务集团的作用？

3. 西门子金融服务集团对跨国公司资金管理有何启示？

第二节 应收账款管理

教学目的与要求：通过对本节案例的学习，学生应了解应收账款的功能、信用政策的内容；熟悉企业信用决策理论；掌握在实际操作过程中，如何根据自身需求进行不同信用方案的选择。

案例43 时代电脑公司的信用决策

一、案例资料

时代电脑公司是1980年成立的，它主要生产小型及微型处理电脑，其市场目标主要定位于小规模公司和个人。该公司生产的产品质量优良，价格合理，在市场上颇受欢迎，销路很好，因此该公司也迅速发展壮大起来，由起初只有几十万资金的公司发展为拥有上亿元资金的公司。但是到了20世纪90年代末期，该公司有些问题开始呈现出来：该公司过去为扩大销售，占领市场，一直采用比较宽松的信用政策，客户拖欠的款项数额越来越大，时间越来越长，严重影响了资金的周转循环，公司不得不依靠长期负债及短期负债筹集资金。最近，主要贷款人开始不同意进一步扩大债务，所以公司经理非常忧虑。假如现在该公司请你做财务顾问，协助他们改善财务问题。

财务人员将有关资料整理如下：

（1）公司的销售条件为"2/10，N/90"，约半数的顾客享受折扣，但有许多未享受折扣的顾客延期付款，平均收账期约为60天。2001年的坏账损失为500万元，信贷部门的成本（分析及收账费用）为50万元。

（2）如果改变信用条件为"2/10，N/30"，那么很可能引起下列变化：

①销售额由原来的1亿元降为9000万元；②坏账损失减少为90万元；③信贷部门成本减少至40万元；④享受折扣的顾客由50%增加到70%（假定未享受折扣的顾客也能在信用期内付款）；⑤由于销售规模下降，公司存货资金占用将减

少1000万元；⑥公司销售的变动成本率为60%；⑦资金成本率为10%。

二、讨论问题

作为财务顾问，请分析以下几个问题，为公司应采用的信用政策提出意见：

1. 为改善公司目前的财务状况，公司应采取什么措施？
2. 改变信用政策后，预期相关资金变动额为多少？
3. 改变信用政策后，预期利润变动额为多少？
4. 该公司是否应该改变其信用政策？

案例44　瀚文百货谨慎为本的信用管理

一、案例资料

瀚文拥有并经营着自己的公司——瀚文百货公司。到现在为止，瀚文百货公司年销售额超过1000万元，瀚文还希望自己的销售能扩展到一些郊区，这样他的年销售额会翻一番或翻两番。对瀚文来说，唯一让他担心的是赊账。对于他所卖货物的价格和质量，瀚文有能力不赊账销售，这并不是很多人都能达到的，许多也经营百货的人无不觉得瀚文是一位"奇人"，因为他们总是背上沉重的赊账负担。

可是，最终为了生存和发展，瀚文也不得不实行一定的赊账，从而获得更多的顾客。但是，他不是毫无条件地向顾客赊账，相反，他对赊账有严格的条件限制。瀚文检查了所有的信用卡公司，发现都得向这些公司支付一定百分比的款项，瀚文认为所有的信用卡公司，发现都得向这些公司支付一定百分比的款项，瀚文认为这样做不值，于是，他决定建立自己的信用部。根据市场状况，百货公司有工业财产100多万元，那么税后净利润平均为1.3%，但瀚文税后利润为2.5%，他比平均利润要高出1.2%，正是由于没有采用信用销售而节约了向信用卡公司所支付的销售额的一定百分比。

在这方面，主要得归功于瀚文雇佣石伟任新的信用部的经理，并要求石伟为一套新的信用管理系统制定出必要条件。石伟按照瀚文的要求和公司的利益制定出几个条件如下。

1. 信用申请表必须完整而又没有歧视性条款，但除此之外，也应有不止三个信用证明人的情况。申请人的信用历史、地址以及职业必须明确注明。这样要是他们不付款，可以通过地址找到他们。

2. 建立信用分级系统。根据每个顾客的级别指定一个合理的信用额度限制，并且还要有提高这个额度限制的特定条件。

3. 设立清除边缘账户的分系统。

4. 对那些允许的客户的累积信用应收取国家法律所许可的最高利息。

5. 对价格昂贵的分期付款信用方案，其偿还期限应不超过3年。

6. 建立快速有效的评估系统，有效又不影响公司的销售，同时不允许产生一个不合标准的客户。

7. 建立一个准确、及时反映应收账款变化情况的系统，从而可以随时了解有多少信用还未支付。同时在信用部使用一台计算机，这样可以及时获得所需要的所有信息。

8. 建立信息发布系统。使那些按时支付的现金客户可以通过邮件获得账单以及一引起宣传品（比如广告小册子、广告散页和其他宣传达室资料）。

9. 对那些超过45天还未支付的客户，在不求助于收款代理人或信用公司律师的情况下，制定一套催款标准程序。

10. 对信用卡客户的使用权限进行有效鉴别，如一个客户有700元的信用限制。

石伟认为，对那些应收账款的附设分类账应每天持续记录下去是非常重要的。瀚文还指出，要及时开账单，如果账单不能按时发出，那么支付也就不能按时。

二、案例分析

财务控制是财务决策方案得以实现的保证，而内部控制制度包括组织机构的设计和企业内部采取的所有相互协调的方法和措施。这些方法和措施用于保护企业的财产，检查企业会计住处的准确性和可靠性，提高经营效率。

瀚文百货公司就有着一套度身定制的信用管理系统，避免了信用卡公司支付销售额的一定百分比，使公司的税后利润大幅度提高。这为我们加强企业财务内部控制又提供了一条思路。

三、讨论问题

瀚文百货公司的信用管理给我们带来了哪些启示？

案例 45　贵州茅台预收账款管理

一、案例资料

茅台酒独产于中国的贵州省仁怀市茅台镇，是与苏格兰威士忌、法国科涅克白兰地齐名的世界三大蒸馏名酒之一，是大曲酱香型白酒的鼻祖，也是中国的国酒，拥有悠久的历史。茅台酒具有天然的稀缺性，采用经销商预付货款的方式经营。近几年，茅台通过"预收款"调节收入问题成为投资者和公司管理层的争论焦点。2007～2009 年中每年的四季度，预收账款余额与上季度相比升降不定（见图 4-1），导致 2007 年四季度该公司净利润环比增长 67.7%，令当年的年报业绩超出市场预期。然而 2008 年、2009 年四季度则正好相反，净利润环比分别下降 26.9%、45.5%，使得 2008 年、2009 年净利润又远低于市场预期。2010 年 4 月 29 日，在上海举行的茅台投资者交流会上，投资者代表强烈质疑茅台酒公司刻意做低其 2009 年度和 2010 年一季度利润。从收入确认原则看，先收款、后发货，公司对"确认收入"有充分的主动权，只要把酒发给经销商，"预收账款"就转化为"销售收入"了。但贵州茅台历年只公布产量，不公布销量。预收账款和销售收入这两个会计科目可灵活调节，这就给了该公司提前或者延后释放利润提供了时间。

根据《投资者报》数据研究部的测算，该公司 2009 年四季度的 22 亿元增量预收账款若兑现成收入，则能产生 1 元的 EPS（每股收益）；如果能够兑现一半，也能保证业绩增长达到正常水平。

（一）白酒行业情况

白酒是指以富含淀粉质的粮谷如高粱、大米等为原料，以中国酒曲即大曲、小曲或麸曲及酒母等为糖化发酵剂，采用固态（个别酒种为半固态或液态）发酵，经蒸煮、糖化、发酵、蒸馏、陈酿、贮存和勾调而制成的蒸馏酒。如：茅台酒、五粮液、汾酒、西凤酒、洋河大曲等。目前，全国白酒生产厂家大约有 3 万家，白酒产品中，高中低档白酒的产量和利润分别呈"金字塔"和"倒金字塔"形。高档白酒的销量只占整体白酒行业销量的 0.5%，但是产生的利润占整体白酒行业利润总量的 2/3 左右，低档酒的比例最大，但是利润却是最小。

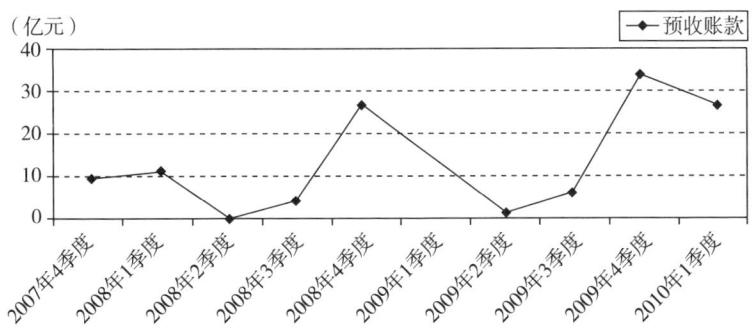

图 4-1　2007~2010 年贵州茅台预收账款波动趋势

资料来源：贵州茅台 2007~2010 年年报。

从品牌上来看，目前白酒市场品牌群落结构表现为：高端白酒市场被茅台、五粮液、国窖 1573、水井坊、剑南春等少数品牌垄断，其中茅台和五粮液拥有高档白酒市场份额的 70% 左右。高端白酒市场绝非高价白酒市场，高端白酒对产品品牌文化渊源、产品品质、产品价格有着全面系统的要求。业内人士认为，"五粮液是酒业大王，茅台是标杆"。

"大王"是因为其生产能力大、市场占有率高；"标杆"则是指实实在在的利润高。茅台酱香型酒的酿造工艺决定了其在目标市场发展战略上，紧紧抓住高端客户，在高端市场进行有效细分，占领高端市场这一利润大、竞争相对较弱的市场，获得更大的效益，而不追求产量与销售额上的地位。高端白酒由于资源的投入相对集中，在原有品牌优势的基础上形成了较强的综合竞争力，从而在高端市场取得巨大成功；并利用高端市场细分策略，通过不同度数及年份酒产品牢牢在高端市场占据着较大的市场份额。

从量价上来看，随着经济的发展，白酒行业中低档白酒市场萎缩让位于中高档白酒产品的趋势较为明显。规模以上企业量价呈逐步上升态势，极大地促进了中高档白酒销售收入和利润的增长。根据《2010-2011 年中国糖酒食品业市场年度报告》，2007~2011 年，高端白酒价格上涨 3.4 倍；整个白酒行业的销售收入保持着 12% 的增速，行业利润保持 25% 左右的上升速度。

未来 8~10 年中国白酒行业整体将进入一个稳定发展期。2011~2015 年行业增长速度基本上比较稳健，总体上将比 2010 年有所回升，2015 年产值将达到

8688.4亿元；收入年均增长率约为27.7%，2015年收入将达到8712.0亿元；利润年均增长率约为34.2%，2015年利润将达到1550.8亿元。

（二）茅台公司简介

茅台酒产于贵州省遵义地区仁怀县赤水河畔的茅台镇。临赤水河而兀立的茅台，早在2100多年前，就以酿造美酒而著称于世。茅台酒是中国乃至全世界各类酒中获金奖最多的酒，从1915年在巴拿马万国博览会上一举夺得金奖开始，已先后获得过国内和国际大奖20次。茅台酒的生产酿造工艺是茅台劳动人民的独特创造。据科学分析，该酒香气的成分极为复杂，种类最多，有醇类、醛类、拨荃化合物、酚系化合物、毗啶类、有机酸等百余种。1951年11月，国营茅台酒厂正式创建，1997年成功改制为有限责任公司。

贵州茅台酒股份有限公司是由中国贵州茅台酒厂有限责任公司作为主发起人，联合贵州茅台酒厂技术开发公司、贵州省轻纺集体工业联社、深圳清华大学研究院、中国食品发酵工业研究院、北京市糖业烟酒公司、江苏省糖烟酒总公司、上海捷强烟草糖酒（集团）有限公司共同发起设立的股份有限公司（股权结构见图4-2）。1999年，由中国贵州茅台酒厂有限责任公司联合中国食品发酵研究所发起的贵州茅台酒股份有限公司正式成立，注册资本为18500万元。2001年8月，贵州茅台股票在上海证券交易所挂牌上市，公司股本总额增至25000万元。该公司目前股本总额94380万元。

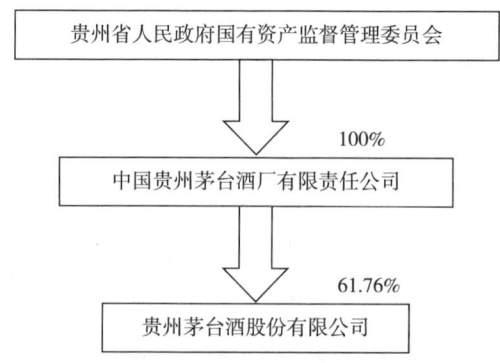

图4-2 公司与实际控制人之间的产权及控制关系

茅台公司所处行业为食品饮料制造业，主营业务为贵州茅台酒系列产品的生产与销售；饮料食品、包装材料的生产与销售；防伪技术开发；信息产业相关产品的研制、开发。

在激烈的市场竞争中，虽然面对着五粮液、剑南春及众多高中档白酒品牌的激烈竞争，贵州茅台仍然保持利润率第一的地位。根据证券交易所统计数据分析显示，贵州茅台的主营业务利润率远高于行业平均值和市场平均值（见图4-3）。以1999~2007年为例，贵州茅台所实现的人均利税、人均利润，均居全国白酒行业榜首，人均利税和人均利润分别为行业平均水平的5倍、9倍，创造了全行业15%的利税、11%的税金。销售收入、利润、税金3项指标，已持续9年居于全国白酒行业第二位。截至2008年年底，贵州茅台的全国经销客户已达1143家，其中特约经销商231家，国酒茅台专卖店808个，个性化客户98家，团购客户46家，并在国外数十个国家和地区建立了营销机构。

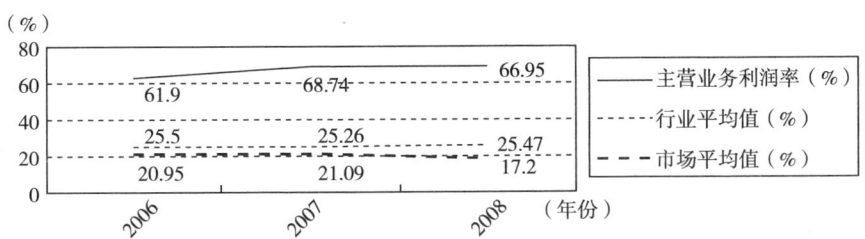

图4-3　2006~2008年贵州茅台股份有限公司主营业务利润率的变化、趋势及与行业、市场平均值的比较

资料来源：贵州茅台2006~2008年年报。

从近几年茅台公司主营业务及经营状况来（见表4-3）看，2006~2008年贵州茅台无论是销售收入总额还是企业每种产品的销售收入都在持续增长。高度茅台酒的销售收入占企业所有产品的销售收入的比例分别为78.35%、71.00%、74.12%，是企业销售收入的主要来源。2007年新增2000吨茅台酒技改项目及其他项目的建设为公司提供了新的利润增长点。该公司2008年主营业务收入的增长主要是由于茅台酒调价及收到经销商预付货款所致。

表4-3　贵州茅台股份有限公司主营业务分行业或分产品情况

分行业或分产品		主营业务收入(元)	主营业务成本(元)	毛利率(%)
分行业				
酒类	2006年	2148395283.40	818561947.79	61.90
	2007年	2188781372.39	684278196.52	68.74
	2008年	2605546678.80	861083500.71	66.95
分产品				
高度茅台酒	2006年	1683279058.11	622080085.96	63.04
	2007年	1554062632.04	417953576.32	73.11
	2008年	1931310715.38	555679348.22	71.23
中低度茅台酒	2006年	300616214.11	106292863.77	64.64
	2007年	353892289.99	91497514.40	74.15
	2008年	349484854.37	102976783.01	70.53
其他系列酒	2006年	164500011.18	90188998.06	45.17
	2007年	280826450.36	174827105.80	37.75
	2008年	324751109.05	202427369.48	37.67

资料来源：贵州茅台2006~2008年年报。

2011年一季度报显示，该公司预收款达到了63亿元，较2009年同期增加33亿元，比2011年初也增加了16.05亿元，预收款的同比和环比增长说明其销售势头很强劲，如果确认收入，则会引起利润的增加。

二、案例分析

（一）高存货与涨价推高预收账款

从流动资产周转率、存货周转率及总资产周转率三个方面对茅台酒公司营运能力进行简要分析（见表4-4和图4-4）。

表4-4　　　　　　　　　茅台酒公司营运能力指标

项目	2009年	2008年	2007年	2009年行业平均值
流动资产周转率(次)	0.693	0.818	0.987	1.85
存货周转率(次)	2.647	3.042	3.377	9.97
总资产周转率(次)	0.544	0.628	0.722	1.02

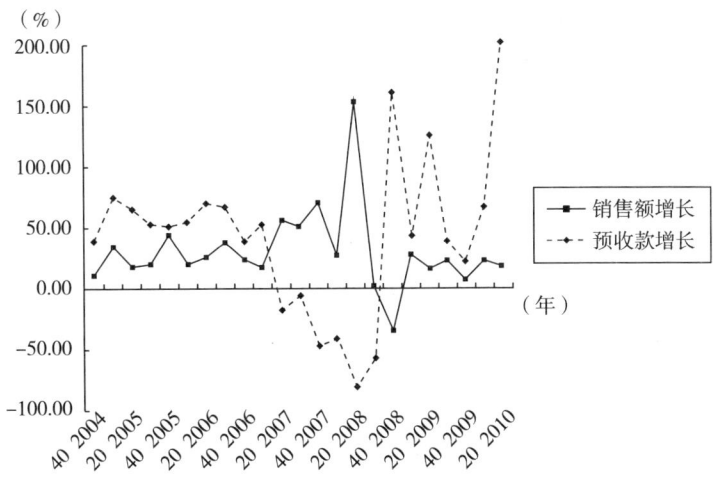

图 4-4　茅台酒公司销售额与预收账款的关系

资料来源：贵州茅台 2004~2009 年年报。

1. 流动资产周转率。

流动资产周转率＝营业收入÷流动资产平均余额，是一个判断企业资产运用效率的指标。原则上周转速度越快越好。流动资产周转率越快，说明变现速度越快，而变现速度越快，流动资产的风险越低。茅台酒公司近 3 年的流动资产比率连续下降，且严重低于行业平均值，说明企业流动资产的周转速度过慢，营运能力有所下降。

2. 存货周转率。

存货周转率＝营业收入÷存货平均余额，反映公司从购入存货到销售存货的年平均速度，一般情况，公司存货周转速度越快，表明营运能力越强。可以看出茅台酒公司近 3 年存货周转率连续下降且降幅较大，并且严重低于行业 2009 年该指标平均水平 9.97 次，说明企业存货周转速度较行业水平低很多。

3. 总资产周转率。

总资产周转率＝营业收入净额÷资产总额，该比率从总体上反映了公司利用资产的效率，一般来说该比率越高，表示公司投资发挥的效益越大。茅台酒公司总资产周转率逐年下降，且低于行业平均水平近 2 倍，说明企业总资产周转差，营运能力不好。

综上分析，茅台酒公司的各项营运指标水平均低于行业平均水平很多，但并不能完全表明其资产管理能力较弱、运用资产的能力较弱。因为茅台酒生产的周期一般要5年的时间，年份越久，价格越高。该公司存货2001~2009年由7.86亿元上升到41.92亿元，增长4.33倍，所以可能为了生产较多的15年、30年、50年、80年陈年茅台酒而造成存货较多，故出现其存货周转率低于行业平均水平很多。也正是由于受存货周转率低的影响，使得流动资产周转率和总资产周转率也较低。

由于存货按照成本计价，而近年来茅台公司的生产成本稳定，由此可以看出其有意逐年提升陈年酒的储存比例。考虑到对外销售的茅台酒通常需窖藏5年以上，如果将茅台的销售成本与对应的5年前的账面存货之比定义为产销比，近5年这一比率呈快速下降趋势，2005年至2009年产销比分别为134.1%、100.0%、81.0%、65.8%、57.3%（由于白酒的勾兑原因，产销比可能超过100%）。

近两年茅台销售收入增幅回落，产销比下降，似乎意味着产品滞销、营销出现困境。但事实上高端白酒的价格标杆的茅台总是率先提价，每次提升为10%~20%。例如，2010年1月，该公司将53度茅台酒出厂价从每瓶439元提高到499元，涨幅13.7%，年份酒出厂价上涨32%~70%，其中15年茅台酒出厂价由每瓶1969元上调到2599元，涨幅32%；30年茅台酒出厂价由每瓶3599元上调到4999元，涨幅39%；50年茅台酒出厂价由每瓶5899元上调到9999元，涨幅70%。由于茅台的"稀缺性"，普通茅台酒会提价，陈年茅台酒可能以更高的幅度提价。存货由2001年的7.86亿元，上升至2009年的41.92亿元，可见，该公司是在舍弃当期收入，投资存货。

（二）贵州茅台预收账款的波动分析

国酒茅台属于顶级白酒，售价较高且持续上升，多用于高端政务、商务场合的社交消费，是中华"酒文化""送礼文化"的载体，是中国传统的酿酒文化在当今时代的体现。而且，茅台由于原产地的限制，属于一种资源极度稀缺的产品，其替代品同样为非常高端的白酒。因此市场上流传只要拿到茅台酒，就等于拿到了黄金。例如，2009年6月15日，一瓶1959年出厂，仅剩4两的50年茅台酒，在北京的一个艺术品拍卖会上，拍出25.5万元的天价。这件事在现在看来仍是不可思议，但是究其原因，是茅台酒的需求特点与商品特性决定的。

面对旺盛的需求，贵州茅台采用经销商预付货款方式，按数额的多少来配发产品，这种销售方式，给公司带来了巨额预收账款。近几年，贵州茅台的预收账款的大幅度波动一直是广大投资者和分析师们关注的重点（见表4-4），2007年贵州茅台的预收账款由2006年的21.41亿元减少到11.25亿元，降幅为47.45%，茅台的预收款和销售额增长发生了背离。对此，贵州茅台公司认为主要原因是加强了物流管理，按计划给经销商发货所致。2008年，贵州茅台的预收账款激增了160.93%，贵州茅台公司认为主要原因是经销商预付的货款增加所致。贵州茅台2008年第四季度的营业收入仅为17.6亿元，相比2007年第四季度27.8亿元的收入下降了37%。

贵州茅台2008年四季度的各项指标同比都出现了大幅的下降，不过看到表象的同时，如果不探究贵州茅台的预收账款，很难发现其中隐含的玄机。2008年的中报显示：贵州茅台的预收账款为2.94亿元，和2008年一季度13亿元的预收账款相比大幅下降，而对预收账款的集中确认导致茅台当季的营业收入与利润大幅增加。国泰君安的研究报告指出，因为预收账款的销售费用已经在以前的会计年度确认过，那该部分的预收账款的确认对贵州茅台当季度的每股盈余（EPS）贡献为0.5元左右。与贵州茅台2008年中期集中确认预收账款来提升净利润恰好相反的是，2008年第四季度茅台通过延迟确认预收账款为销售收入，大幅压低了净利润。据贵州茅台2008年年报显示，2008年年末茅台的预收账款高达29.4亿元，和2008年第三季度末9.4亿元的预收账款相比上升了20亿元，是2007年年底11.3亿元预收账款的2.6倍。也就是说，假如贵州茅台将2008年的预收账款按照2007年年底的水平计算，则2008年第四季度的销售收入是35.7亿元，按2008年48%的净利率计算，贵州茅台2008年的每股收益应该是5.13元，而不是公布的4.03元。

贵州茅台预收账款大幅增加与其2006年年报中的状况也是惊人的相似，同样都在隐瞒利润现象。2009年年底公司预收账款达到35亿元，同比增加5.8亿元，比第三季度末增加了22亿元，而第四季度确认销售收入仅18.63亿元。考虑到茅台酒因元旦、春节都在一季度，因此，第四季度的预收款增加也正常，但推测贵州茅台巨额预收账款的产生和波动并不能完全归于正常经营活动的影响，尤其是其周期性波动隐含了很大的会计操纵因素。

（三）预收账款的用途分析

2010年茅台公司货币资金高达128亿元，其中预收账款超过47亿元。茅台公司没有任何银行贷款，这样大的货币资金量，用途何在？第一财经披露，遵义市商行给出了答案。

遵义市商行在2008年年报上披露，中国贵州茅台酒厂有限责任公司持有遵义市商行1670万股，比例为4.15%，位列遵义市商行前十大股东之一。而中国贵州茅台酒厂有限责任公司正是上市公司贵州茅台的控股股东。若贵州茅台确实将大笔资金存在遵义市商行，则其现金不会有大幅波动。一旦大规模取出，银行将存在很大的挤兑风险，甚至面临倒闭。

对比两家公司年报：2005～2010年，贵州茅台的货币资金为38.92亿元、44.74亿元、47.23亿元、80.94亿元、97.43亿元、128.88亿元。相对应的是，遵义市商行的存款余额为42.99亿元、57.96亿元、67.48亿元、91.5亿元、突破100亿元（2009年9月）、突破150亿元（2010年12月20日），贵州茅台逐年攀升的货币资金与遵义市商行稳步提升的存款余额增长幅度高度吻合。百亿闲置资金为何多年来放在银行"睡大觉"的答案或已呼之欲出。贵州茅台2008～2010年的现金收益率分别为1.27%、1.38%、1.37%，而目前的一年定期存款利率为3.25%，三个月定期存款利率为2.85%，相对于茅台主营业务的收益率来讲，银行存款的利息收益是微不足道的。而贵州茅台甚至选择与活期利率相似的存款方式，有输送利益之嫌。贵州茅台的财务风险也与遵义市商行的风险紧紧捆绑在一起，其风险评估将不能按照一般食品饮料行业，存在金融企业所具有的更大风险。

（四）预收账款波动与盈余管理动机分析

上市公司盈余管理的动机很多，比如平滑利润、逃税避税、操纵二级市场股价、管理层谋私利等。那么预收账款的巨额波动是否和公司的盈余管理动机有关？就贵州茅台而言，至少存在以下可能性：

1. 平滑利润稳定股价。

平滑利润（1ncome Smoothing）是一种盈余管理手段，也是盈余管理最早被发现的一种表现形式，是指企业通过调节报告利润以降低各期报告利润波动水平的一种行为。减少业绩波动，使投资者安全感上升，降低预期风险，从而使企业股票价格稳定，提升企业价值。

作为贵州茅台这样一家业绩优异的大型国有企业，并且2005年以后未暴露出任何重大负面消息，对其隐瞒利润的动机推断为平滑收益。公司管理层试图通过对预收账款的财务调节来平滑利润,以期获得良好的资本市场信号效应,坚定投资者信心,树立茅台酒高成长性的特质,并且不断提高茅台酒的产品价格,最终提升企业价值。但是同一手法的重复使用会引起投资者的质疑,如2007年年报和2008年中报平滑利润的嫌疑最明显。受金融危机影响该公司业绩有所回落,导致这一时段的预收款金额的大跌。从以上分析看出,贵州茅台具有利用预收账款调节利润的可能性。如今预收账款已经是贵州茅台投资者最感兴趣的一个科目了,在这种投资者已经看穿的前提下,其预期获得的正面信号效应是否还能实现,抑或导致投资者的反向估计加深。如果继续下去,贵州茅台的这种会计操纵行为反而会和其目标背道而驰,产生负面效应,并且一旦披露出类似于五粮液投资亏损案的丑闻,将会引起更多不必要的猜测和质疑,长期的信息披露质量不高会倍增负面效应。

2. 完成考核指标追逐管理层利益。

贵州茅台作为大型国有上市公司隐瞒利润并且仅靠调节预收账款的行为动机不会和税收有关。由于大型国企的受监管程度相对较高,管理层谋求直接经济私利的难度和潜在风险要大得多,所以中饱私囊这个动机对贵州茅台来说也不太现实。目前国内经理人市场并不完善,国有企业的管理层任命都由主管部门任命,工资待遇并不高,这样权力寻租问题就无法避免,乔洪一案非属偶然,也不会是最后一人。

2011年5月20日,审计署公布的17家央企审计结果显示:截至2011年3月底,各企业对审计发现的违规问题已整改735项,整改完成率达93.74%,对65名相关责任人进行了严肃处理,其中局级干部10人。

(五)利用预收账款进行盈余管理的危害

如果茅台公司预收账款的巨额波动是出于盈余管理的目的,那么后果还是很严重的。

1. 降低资本市场配置效率。

影响投资者做出决策的关键因素之一在于公司的信息披露程度或者投资者认为的公司信息披露程度的高低。如果贵州茅台能够如实详细地向投资者披露经营状况,肯定会吸引更多的投资者;反之,则会逐渐影响投资者的信心。然而令人遗憾的是,贵州茅台的信息披露质量近几年来明显有倒退的趋势。最直接的证据就是贵州茅台财务年报页数的变化。2007年83页、2008年仅有71页、2009年76页。在会计科目披露的具体内容方面,最被关注的预收账款科目是2006年年报披露了各项预收账款的主要单位及其与该公司的关系、欠款金额、欠款时间、欠款原因等内容。但是从2007年起这些内容再也没有出现在公司的财务报告里。在此之前贵州茅台一直在母公司报表附注中披露存货的具体构成,但2008年开始也再不披露了。另外,关联方交易的披露,公司和集团公司的业务往来,在2005年的财务年报披露过此项关联交易的价格,但是从2006年之后也不再披露,可见其会计信息披露不足,质量下降。

2. 管理层考核约束机制被规避。

长期通过会计操纵来实现考核指标的完成会使原有的考核激励机制逐渐失去约束和激励效力,长此下去会形同虚设,最终会由于长期没有有效地约束和激励作用于管理层从而导致严重的经济后果。此外,预收账款下巨额现金容易被贪污、偷窃或挪用。

3. 侵犯中小投资者的利益。

通过调节预收账款进行盈余管理,手段很隐蔽,从而导致公开披露的财务信息质量低下,广大中小投资者无法识别。投资者据此很可能做出错误投资决策,并因此遭受损失,侵犯中小投资者的利益。

总之,由于历史原因,中国国有上市公司的治理结构大部分都存在着不同程度的缺陷,中小股东权益遭受侵犯的行为也较为普遍。信息披露质量较低源于缺乏有效的公司治理结构。管理层的人员任命方法、考核标准,这些关键环节的革命式的改进才能真正减少管理层为图私利而进行会计操纵的行为。另外,也要加强内部监督和事后惩罚力度,加大其进行会计操纵的难度和成本。健全公司治理结构,完善内部控制制度,进一步有效执行独立董事制度,从制度上保证公司可以提供较高信息披露质量的财务报告给投资者。

(六) 后续情况

中华工商时报2011年11月28日报道,"限价"并没用挡住茅台酒涨价的脚步,茅台酒渐渐成了餐桌上的"奢侈品"。近日53度"飞天"茅台酒市场价再次上涨,上海市场单价普遍直逼2000元。同时,陈年茅台酒更成为收藏投资者的"宠儿",拍卖价格纪录一再被刷新。茅台酒市场稀缺性存在,预收账款问题得不到不能解决，该公司应重视其管理。

（案例来源：张昊，崔学刚．预收账款与盈余管理——贵州茅台预收账款波动案例研究．财会学习，2010（9）．）

三、讨论问题

1. 预收账款是怎么形成的？它有哪些用途？
2. 如何利用预收账款进行盈余管理？
3. 贵州茅台的预收账款为何如此之高？

第三节　存货管理

教学目的与要求：通过对本节案例的学习，学生应了解存货的功能、内容和存货的特点；熟悉存货经济批量模型和存货 ABC、JIT 等管理方法；掌握在实际操作过程中，企业应如何根据自身需求对存货管理理论进行运用和创新。

案例46　美的集团的零库存管理

一、案例资料

家电制造企业，特别是大型家电制造企业之间的竞争，对供应链的依存程度往往较高，而且在构筑供应链时对供应商、代理商之间的共享要求较高。美的集团针对库存问题，采取了一系列战略措施：采用准时生产制（Justin Time）等先进的生产组织形式，减少生产线上加工的零部件品种数和大幅度压缩存货；实施MRPⅡ工程，也就是制造资源计划（Manufacturing Resources Planning），企业可以通过市场所提供的信息来确定物料的需求时间和需求量，并结合国内外市场的物料供应情况和企业自身的生产经营信息，最终确定物料的采购提前期、最佳订货批量和制品定额，使企业的物流、资金流和信息流统一管理；实施"供应商管理库存"和"管理经销商库存"，"供应商管理库存"显著减少了美的集团的原材料存货比重，降低了储存成本。"管理经销商库存"通过存货管理上的前移，有效削减销售渠道上昂贵的存货，减少了经销商资金的占用。美的集团通过从供应链的两端实施挤压，加速了资金、物资的周转，实现了供应链的整合成本优势。

通过本案例了解制造业成熟的存货管理方法，同时思考：2010下半年美的集团采购了大量原材料，造成库存显著上升，到年底突破100亿元，占年度收入比重达到13%，是否会影响企业存货管理效率。

（一）美的公司概况

1. 美的集团简介。

创业于1968年的美的集团，是一家以生产家电业为主，涉足房产、物流等领域的大型综合性现代化企业集团。美的集团控股四家上市公司：控股美的电器，美的电器又控股小天鹅；控股威灵电机，在香港上市；控股广东盈峰投资控股集团有限公司，广东盈峰投资控股集团有限公司又控股上风高科。该集团是私营企业控股最多的公司，也是中国最具规模的白色家电生产基地和出口基地之一。

1980年，美的正式进入家电业；1981年开始使用美的品牌。目前，美的集团员工20万人，旗下拥有美的、小天鹅、威灵、华凌等十余个品牌。美的集团在国内有顺德，广州，中山，重庆，安徽合肥及芜湖，湖北武汉及荆州，江苏无锡、淮安及苏州，山西临汾，河北邯郸，江西贵溪等14个生产基地，辐射华南、华东、华中、西南、华北五大区域；在海外有越南、白俄罗斯、埃及3个生产基地。

美的集团主要产品有家用空调、商用空调、大型中央空调、冰箱、洗衣机、饮水机、电饭煲、电磁炉、电压力锅、微波炉、烤箱、风扇、取暖器、空气清新机、洗碗机、消毒柜、抽油烟机、热水器、吸尘器、豆浆机、电水壶等家电产品和空调压缩机、冰箱压缩机、电机、磁控管、变压器等家电配件产品。现拥有中国最大最完整的空调产业链、洗衣机产业链、冰箱产业链、微波炉产业链和洗碗机产业链，拥有中国最大最完整的小家电产品群和厨房家电产品群，同时产业拓展至房产、物流及金融领域。在全球设有60多个海外分支机构，产品远销200多个国家和地区。

美的集团一直保持着健康、稳定、快速的发展速度。20世纪80年代平均增长速度为60%，20世纪90年代平均增长速度为50%。21世纪以来，年均增长速度超过30%。2010年美的全年销售突破1000亿元人民币的大关，实现10年增长10倍的奇迹。

2. 美的电器简介。

广东美的电器股份有限公司的前身是1968年的广东顺德县北滘公社塑料生产

加工组，1981年注册"美的"商标并正式进入家电行业，1992年进行股份制改造，1993年11月12日在深圳证券交易所上市。该公司是集团旗下最重要的白色家电产业唯一的运作平台，也是中国证券监督管理委员会成立以来批准的第一家乡镇企业上市公司。公司的实际控制人是何享健，该控制人与公司的股权及控制关系如图4-5所示。

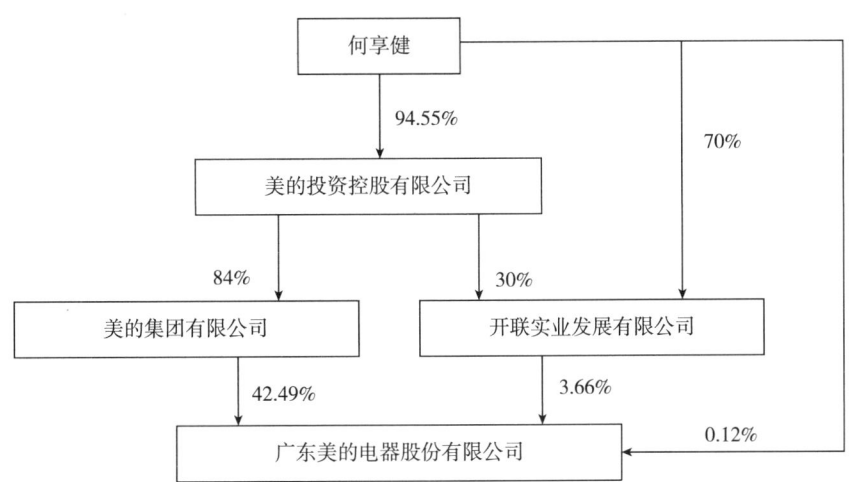

图4-5 控制人与美的集团的股权及控制关系

（二）美的电器各子行业的整合情况

近年来，该公司推行规模优先战略，通过渠道整合、营销创新和加大新产品推出力度，各类产品收入都有大幅度提高。如今的美的，拥有中国最大最完整的空调产业链、微波炉产业链、小家电产品及厨房用具产业集群，靠着不断创新的经营理念成为不折不扣的白色家电航母。

1. 空调行业。

中国的空调生产开始于1978年，当年产量仅为223台。1991~1993年我国空调行业进入起步阶段。1994~1996年迎来了投资高峰，进入高速发展。1997年产量超过了曾经世界第一的日本，中国企业具备了成本优势，中国空调行业进入了价格竞争阶段。2004年空调业进入渠道竞争时代，谁拥有成熟、稳健的渠道，谁就拥有主动权。目前，是品质竞争、消费者导向时代。在2009冷冻年度，美的强势进入变频市场。国家信息中心空调行业研究报告表明，2009冷冻年度前11个月，美的变频空调以27%左右的市场份额位列榜首。为了获得先进的变频空调技术，美的与东芝开利成立合资公司，目前合资公司的变频空调已经销往日本、欧洲市场。面对经济全面复苏的2010冷冻年度，美的空调继续坚持变频之路，从产品创新到产业链完善，从市场拓展到服务满意度提升，美的变频空调"步步为营、稳扎稳打"，稳居行业第一。

通过对消费者调查发现，价格是影响个体消费者的最关键的购买因素，然后考虑的是品牌和服务（见图4-6）。据中怡康2010冷冻年度上半年市场监测报告显示，美的以25.87%的市场占有率稳居行业榜首，格力、海尔、海信跟随其后，国内四大空调品牌占据前四席，整体市场份额接近80%，近四倍于外资品牌；在五大畅销变频空调型号中，美的占据前两强，美的"银河M180"变频空调一直是最受消费者欢迎的空调。

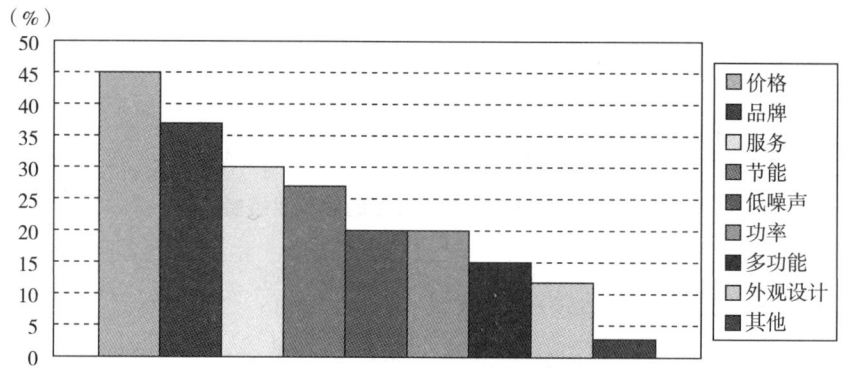

图4-6 影响消费者购买空调关键因素分析

2. 冰箱行业。

美的集团2002年进入冰箱领域，仅用了8年时间，就从一个新进入者成为冰箱业界的领军者。2004年，美的与东芝开利签署战略合作协议，当年又先后收购了荣事达、华凌，使美的冰箱产业实力得到全面提升；2008年，按照美的集团的战略部署，3年内美的将投入8亿~10亿元，将荆州美的建成集团继芜湖、合肥之外的第三大白色家电生产基地，辐射中西部的多个省份。2009年，美的凡帝罗高端系列冰箱正式上市，掀起了国内高端冰箱市场的欧式风潮。冰箱行业经过连续多年的价格战及产业整合，品牌集中度正逐步提升（见图4-7），其中2010年美菱总销量为402万台，市场占有率略有提升，至5.8%的水平。2010年内销保持近3成的高增长速度，延续2009年旺盛需求，主要是因为当前冰箱消费契合了农村家电需求，家电下乡等政策使得农村三四级市场需求得到了极大的释放。政策的效果和新农村建设配合促进冰箱销售保持持续稳定发展。

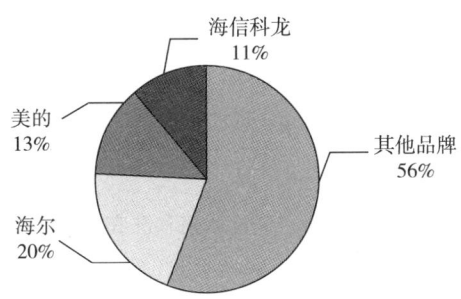

图4-7　冰箱品牌集中度及所占比例

3. 洗衣机行业。

多年来，洗衣机行业风平浪静，海尔、西门子牢牢占据了洗衣机的高端市场。美的携小天鹅联合作战，打破了洗衣机市场的平静。美的和小天鹅同时发布公告称，将美的电器直接持有的69.47%的荣事达洗衣设备公司股权出售给小天鹅。整合后公司拥有"小天鹅""荣事达"及"美的"三个品牌，形成高、中、低端齐全的产品业务线。据中怡康数据统计，2010年以来，美的系列洗衣机市场份额从2009年年底的16%一度攀升至21%，与行业龙头海尔的差距在逐步缩小。公司的产业布局基本结束，已经形成了空调、冰箱和洗衣机3个有所区别、又互补支持的产品结构，并保持较平稳的获利能力（见图4-8）。

二、案例分析

（一）无缝竞争时代的"成本领先"战略

美的既成本领先又差异化战略的运用取决于下列技术进步因素：一是柔性制造技术的应用，例如组织混流生产线，能执行差异化战略而不增加更多的费用；二是零件标准化、通用化的发展和组成技术的应用，使多品种的生产能做到低成本、高质量；三是采用准时生产制等先进的生产组织形式，可以减少生产线上加工的零部件品种数和大幅度地压缩存货；四是一些现代化管理方法，如价值工程

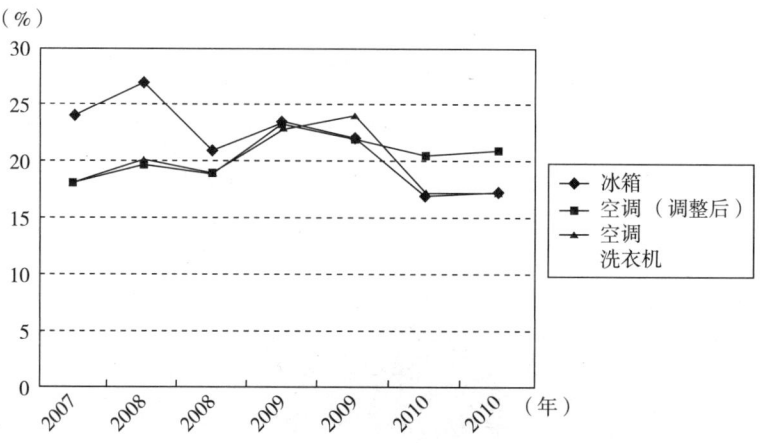

图4-8 美的电器空调、冰箱和洗衣机毛利率变化

和价值分析等的广泛应用,可做到既保证和改善产品的质量,又直接降低其成本。美国的质量管理专家代明(W. Edwards Deming)坚持产品质量和低成本生产可以相容的观点,他认为经常地、永无止境地改进生产和服务的系统,可以提高产品质量和生产率,从而降低成本。成功运用既成本领先又差异化战略,离不开核心能力基础,美的的既成本领先又差异化战略就建立在此基础上。

从美的成长历程看,其既成本领先又差异化战略的实施,主要有全面质量管理、MRPⅡ的成功实施、不断地降低成本、与供应商和经销商的战略联盟、核心技术的掌握和销售价格的差异化。

1. 狠抓质量管理。

1988~1997年实施品牌战略期间,别的企业以产量为重,而美的狠抓质量管理,于1992年通过ISO9000产品质量认证体系。此后的几年间,美的完善了生产过程的全面质量管理,同时在销售方面推出售后服务差异化,提出了"让消费者100%满意"的口号,在消费者心目中树立起质量超群的国产品牌形象。2001年,美的集团先后通过了德国莱茵公司(TUV)和美国保险商实验室公司(UL)的质量认证,产品达到了国际发达国家的技术水平,扫除了与此相关的贸易壁垒,使产品设计能够满足出口国家的要求,在竞争中把握先机。另一方面,美的是一家极为重视顾客需求的企业,在计划经济向市场调节转轨的年代就完成了市场导向的定位。这种以市场或顾客为导向的经营路线在美的产品改进和新产品开发方面表现得尤为显著。

2. MRPⅡ的成功实施。

制造资源计划（MRPⅡ）实施前，美的集团一直用手工制定生产计划的方式，即生产科生产计划、车间生产计划和产品销售计划的生产作业三级计划，这些计划不能适应迅速变化的市场，并且易造成产品积压或供不应求。美的集团仅风扇厂年产量就将近1100万台，如此大的产量，所需原料品种多达上万种之多，同时生产和经营机构也是庞大的。美的集团的领导清楚地意识到若想保持企业的可持续发展能力，管理思想和手段必须上一个新台阶，于是1998年美的集团决定投资上千万元全面实施MRPⅡ工程，向意大利Oracle公司引进了Oracle MRPⅡ系统。不仅在企业内部实施了一级计划，即以市场为导向、以销售计划为龙头的控制生产计划，还解决了传统生产制造系统与分销系统的供求矛盾。美的集团实施了MRPⅡ项目后，确立了现代企业管理理念，保证了生产销售的快速反应能力，完善了物耗的控制，建立了科学的生产作业流程。美的通过市场所提供的信息来确定物料的需求时间和需求量，并结合国内外市场的物料供应情况和企业自身的生产经营信息，来最终确定物料的采购提前期、最佳订货批量和制品定额，使企业的物流、资金流和信息流得到了统一的管理。灵活的生产方式是减少成本、缩短生产周期和可持续发展的关键，Oracle公司的生产制造管理系统采用新方法优化了企业的生产过程，不仅同时支持高度混合式生产制造的流程处理，还能将设计、生产、市场和用户多方面协调统一，通过先进的模拟能力，使企业可以先行评测整个业务流程，再根据预测结果配置灵活的生产计划。供给管理、生产管理、成本管理与质量管理的协调配合工作，不仅保障了产品的质量、控制了成本，还大大缩短了产品开发周期和制造周期，使企业生产流程的管理具备高度的灵活性和可靠性。国内目前真正成功实施MRPⅡ项目的公司还寥寥无几，这也是美的集团经营管理的差异化。

3. 低成本的实现。

美的内部广为流传的一句话是："美的唯一不变的就是变。"近几年，美的在以下几个方面速度的提高非常明显：降低成本的速度较快。成本的迅速下降使美的有可能实施成本领先战略，从容应对家电市场的价格竞争。由于美的集团实施了MRPⅡ项目，浪费现象大量减少，生产效率大幅度提高，原材料、产成品的积压减少（甚至提出零库存的口号），使其制造成本大幅降低；另外由于美的集团的规模不断扩大,产销量节节攀升,产品的平均固定成本随着产量的增加而逐步下降;由于美的集团的产量不断扩大,导致其原材料对外的采购量也大增,从而使其供应商生产量也大增,形成规模效益,美的集团有机会把材料采购成本降下来。事实上,美的集团利用其规模效益,每年都会向大部分供应商压低其原材料的采购单价。

4. 与供应商和经销商的战略联盟。

美的集团与供应商和经销商的关系处理,大部分采用战略联盟的方式,签订长期合作协议。美的的总裁有句这样的话可以反映美的的合作精神:"宁愿自己亏损,也要美的的经销商赚钱。"每年美的集团都会举办一次优秀经销商表彰大会,并拿出几百万元奖励优秀的经销商。对于美的的贴牌生产(OEM)生产厂,美的集团在狠抓质量的同时,也对其生产技术和管理进行指导。对于都需要用的大件原材料(如钢材),美的利用其规模优势,低价采购供给其OEM厂,使其成本也能够降低下来。

(二) 美的库存管理——零库存梦想

存货管理历来是美的电器公司管控的重要环节,美的从2002销售年度开始导入供应商管理库存(VMI)。

降低库存加快了资金周转。对于美的来说,较为稳定的供应商共有300多家,零配件(出口、内销产品)加起来一共有三万多种,其中60%的供货商在美的总部顺德周围,还有部分供应商处于车程3天以内的地方,如广东的清远一带。另有15%的供应商距离美的较远。在这个现有的供应链之上,美的实现VMI的难度并不大。对于15%的远程供应商,美的在顺德总部(美的出口机型都在顺德生产)建立了很多仓库,然后把仓库分成多个片区。运输距离长(运货时间需3~5天)的外地供应商一般都会在美的的这个仓库里租赁一个片区(仓库所有权归美的),并把零配件放到片区里面储备。美的是供应链里面的"链主"(通常也叫核心企业),供应商则追求及时供货(JIT)。

当美的需要用到这些零配件的时候,通知供应商,然后进行资金划拨、取货等工作,这时,零配件的产权由供应商转移到美的,在此之前,所有的库存成本由供应商承担。此外,美的在Oracle企业资源管理(ERP)基础上与供应商建立了直接的交货平台。供应商在自己的办公地点,就能共享美的的订单内容:品种、型号、数量和交货时间等。供应商不用再安装一整套Oracle的ERP系统,而是通过互联网页（Web）的方式，登录到美的公司的页面上获取信息。美的在每年年初时确定供货商，并签下一揽子的总协议。

当价格确定下来以后，美的就在网上发布采购信息，然后由供应商确认信息，一张采购订单就实现了合法化。

实施 VMI 后，供应商不需要像以前一样疲于应付美的的订单，做一些适当的库存即可。美的有比较强的 ERP 系统，可以提前预告供货的情况，告诉供应商需要的品种和数量。供应商不用备很多货，一般满足 3 天的需求即可。实施 VMI 以后，美的零部件库存周转率在 2002 年上升到 70~80 次。零部件库存也由原来平均的 5~7 天的存货水平，大幅降低为 3 天左右，而且这 3 天的库存也是由供应商管理并承担相应成本。库存周转率提高后，一系列相关的财务"风向标"也随之"由阴转晴"，让美的"欣喜不已"：资金占用降低、资金利用效率提高、资金风险下降、库存成本下降。美的的材料成本大幅下降。但是部分长线材料和 10% 的进口材料（主要是集成电路等），整个国际运货周期和订货周期比较长，美的的供应链上还有相当的优化空间在等待着更多努力。

在对业务链后端的供应体系进行优化的同时，美的也在加紧对前端销售体系的管理渗透。在经销商环节上，美的几年前已经有基于 Oracle 开发的销售系统，可以统计到经销商的销售信息（分公司、代理商、型号、数量、日期等）。近年来则公开了与经销商的部分电子化往来：进行业务往来的实时对账和审核，以前是半年一次的手工性的繁杂对账。在前端销售环节，美的作为经销商的供应商，为经销商管理库存。这样的结果是，经销商不用备货了，即使备也是五台十台这种概念，不存在以后的淡季打款。经销商缺货，美的立刻就会自动送过去，而不需经销商提醒。经销商的库存实际是美的自己的库存，这种存货管理上的前移可以有效地削减和精准地控制销售渠道上昂贵的存货，而不是任其堵塞在渠道中，占用经销商的大量资金。

通过订单集成和系统集成方案，美的可以直接掌握每个经销商每个品种的存货量，并实现网上直接下订单，提高了供应链的配套能力和协同能力。库存周转率提高一次，可以直接为美的空调节省超过 2000 万元人民币的费用。2010 年年末，美的年库存周转率大约是 8 次（见图 4-9）。2000~2009 年库存商品和原材料周转速度不断提高（见表 4-5）。美的在库存上的成本领先优势，保证了其在激烈的市场中维持了较高的利润率。

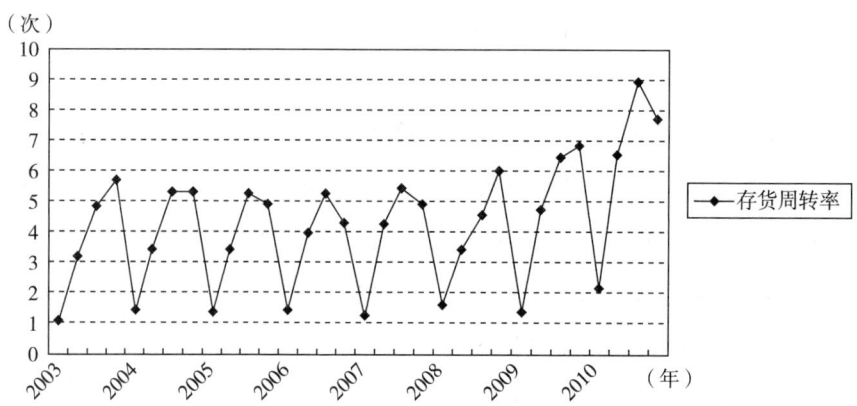

图 4-9 2003—2010 年美的集团存货周转率变化

表 4-5　　　　　　　　2000~2009 年美的集团的存货周转率明细

年份	2009	2008	2007	2006	2005	2004	2003	2002	2001	2000
库存商品占总库存的比例(%)	70.63	76.37	74.79	64.88	75.36	63.57	69.95	80.03	82.15	78.75
原材料占量的比例(%)	23.22	19.44	21.50	30.81	18.98	24.88	16.56	10.73	12.09	13.99
其他(%)	6.15	4.19	3.71	4.31	5.66	11.56	13.49	9.24	5.76	7.26
存货周转率(次)	6.74	6.13	4.86	4.33	4.93	5.35	5.70	4.35	3.28	3.44
原材料周转率(次)	31.44	29.74	19.33	16.83	22.28	24.39	40.86	37.93	24.82	29.89
库存商品周转率(次)	9.20	8.12	6.85	6.24	7.14	8.13	7.65	5.36	4.09	4.15

数据来源：美的集团 2000~2009 年年报。

(三) 供应链中库存管理与传统库存管理的区别

传统的库存管理仅是对单一企业自身库存物资的数量管理与控制，往往只着眼于自身库存水平的最低、库存持有的费用最少，通常将库存物资往其上游或下游企业转移。而供应链中的库存管理则把视野从自身扩大到整个供应链网络,供应商、制造商、批发商和零售商之间充分交换库存信息,相互协调共同管理库存、实现整体库存水平的下降,甚至向零库存的目标迈进。库存管理是供应链管理中的重要内容,是实现供应链效益的关键。

从供应链管理的角度看,制造企业比流通企业面临更复杂的库存问题,一方面,库存结构复杂,不仅有原料库存、制品库存和半成品库存,还有产成品库存;另一方面,制造企业生产和销售的周期长,在供应链中同时受到上下游市场的影响,其库存问题将牵制整个供应链的优化。因此制造业的供应链库存管理至关重要。在供应链管理模式下,库存管理的策略主要有以下几种:供应商客户管理模式(VMI)、联合库存管理(JMI)、多极库存优化与控制等。

1. 供应商客户管理模式。

在客户允许下,供应商管理客户的库存,并决定每一种产品的库存水平和维持库存水平的管理措施。一方面,供应商从客户处获得销售数据,来协调其生产和库存活动,并管理和拥有库存直到客户提货,这样能够有效地维护供应链整体库存成本最小;另一方面,客户在供应商供货及时的前提下,可以减少安全库存水平。VMI 突破了传统的库存是由库存拥有者管理的模式,不仅可以降低供应链的库存水平,降低成本,还能为客户提供更高水平的服务,加速资金和实物的周转,使供需双方能共享利益,实现双赢。但是需要供应商和客户之间的高度信任,合作难度较大。

2. 联合库存管理。

联合库存管理是建立在经销商一体化基础之上,风险分担的库存管理模式。传统的经销方法是,每个经销商根据市场需求预测直接向制造商订货,但由于生产周期的问题,顾客不愿等待,因此经销商和制造商都会保有一定的库存来尽快满足客户要求,这也增加了双方的成本。JMI 模式通过建立经销商一体化的战略联盟,把各个经销商的库存联合在一起实现联合库存管理,每个经销商可以查看其他经销商的库存寻找需要的资源满足客户需求,不但降低了经销商的库存也提高了服务水平。

3. 零库存理论。

(1) 零库存的概念。零库存管理作为一种全新的库存管理理念,提出要将库存量尽量减少,甚至减少到零,进而免去仓库存货的一系列问题,如仓库建设、管理费用,存货维护、保管、装卸、搬运等费用,以及存货占用流动资金和库存物的老化、损失、变质等问题。对零库存本身可以从两个层面来进行深刻、准确的理解:一个是物理层面,一个是法律层面。物理层面的零库存,是人们普遍意义上所理解的零库存,是指库存尽可能地"空",也就是库存的物理量尽可能地接近于零;从法律层面来讲,库存拥有权不属于自己就是实现了零库存。即使仓库堆满了存货,只要所有权不属于自己,也可以称之为零库存。

(2)供应链制造业企业零库存管理。一是基于供应链管理的零库存是对某个具体的企业而言的,是在有充分社会储备保障前提下的一种特殊形式。在供应链管理过程中,提出零库存的目的是解决整个供应链中的浪费现象。对基于供应链管理的制造企业而言,库存管理是企业管理系统的"四大流"中的物流部分,库存管理对物料的进、存、出进行管理,也就是管理各物料供应和需求的关系。既要达到供需间的平衡,又要尽量减少库存量,减少库存积压带来的企业流动资金的占用。制造企业可以通过零库存管理,实现库存优化的目标。二是基于供应链管理的制造企业零库存管理的实质包含两层含义:①零库存是库存管理的理想状态,没有资金和仓库的占用。由于整个供应链中的不确定性因素的影响,制造企业的库存不可能达到绝对数量的"零",基于成本和效益的最优化的安全库存是企业库存的下限。但是,通过有效的运作和管理,制造企业可以实现原材料、半成品、产成品的合理、快速流动,最大限度地逼近零库存,甚至在一些标准化程度比较高、管理水平比较高的制造企业中也可以实现零库存。②库存设施、设备的数量及库存劳动耗费同时趋于或等于零,即不存在库存活动。就经济意义而言,这种意义上的零库存也就是通常意义上的仓库物资零储备。但在实际运作中,零库存并不等于不要储备或者没有储备。企业为了应付各种意外情况,常常要储备一定量的原材料、半成品和产成品,不过这种储备不是采取库存形式。

当前,家电行业竞争较为激烈,企业之间的竞争将转向一种无缝竞争的时代,所有的产业环节,包括采购、生产、渠道管理、内部信息管理、终端通道管理、资本及品牌重组、新兴市场开发、售后服务都卷入这一竞争中,任何一个环节的失误都会造成一个全线效应。因此,需要通过对产业环节内部资源整合,来使企业达到从生产成本到营销成本的全面领先优势。

（四）加快流动资产周转是风险控制的有效防线

供应商客户管理模式实际是占用供应商资金。企业现金周期＝存货周转期＋应收账款周转期－应付账款周转期。现金周期越短，表明企业运用供应商融资时间越长。从以上公式中得知，追求较短的现金周期有两个方面：在降低存货、应收账款周转天数的同时，尽量延长应付账款的支付时间。这两个方面的努力其实也说明了运用供应商融资时同时伴随财务风险：延时支付应付账款会增加企业的流动负债，使得短期偿债风险加大。

如果能加快存货、应收账款的周转，就会释放企业运用供应商融资战略的第二道安全防线，即安排比较保守的现金储备量。现金储备量最能够直接反映企业应付账款的偿还能力。如果拥有充足的现金储备量，企业就可以防范供应商的挤兑风险。

美的公司 2010 年度存货周转天数和应收账款周转天数稳中有降，周转效率得以提升。应付账款周转天数始终大于应收账款，显示了公司对上下游的资金掌控能力。为加大对原材料的掌控，2010 年 3、4 季度预付账款周转天数有所增加。由于 2010 年以来原材料价格快速上涨，为降低对成本的影响，下半年美的集团采购了大量原材料，造成存货显著上升，到年底突破 100 亿元，占年度收入比重达到 13%。由于原材料等采购支付的资金较多，2010 年 4 季度经营性现金流量转为负。不过从全年来看，经营性现金流量净额仍达 54.5 亿元，同比增长 165%，绝对额和增速均远超净利润水平（见表 4－6）。

表 4－6　　　　　　　　　美的公司盈利能力分析

项目	2009 年	2010 年	2011 年	2012 年
营业收入(万元)	4727800.00	7455900.00	9733900.00	11867500.00
增长率(%)	4.30	57.70	30.60	21.90
净利润(万元)	189200.00	312700.00	405400.00	517100.00
增长率(%)	83.10	65.30	29.60	27.50
每股收益(元)	0.56	0.92	1.20	1.53
毛利率(%)	21.80	16.70	19.30	19.30
净资产收益率	20.00	25.30	24.70	24.00
每股净资产(元)	2.79	3.65	4.84	6.37

资料来源：中信数量化投资分析系统。

美的模式以"成本领先"为导向，短期产品价格上涨不能跟上原材料价格的上涨。从反映公司未来收入增长的指标上看，4季度预收款项快速上升至18亿元，创下新高，显示公司在淡季有较强的压货能力，同时经销商对未来收入增长信心较足。预提费用方面，2010年以来增长较多，但4季度有所下降，2011年可能会面临一定的费用压力。

（案例来源：李红霞. 财务管理案例. 中国海关出版社，2011.）

三、讨论问题

1. 存货管理有哪些重要方法？其基本原理和优缺点是什么？
2. 美的存货管理用了哪些先进的方法？其基本原理是什么？
3. 美的的零库存管理给我们带来了哪些启示？

第四节　成本费用管理

教学目的与要求：通过对本节案例的学习，学生应了解成本费用的内容和成本费用控制的重要性；熟悉成本费用控制的方法与理论；掌握在实际操作过程中，如何根据自身需求选择合适成本控制方法，以达到自身成本管理目标。

案例47　"秦池"为何昙花一现

一、案例资料

1996年11月8日下午，中央电视台传来一个令全国震惊的新闻：名不见经传的秦池酒厂以3.2亿元人民币的"天价"买下了中央电视台黄金时间段广告，从而成为令人炫目的连任二届"标王"。1995年该厂曾以6666万元人民币夺得"标王"。

秦池酒厂是山东省临朐县的一家生产"秦池"白酒的企业。1995年临朐县人口88.7万，人均收入1150元，低于山东省平均水平。1995年厂长赴京参加第一届"标王"竞标，以6666万元的价格夺得中央电视台黄金时段广告"标王"后，引起大大出乎人们意料的轰动效应，秦池酒厂一夜成名，秦池白酒也身价倍增。中标后的一个多月时间里，秦池就签订了销售合同4亿元；头两个月秦池销售收入就达2.18亿元，实现利税6800万元，相当于秦池酒厂建厂以来前55年的总和。

第四章 营运管理案例

至6月底,订货已排到了年底。1996年秦池酒厂的销售也由1995年只有7500万元一跃为9.5亿元。事实证明,巨额广告投入确实带来了"惊天动地"的效果。对此,时任厂长十分满意。

然而,新华社1998年6月25日报道:"秦池目前生产、经营陷入困境,今年亏损已成定局……。"

秦池为什么在这么短的期间就风光不再而陷入困境?近年各种文章资料从多个方面将秦池作为典型案例作了多角度的分析。

二、讨论问题

1. 从现代企业理财的角度看,"秦池"在企业理财的运作上存在什么问题?

2. 巨额广告支出属于企业的什么成本?开支过大,对企业的生产经营有什么影响?

3. 从"秦池"案例中应吸取什么教训?

案例48 雅江宾馆的成本控制

一、案例资料

财务部宋经理坐在办公桌前,一筹莫展,总经理要求他在一个月内拿出一套新的成本管理方案,这让他感到头大。

雅江宾馆是一家四星级豪华商务会议型宾馆,其前身为一招待所,经改造后于2003年年末重新对外营业。由于竞争激烈,宾馆开业后一直处于经营亏损的状态。2010年随着国内宾馆业逐步走出金融危机的阴霾,服务业市场逐渐复苏,雅江宾馆的营业额也开始稳步增长。可是营业收入的增加并未带来宾馆效益的明显提升。这3年来经营成本和费用上升幅度更大,致使宾馆利润总是围绕着零打转。2011年开始,全国上下都出现了服务业"用工荒"现象,同时各类材料价格不断上涨、国家因宏观调控而银根持续紧缩,这些不利因素给雅江宾馆未来的经营管理带来更大的压力,甚至可以称得上严峻的挑战。

面对跌宕起伏的外部形势和纷繁复杂的竞争环境,雅江宾馆管理层已经清醒地认识到,必须保持成本领先优势,才能于激烈的竞争环境中立于不败之地。为此,雅江宾馆总经理要求财务部牵头拿出一套新的成本管理方案供讨论。虽然宋经理早在一年前就意识到了成本管理上的问题,但是发现问题容易,解决问题难。到底该给雅江宾馆开个什么样的药方,宋经理心里还真是没有谱。

1. 雅江宾馆的成本管理。

雅江宾馆是由白州市广申公司投资兴建,宾馆委托省内知名的凤凰饭店专业管理团队协助管理的一家四星级豪华商务型宾馆。作为雅江宾馆的母公司,广申公司是宾馆最大的VIP客户,年消费额占宾馆总收入的20%,在资金和客源上能够给予宾馆强有力的支持。凤凰饭店专业管理团队在四星以及五星级饭店管理方面富有经验,在赢得客户认可方面具有较强的优势。

雅江宾馆占地面积13500平方米,共有客房122间,其中:标准房21间、豪华标准房88间、普通套房11间、豪华三套房2间。宾馆设有茶餐厅及9间风格各异的包房,茶餐厅提供自助早餐、下午茶及晚茶服务,合计280个餐位。一楼大堂吧设有休闲设施及酒水。会议中心设有多功能厅、贵宾厅和各种小型会议室,可同时容纳近1000人进行各式会议及展示,一层的牡丹厅是白州市目前最大的全视角宴会厅,能容纳500人以上大型会议,在白州市独一无二。其他的宴会厅与多功能厅装修豪华气派,在白州市高端婚宴市场首屈一指,宾馆还配有200个车位的大型立体式停车场,为来往的宾客提供服务。此外,宾馆还设有功能齐全的商务中心,提供翻译、秘书、打字、复印等商务服务。宾馆的经营项目包括:客房、餐饮、商场、会议中心、商务中心、堂吧、健身中心、棋牌室、洗衣厂(水洗、干洗)。

宾馆的机构设置总经理办公室、营销部、客房部、餐饮部、财务部、人力资源部、工程部。宾馆实行总经理负责制,总经理、部门经理、部门主管、班组长四级管理,垂直领导,逐级负责。

宾馆客源市场主要分布如下:

(1) VIP客户,广申公司及所属单位。

(2) 协议客户,市政府、大型企业、事业单位、学(院)校等。

(3) 网络订房客户,携程网会员。

(4) 自投散客,主要是到周边各企事业单位办事人员、游客等。

作为资本与劳动密集型行业,雅江宾馆主要借助有形设施和无形劳务为客人提供各种有偿服务,其业务特点主要体现在:业务呈周期性变化;所提供的个人化服务是无形的;业务量不可预知;服务产品不可储存;服务具有较大的联系性;生产与销售密不可分。这些固有特性,决定了宾馆在经营管理和成本控制方面的特殊性和复杂性。

宾馆会计核算采用国内统一的《企业会计制度》,具体科目的设置和报表格式则执行《中国石油集团会计手册》的相关规定。宾馆发生的全部成本费用主要由宾馆服务成本、管理费用、销售费用、财务费用及税费等。

(1) 宾馆服务成本:分别按服务产品大类和经营部门进行成本费用归集。核算服务产品项目包括客房成本、餐饮成本、会议成本、洗衣成本、其他服务成本;经营部门包括餐饮部、客房部。归集的成本费用包括:人工费、材料费、燃料及动力、修理费、低值易耗品、租赁费、折旧、财产保险费及其他直接支出等。

(2) 管理费用:核算和归集宾馆管理及支持部门为组织、管理、支持宾馆经营活动而发生的各种费用。管理部门包括总经办、财务经营部、人力资源部;支持部门为工程动力部。归集的成本费用有:管理支持部门的人工成本、工作餐费、工作服费、办公费、差旅费、物料消耗、低值易耗品摊销、劳动保护费、邮电费、能源费、维修费、排污费、运输装卸费、清洁卫生费、车船使用税、交际应酬费、坏账损失、存货盘亏和损毁、折旧费、财产保险费、开办费摊销和其他管理费用。

(3) 销售费用:核算和归集宾馆营销成本、配送成本及客户服务成本。包括运输费、包装费、销售手续费、展览和广告费,以及营销部的业务费、人工成本、折旧等费用。

(4) 财务费用:核算和归集宾馆为筹集经营所需资金、客户信用卡交易等业务发生的费用,包括利息净支出、银行手续费等。

(5) 税费:核算和归集宾馆根据税法规定应交纳的各项经营税费。包括:营业税、城市维护建设税、教育费附加及地方教育费等。

雅江宾馆成本管理以部门为责任中心。财务部门依据上年实际情况和本年度预计数据汇总编制年度预算,并将年度预算指标按月分解到各责任部门;每月财务部门对各部门预算执行情况进行分析总结,人力资源部依据部门预算执行报告对各责任单位进行考核。

雅江宾馆近两年的利润情况如表4-7所示。

表4-7 雅江宾馆利润　　　　　　　　　　　　　　　　　单位：万元，%

项目	2010年	比例	2009年	比例
一、收入	2008.0	100.0	1237.0	100.0
1. 客房	812.5	42.0	474.0	38.0
2. 餐饮	994.0	50.0	368.0	30.0
3. 迷你吧	29.0	1.0	3.0	
4. 会议	120.0	6.0	382.0	31.0
5. 商务中心	2.0		1.0	
6. 商场	26.0		5.0	
7. 其他收入	24.5	1.0	4.0	
二、成本费用	2088.9	100.0	1421.0	100.0
1. 宾馆服务成本	1498.1	72.0	1119.0	79.0
(1) 材料	734.0	35.0	415.0	29.0
(2) 燃料及动力	225.0	11.0	209.0	15.0
(3) 职工薪酬	407.0	19.0	333.0	23.0
(4) 低值易耗品	20.0	1.0		
(5) 物料消耗	78.1	4.0	50.0	4.0
(6) 折旧				
(7) 修理费				
(8) 办公费	3.0			
(9) 其他支出	31.0	1.0	22.0	2.0
2. 管理费用	375.0	18.0	247.0	17.0
3. 销售费用	78.0	4.0	41.0	3.0
(1) 销售服务费	13.0	1.0	6.0	
(2) 广告费			3.0	
(3) 其他支出	65.0	3.0	32.0	2.0
4. 财务费用	27.8	1.0	14.0	1.0
(1) 利息净支出	16.8	1.0	9.0	1.0
(2) 手续费	11.0	1.0	5.0	
5. 税费	110.0	5.0	80.0	6.0
三、利润	-80.9		-184.0	

数据来源：雅江宾馆2009-2010年年报。

第四章 营运管理案例

可以看到,宾馆2009年度、2010年度一直亏损。2010年宾馆总成本费用中直接成本(材料)占比例为35%;间接费用和期间费用所占比例为65%。据国外研究结果统计,宾馆企业在开始营业前,已有85%的固定成本。由于雅江宾馆房产及全部固定资产归母公司所有,折旧费用未在宾馆账面核算,如果加入这部分折旧,宾馆的固定成本会更高。

2. 经理们的非正式会议。

宋经理思来想去,还是决定先与HR部门合作,设计一套问卷把各部门的意见收集一下,在此基础上,再有针对性地提出新的成本管理方法。

问卷采取开放式的设计,设计的问题均集中在成本管理方面,发放一周后得到回收。宋经理让财务部经理助理小马与人力资源部合作,统计结果很快地摆在他的面前。他还没来得及看,营销部的郑经理和工程部的原经理正好来找他商量部分餐饮包房重新装修的预算问题,正巧人力资源部的张经理来给财务部送工资表。四个人便坐下一起聊开了。

郑经理说:"总经理这次也发狠了,这可苦了老兄你了。不过,话说回来,咱们不改也不行了。白州市的四星级宾馆就只有两家,而且现在高档婚宴消费档次提高得很快,加上市政府下面的宾馆都已经关停,这对我们来说本是好事。咱白州地界小,那些国际国内知名宾馆还没有进入呢,我们就一直亏损。唉,要我说,还是因为装修不够档次,就拿餐饮包房来说,我们才只有9个包间,而且装修也是3年前的了,怎么去打造总经理说的高端精品餐饮品牌?"

"老宋,这老郑天天去烦我,都烦得我不行了。你看看,没两句就又扯到包房装修上去了。"原经理无奈地摇摇头说:"要我说,不光是装修的事,现在我们宾馆客房数量少,还不能满足大型会议用房需求。像上次市政府开会,原先有意选我们这儿做主会场,但是300多人我们这儿根本容纳不了。再者,我们宾馆主要服务对象定位为高端客户,所以有不少单位反映,我们这儿整体服务产品价位过高,也有不少单位因此而没有与我们合作。"

郑经理信息灵通,他接着说:"再告诉你们一件更令人头疼的事,白州市政府已经决定投资新建一家五星级宾馆,预计在2012年3月开业。你们想想,唯一一家五星级宾馆,开业后肯定会改变白州宾馆业的格局,咱们的客户群到时候不知能不能保住。再说元都大酒店与金山宾馆地处白州市黄金地段,交通便利,对我们的自投散客等市场构成较大威胁。此外，玉泉山庄宾馆具有较高的知名度，在会议设施、地理位置、价格等方面非常适合接待各类会议，也是我们最大的竞争者。"

"是呵！"张经理说："我们这儿的临时工占一大半，今年的工资我看要比往年涨15%左右，而且临时工的流动性大，也实在影响咱们的服务质量呵！"

宋经理笑了笑，说："归根到底，你们所担心的一切都会体现在财务报表上，成本要是控制不住，咱们年底都得喝西北风呵。"

3. 各部门的反馈意见。

好容易送走了三位经理，宋经理静下心来，开始看调查反映出来的各部门的意见。不出所料的是，大家原来对于成本管理都是一肚皮的牢骚，其中不乏一些中肯的意见，财务部的小马已经按部门重新归纳了这些意见，于是宋经理就从头看了起来。

客房部的意见是：宾馆为不同的客人提供住宿、餐饮、会议、商场、商务中心、洗衣等各类服务，其实每一种服务的成本都是不同的，即便是同一种服务，由不同的服务人员提供给不同的客人，其服务成本也会有较大的区别，但目前的服务成本核算是粗线条的，根本没有甄别这些不同的成本。

看到这里，老宋不由点头，由于用工成本、服务品类分布的不同确实会造成这样的情况。客房部还提出了一些不合理做法导致的不必要的成本支出。比如客房每周二次的卫生检查作业，为了确保客房清扫干净，检查作业是必需的。但该作业可以通过加强客房清扫员培训及严格绩效考核，达到客房清扫作业合格率百分之百，那么客房卫生检查作业即可消除，检查人工成本得以降低。

餐饮部的意见部分与客户部重合，他们认为雅江宾馆现阶段成本核算仅停留在部门层次或大类产品层次（如客房、餐饮、会议等），只能对各部门可控成本费用进行计量，无法详细核算诸如中餐、自助餐、零点餐等不同服务产品的成本，更难以对为不同客户或客户群体所提供的差别化服务成本进行准确计量。此外，餐饮部还提出了一个很重要的问题，目前，餐饮部对客提供餐饮、会议服务，服务人员是一套人马，除"餐饮食品原料"外，该部门发生的其他成本费用仅按照该两项服务产品营业额这种单一的分配依据分配给餐饮、会议两大类服务产品。只见小马用红笔在后面写道："由于很大一部分服务成本要素与产品营业额的相关性较差，这种分摊方法势必造成产品成本计量的严重失真，这样，成本核算不仅不能及时地为经营决策提供更多的有用信息，甚至会误导决策。"

营销部则提出了一种新的思路。随着宾馆同业竞争的逐步加大，一些宾馆开始尝试将一些非主业经营，且亏损的项目进行外包经营。进行外包决策的前提是宾馆可以较准确地核算出该部分业务的成本。宋经理对业务外包并不陌生，去年去上海参观学习时发现一些大宾馆把一些边缘业务外包，很大地节省了人力和物业。但是雅江宾馆现阶段成本核算并不能核算单个作业中心的真实成本，业务板块外包决策的经济性更是无从考证。

人力资源部门也提到了客户部的一周二次的卫生检查作业活动，并抱怨因此还增加了人力成本。此外，他们认为在实际管理工作中，非增值成本并非是不必要成本，但却能够通过改善逐步消除。作为宾馆的绩效考核部门，他们发现雅江宾馆目前是以部门为责任中心进行成本费用控制和绩效考核，依据历史可达的水平作为控制标准制定考核指标。这种模式，一方面容易造成部门利益与企业总体目标相悖，某些部门为追求小集体利益可能损害宾馆的整体利益。如采购部门为了降低采购成本，可能增加一次购入量，减少采购批次。这种情况会直接导致库存物资积压，资金占用成本加大。另一方面以企业历史水平作为考核标准，未考虑企业过剩的生产能力，不利于管理的持续改善和成本的不断降低。而且由于成本费用指标考核较为刚性，各部门为完成指标，片面地强调成本费用削减，忽略了成本创造价值的作用，成本降低的同时直接导致服务质量的降低，从而影响宾馆整体创效能力。

宋经理点点头，HR的张经理确实是一个能干的女性。她的部门能提到价值创造，看来也没少看相关的理论和书籍呵。他心里清楚，雅江宾馆现有的成本管理方法，关注的是宾馆在经营过程中实际发生的成本，在此基础上进行成本控制，的确忽视了实际发生的成本中存在的非增值成本。

工程部的意见让宋经理很吃惊。他们分析了自身工作中的成本问题，提出两个问题：第一是部分设备陈旧老化，能源消耗大。宾馆建店已超过9个年头，因此部分设备已经落后，能源利用率很低，有的设备经常会发生故障，能源消耗大、设备维修费高。第二是从雅江宾馆成本费用结构上看，除"餐饮食品原料"等直接材料外，宾馆发生的其他成本都是间接成本，看似"固定"，宾馆的大部分人员也都是为产品和客户提供间接支持。工程动力部主要为前台部门提供维修、能源供给等服务，其发生的费用应通过合理的方式计入对客服务成本中。而按照宾馆现在的成本管理方法，该部门费用全部通过管理费用进行归集，他们认为是不合理的。作为一个专职的财务人员，宋经理清楚，以管理费用代替了部分成本，直接转入本年利润中，容易造成服务产品成本不实，虚增产品毛利的后果。

总经理办公室的意见则让老宋看了很有遇见知己的感觉。他们的意见是目前宾馆没有设财务总监一职，财务部经理不属于宾馆的领导班子成员，只是作为部门经理，这样不利于财务经理在成本控制中直接协调各部门的关系，无法有效地控制各部门支出。"可不是吗？不想让马儿吃草却一个劲地赶着马儿快跑，怎么能行呢？"宋经理自顾自地低喃着，宾馆目前没有专门设采购部，目前的采购部根本不归财务部管理，只有在报销时才涉及财务审核，目前的采购流程是"部门申请—采购—入库—挂账—付款—部门领料—使用"，从整个过程来看宾馆缺乏一套严密的成本控制体系，财务部无法及时了解和掌握市场行情并迅速做出反应，这样根本起不到控制和监督的作用。

在全部材料以外，还有小马自己写的几条财务部门的问题。其实最吸引宋经理注意的是这样一点：我们缺乏科学、合理、完整、细化的成本预算，成本管理粗放。我们虽然制定成本预算指标，但无达消耗定额，制定的成本预算指标很笼统，没有针对具体项目层层细分。比如没有制定采购成本预算、餐饮成本预算、现金收支预算、餐饮成本率、每间客房消耗定额、各部门的物料消耗定额等，更不用说编制现金流量预算表了。

看到了各部门的反馈意见，宋经理想起了总经理的会后对自己说的话："现在，我们这些高层既不知晓咱们各种服务产品的真实盈利能力，也没办法识别每类客户给宾馆带来的真正效益。现在竞争这么激烈，我们想进行科学合理的产品结构优化和客户群选择决策，但目前的成本核算手段却没有办法提供有价值的决策支持数据。"宋经理又一次下定决心，成本核算方法和管理手段都到了不得不改的地步了。

4. 作业成本法适合宾馆的成本管理吗？

宋经理发现财务经理助理小马是一个敢想敢说的年轻人，于是特意叫上他与两个财务部副经理一起商议新的成本管理方案。

第四章 营运管理案例

宋经理执意让小马先说说自己的想法,小马也没有推诿,他说:"我们原本的成本计算方法已无法提供准确成本信息了。我建议试行作业成本法。这种方法使用不同层面和众多的作业动因进行成本分配,要比采用单一分配基础更加合理,更能保证成本计量的准确性,细化服务产品和客户群成本核算也变得更有实际意义。"

一位副经理说:"小马提到的作业成本法我早有耳闻,听说是美国那边传来的,不知能不能适用于我们宾馆。"

小马说:"作业成本管理它是以作业及相关作业形成的价值链来划分职责,以价值链作为责任控制单元,这就超越了传统部门界限。这样,管理责任主体上划分得更加清晰,而且作业成本法以实际作业能力(最优或理想成本)作为控制标准,以不断消除浪费所取得的成果和接近最优标准的程度作为业绩,形成正激励。从前几天的调查反馈结果来看,大家都认识到了宾馆目前的管理中存在着许多无效的、非增值行为。我想,作业成本法就是一种能最大限度避免价值浪费的管理方法。简单地说,宾馆可以用此方法有效识别核心消费群体、核心服务产品和核心业务人员,针对不同客户和业务制定不同的经营策略,如可以通过对盈利甚微,但能在营业淡季为宾馆空房提供客房填充量的旅行社客人的放房量进行控制,减少旺季放房量、增加淡季放房量,对其他不盈利的服务业务在不影响星级服务水平的前提下逐步放弃等手段,有意识地从一些客户、服务范围中退出,对盈利的客户和产品则增加更多的投入,提供更好的服务,从而提高宾馆整体效益。"

"既然我们现在拿不出更好的方法来,我们就暂时采纳小马的想法吧。陈副总你来牵头,小马配合,结合我们宾馆的实际情况,五天之内拿出一套作业成本管理法的方案吧。"

没想到,小马对作业成本法在宾馆的运用早有准备,他与陈副总埋头搞方案,果然在第五天一上班就拿出了一个有模有样的作业成本法实施方案。

宋经理在此基础上进行了修改和校订,形成了一套可行的实施方案(见附件),在征求总经理同意后,作为草案在部门经理办公会上发给大家,征求意见。出乎宋经理意料的是,其他部门经理对于作业成本法提出了不少质疑。

人力资源部的张部长提出,这个方案中,作业的计量和分配带有一定的主观性。采用作业成本法，成本动因的选择并没有严谨的判断方法，主要依靠执行者对作业理解的程度和经验判断来确定，这就不可避免地会影响到成本信息的真实性，不具有可验证性。

营销部的郑经理认为，作业成本法所提供的历史性的、具有内部导向性的信息价值的利用还没有被揭示出来，这个方法能否起到改善企业盈利水平的作用还没有得到验证，实施起来未免有些轻率。

工程部的原经理认为，作业成本法并没有解决好诸如厂房折旧、按人工工时分配行政性工资，这实际上仍未避免生产量对产品成本的影响，仍未完全解决传统成本计算方法存在的问题。

客户部的曲经理更是直言不讳："我觉得这个方案太复杂，你看如果要求产品成本的精确度高，成本动因划分就会特别细，那作业项目的复杂程度肯定就高，这样一来谁能弄懂这套方法？依我看，这个作业成本法在操作上要比咱原来的方法更费时间和精力，代价太大了。"

总经理在会议上未置可否，只是要求财务部进一步完善方案。

5. 尾声。

宋经理会后回到自己的办公室，不禁陷入沉思：到底要不要实行作业成本法？既然作业成本法是一种科学先进的成本管理方法，那为何大家会提出这么多的质疑？大家提出的问题有没有道理？能不能克服？雅江宾馆能否借此机会重新梳理业务链和价值链，突破四面楚歌的危机，获得更长久的发展呢？

（案例来源：姚宏．中国管理案例共享中心案例库．）

二、讨论问题

1. 宾馆业的经营特点和成本特点有哪些？
2. 雅江宾馆近几年的成本上升是由哪几方面原因造成的？
3. 雅江宾馆现有的成本管理中存在哪些不足？
4. 财务部提出的作业成本法在雅江宾馆实施的可行性有哪些？
5. 对各部门提出的质疑，你怎样看？
6. 你认为，像雅江宾馆这样典型的宾馆服务企业，各部门应如何配合才能具备作业成本法的实施条件？

附件　雅江宾馆作业成本法实施方案（核心内容）

一、成本对象的认定及其动因选择策略

宾馆服务业的成本对象是即时的成本对象，这种成本对象的特点是随着服务的结束成本对象也立即结束。出于内部管理及市场决策需要，雅江宾馆现阶段既需要准确计量其所提供的各项服务产品的成本，又需计算服务于不同客户群的真实成本信息。

二、服务产品认定及其动因选择

（一）服务产品的认定

雅江宾馆定位为四星级商务会议型宾馆，其服务产品有以下几项：

（1）客房服务：以取得住宿费、服务费等收入为目的。包括标房服务、豪华标房服务、普通套房服务、豪华套房服务。

（2）餐饮及堂吧服务：以取得食品、酒水、场租及服务费等收入为目的。具体包括宴会服务、中餐服务、自助餐服务、零点餐服务、堂吧服务。

（3）会议服务：以取得场租费、服务费等收入为目的。

（4）洗衣服务：以取得客人衣服清洗收入为目的，同时为宾馆有此项需求的客人提供相关配套服务。

（5）客房迷你吧服务：以取得代销客房迷你吧商品收入为目的。

（6）商场服务：以取得自销、代销商品收入为目的。

（7）商务中心服务：以取得商务服务收入（含互联网、传真、复印及各项代办车船、机票手续费等）为目的，同时为宾馆商务类客人提供相关配套服务。

（8）其他服务：以上未列的其他收费服务项目。

（二）成本对象动因选择

根据宾馆实际情况，我们对宾馆各项服务产品的相关成本动因选择如下：

（1）客房服务：选择"出租间天数量"作为标房、豪华标房、普通套房、豪华套房等服务产品的成本动因。

（2）餐饮及堂吧服务：选择"就餐人数"作为宴会、中餐、自助餐、零点、堂吧等服务产品的成本动因。

（3）会议服务：选择"会议人数"作为会议服务产品的成本动因。

（4）客房迷你吧服务、商务中心服务、商场服务等服务产品则分别选择各自的"销售收入"作为成本动因。

三、作业的认定及其成本动因选择策略

（一）作业的认定

作业的认定就是对每项消耗企业资源的作业进行定义，识别每项作业在生产生活中的作用、与其他作业的区别以及每项作业与耗用资源的联系。作业的认定必须以实施作业成本法的目的为指导。雅江宾馆主要由两种部门组成。一种是直接经营部门，该类部门直接经营宾馆服务产品或为某种宾馆服务产品提供必要支持，包括：客房部、餐饮部；一种是间接支持部门，该类部门主要对宾馆直接部门进行内部管理或提供间接服务，包括：综合管理部、财务经营部、人力资源部、营销部、工程动力部等。

（二）作业的整合及作业动因的选择

1. 基础作业的整合和成本动因选择。

（1）前台接待及客账管理作业中心。在类别上全部属于批别级作业，且成本的发生都与接待人次有关，选择"接待人次"为该作业中心的作业动因。

（2）客房服务作业中心。由于客房服务项目较多，服务对象主要是住店客人，成本发生主要与住店客人数量和客人住店时间长短相关。因此，采用住客数量为作业动因。

（3）客房清洁卫生作业中心。由于人工是该项作业的主要成本，其他成本如清洗用品物料消耗、清洗设备折旧、维修费等与人工工时相关，因此采用人工工时为作业动因。

（4）餐饮服务作业中心。该作业中心是餐饮前台服务的重点将餐饮标准服务价值作为餐饮服务作业的成本动因。

2. 次要（支持）作业的整合和成本动因选择。

（1）公共区域卫生清洁作业中心。该作业中心用以追溯宾馆人工成本、与公共区域卫生清洁相关的设备折旧及其他费用支出。由于人工是该项作业的主要成本，且每天工作量大致相同，因此将接受清洁服务的各部门（作业）占地面积设为作业动因。

（2）维修作业中心。是一个单独的责任成本中心，用以追溯与工程动力部维修业务相关的人工成本、维修工具费、维修设备折旧等费用。该作业中心为其他作业中心提供维修、会议音响服务时，采取内部计价转让的方式，其成本分配方法同"洗衣服务作业中心"。

（3）采购作业中心。采购业务资源耗费与采购次数及单次采购难易度直接相关。将采购次数直接作为作业动因。

（4）库房管理作业中心。该作业中心用以追溯与库管作业相关的各项支出，将日平均库存资金占用设为作业动因。

（5）保安作业中心。该作业中心用以追溯保安员人工成本；保安、消防物资支出；保安、消防设备设施折旧。应将各受益作业占地面积设为作业动因。

（6）客户管理与接待作业中心。各营销主任的工作任务就是发展新客户、对老客户进行维护和管理、新产品推销、团组会议及 VIP 客户接待等工作。采用管理估计方法，营销主任自行估计管理不同客户所耗用的时间，并用其作为该作业中心的作业成本动因。

四、资源的认定及其成本动因选择策略

1. 资源的认定。

（1）材料：食品原料、饮品、服务用品、修理用备件及材料、代购商品、清洁用品、印刷品等。

（2）人工类成本：包括工资及奖金、职工福利费、工会经费、职工教育经费、社会保险费、商业人身险、住房公积金、住房补贴、工装费、劳动保护费、仪容仪表费、劳务派遣费、包厨人工费等。

（3）燃料及动力：水、电、燃气、蒸汽等费用。

（4）与设备所有权及维修相关的成本：设备折旧、保险费及外部维修、维护费。

（5）租赁成本：房屋租赁费、资产租赁费、场地租赁费等。

（6）低值易耗品：周转使用的营业器具、工具、装饰品等。

（7）其他支出：网络费、电话费、办公费、差旅费、招待费、清洁服务费、洗涤费、仓储费、运输装卸费、包装费、质量安全环保费、利息收支、银行手续费（信用卡）、汇兑损益、审计咨询费、广告宣传费、销售服务佣金（携程网）、无形资产摊销、税费、坏账损失、存货盘亏和毁损等。

2. 资源重分类及其成本动因的选择。

作业中心及成本标的认定后，下一步就是追溯各作业中心及成本标的所消耗的资源费用。这需要仔细分析各项资源，合理选择资源动因。

（1）直接被成本标的消耗的资源，该部分资源直接计入相关服务产品或客户成本。

①材料：客房、餐饮、会议等服务用品；客房、餐厅、会议室修理用备件及材料；饮品；代购商品。客房、餐饮、会议等服务用品由各经营部门按照实际消耗情况办理二级库出库，并据此计入宴会、中餐、自助餐、零点、堂吧、标房、豪华标房、普通套房、豪华套房等服务产品成本或不同的客户群服务成本中。

②低值易耗品：客房内周转使用的营业器具及装饰品；宴会厅、包房、大堂吧、会议室周转使用的营业器具及装饰品。

③与固定资产所有权及维修相关的成本：客房、宴会厅、包房、大堂吧、会议室内设备折旧、保险费及外部维修、维护费。

④其他支出：销售服务佣金、与赊销相关的流动资金贷款利息、坏账损失、税费（营业税、地方教育费、城市维护建设税）。其中：税费直接计入服务产品成本；销售服务佣金、与赊销相关的流动资金贷款利息（依据赊销客户日均欠款额及同期银行贷款利率计算）、坏账损失直接计入客户群成本。

（2）依据资源动因分配到各成本标的的资源，该部分资源成本动因选择如下：

①材料：餐饮食品加工原料（主料、辅料和调料）。雅江宾馆餐饮食品加工成本控制采取标准成本法，即依据宾馆供应链及餐饮成本管理系统中统计的标准菜肴成本，管理和控制厨房生产食品原料成本。餐饮食品加工原料总成本可以通过单次就餐客人消费的菜肴标准成本占全部客人消费的菜肴标准成本的比例分配计入宴会、中餐、自助餐、零点等服务产品成本中，客户群消耗的成本也可以通过该方法统计。

②低值易耗品：茶餐厅周转使用的营业器具及装饰品；多功能厅周转使用的营业器具及装饰品。茶餐厅周转使用的营业器具及装饰品总成本按照自助餐与零点餐就餐客人比例进行分摊；多功能厅周转使用的营业器具及装饰品总成本按照其接待宴会客人与会议客人比例进行分摊。

③与固定资产所有权及维修相关的成本：茶餐厅及多功能厅内设备折旧、保险费及外部维修、维护费。其分摊方法同"低值易耗品"。

④其他支出：外聘管理团队奖励管理费、银行（信用卡）手续费。雅江宾馆外聘管理团队奖励管理费是在年度盈利的前提下发生的费用，其发生额按照年度售收入不同比例分段计算。因此，我们选择销售收入为资源动因，将奖励管理费计入各服务产品成本中；银行（信用卡）手续费选择刷卡次数为资源动因，分配计入客户群成本。

（3）直接被各作业消耗的资源，该部分资源直接计入相关作业成本。

①人工类成本。

②材料：食堂食品原料、清洁用品及其他未包含在"被成本标的消耗的资源"范围内的消耗材料。

③低值易耗品：未包含在"被成本标的消耗的资源"范围内的所有低值易耗品。

④与固定资产所有权及维修相关的成本：未包含在"被成本标的消耗的资源"范围内的所有与固定资产所有权及维修相关的成本。

⑤其他支出：网络费、电话费、办公费、差旅费、招待费、清洁服务费、洗涤费、仓储费、运输装卸费、包装费、质量安全环保费、汇兑损益、审计咨询费、广告宣传费、无形资产摊销、因库存物资资金占用而发生的流动资金贷款利息、存货盘亏和毁损及未包含在"直接被成本标的消耗的资源"范围内的税费。

（4）依据资源动因分配到各作业的资源，其成本动因选择如下：宾馆依据动因分配到各作业的资源只有水、电、蒸汽、煤气等燃料动力费用。按照成本效益原则，未将水费分配给全部受益作业，仅按照计量数据换算成价格后分别计入了客房服务、后厨菜品制作、食堂宿舍管理、洗衣服务、宾馆一般管理五项作业。宾馆电耗主要用于照明系统和电动力设备系统，我们选择各作业中心占地面积为成本动因，将电费分配计入各作业中心。宾馆蒸汽主要用于客用热水、冬季中央空调换热供暖等，为简化计算，选择各作业中心占地面积为成本动因，将蒸汽成本分配计入各作业中心。宾馆煤气被餐饮后厨和员工食堂消耗，我们依据计量数据分别直接计入后厨菜品制作作业中心和食堂公寓作业中心。

财务管理案例

第五节 营运状况分析

教学目的与要求：通过对本节案例的学习，学生应了解企业经营模式的重要性；熟悉财务分析的主要方法与理论；掌握一系列重要财务指标，并能根据企业实际进行跟踪分析，为管理层提供及时可靠的决策信息。

案例 49 巨人集团多元化经营失败的财务分析

近年来，我国不少企业追求多元化经营模式，试图通过多元化经营减轻企业经营风险，使企业走上健康稳定发展的道路。然而，现实却让人们看到多元化经营使许多企业走上了加速陷入财务危机甚至破产危机之路。巨人集团的兴衰就是这许许多多例子中的一个。其原因何在？学术界有各种分析。本书试图以巨人集团的兴衰为例，从财务管理的角度，对此问题作些分析。

一、巨人集团的兴衰史

1989 年 8 月，在深圳大学软件科学管理系硕士毕业的史玉柱和三个伙伴，用借来的 4000 元钱承包了天津大学深圳科技工贸发展公司电脑部，并用手头仅有的 4000 元钱在《计算机世界》利用先打广告后付款的方式做了 8400 元的广告，将其开发的 M–6401 桌面排版印刷系统推向市场。广告打出后 13 天，史玉柱的银行账户第一次收到三笔汇款共 15820 元。巨人事业由此起步。到 1989 年 9 月下旬，史玉柱将收到的款项全部再次投入广告。4 个月后，M–6401 的销售额一举突破百万大关，从而奠定了巨人集团创业的基石。

1991 年 4 月，珠海巨人新技术公司注册成立，公司共 15 人，注册资金 200 万元，史玉柱任总经理。1991 年 8 月，史玉柱投资 80 万元，组织 10 多个专家开发出 M–6401 汉卡上市。1991 年 11 月，公司员工增加到 30 人，M–6401 汉卡销售量跃居全国同类产品之首，获纯利达 1000 万元。

1992 年 7 月，巨人公司实行战略转移，将管理机构和开发基地由深圳迁往珠海。9 月，巨人公司升为珠海巨人高科技集团公司，注册资金 1.19 亿元。史玉柱任总裁，公司员工发展到 100 人。1992 年 12 月底，巨人集团主推的 M–6401 汉卡

第四章 营运管理案例

年销售量 2.8 万套,销售产值共 1.6 亿元,实现纯利 3500 万元,年发展速度达 500%。

1993 年 1 月,巨人集团在北京、深圳、上海、成都、西安、武汉、沈阳、香港地区成立了 8 家全资子公司,员工增至 190 人。1993 年 12 月,巨人集团发展到 290 人,在全国各地成立了 38 家全资子公司。集团在 1 年之内推出中文手写电脑、中文笔记本电脑、巨人传真卡、巨人中文电子收款机、巨人钻石财务软件、巨人防病毒卡、巨人加密卡等产品。同年,巨人实现销售额 3.8 亿元,利税 4600 万元,成为中国极具实力的计算机企业。

由于国际电脑公司的进入,电脑业于 1993 年步入低谷,巨人集团也受到重创。1993、1994 年,全国兴起房地产和生物保健品热,为寻找新的产业支柱,巨人集团开始迈向多元化经营之路——计算机、生物工程和房地产。在 1993 年开始的生物工程刚刚打开局面但尚未巩固的情况下,巨人集团毅然向房地产这一完全陌生的领域发起了进军。欲想在房地产业中大展宏图的巨人集团一改初衷,拟建的巨人科技大厦设计一变再变,楼层节节拔高,从最初的 18 层一直涨到 70 层,投资也从 2 亿元涨到 12 亿元,1994 年 2 月破土动工,气魄越来越大。对于当时仅有 1 亿元资产规模的巨人集团来说,单凭巨人集团的实力,根本无法承受这项浩大的工程。对此,史玉柱的想法是:1/3 靠卖楼,1/3 靠贷款,1/3 靠自有资金。但令人惊奇的是,大厦从 1994 年 2 月破土动工到 1996 年 7 用巨人集团未申请过一分钱的银行贷款,全凭自有资金和卖楼的钱支撑。1994 年 3 月,巨人集团推行体制改革,公司实行总裁负责制,而史玉柱出任集团董事长,成为集团总裁。1994 年 8 月,史玉柱突然召开全体员工大会,提出"巨人集团第二次创业的总体构想"。其总目标是:跳出电脑产业,走产业多元化的扩张之路,以发展寻求解决矛盾的出路。

1995 年 2 月,巨人集团隆重召开表彰大会,对在巨人脑黄金战役第一阶段做出重大贡献的一批"销售功臣"予以重奖。1995 年 5 月 18 日,巨人集团在全国发动促销电脑、保健品、药品的"二大战役"。霎时间,巨人集团以集中轰炸的方式,一次性推出电脑、保健品、药品三大系列的 30 个产品。巨人产品广告同时以整版篇幅跃然于全国各大报。不到半年,巨人集团的子公司就从 38 个发展到 228 个,人员也从 200 人发展到 2000 人。

多元化的快速发展使得巨人集团自身的弊端一下子暴露无遗。1995年7月11日，史玉柱在提出第二次创业的1年后，不得不再次宣布进行整顿，在集团内部进行了一次干部大换血。1995年8月，集团向各大销售区派驻财务总监和监察审计总监，直接对总部负责，同时，两者又各自独立，相互监控。但是，整顿并没有从根本上扭转局面。1995年9月，巨人的发展形势急转直下，步入低潮。伴随着1995年10月发动的"秋季战役"的黯然落幕，1995年年底，巨人集团面临着前所未有的严峻形势，财务状况进一步恶化。

1996年年初，史玉柱为挽回局面，将公司重点转向减肥食品"巨不肥"，1996年3月，"巨不肥"营销计划顺利展开，销售大幅上升，公司情况有所好转。可是，一种产品销售得不错并不代表公司整体状况好转，公司旧的制度弊端、管理缺陷并没有得到解决。相反"巨不肥"带来的利润还被一些人私分了。集团公司内各种违规违纪、挪用贪污事件层出不穷。其属下的全资子公司康元公司，由于公司财务管理混乱，集团公司也未派出财务总监对其进行监督，导致公司浪费严重，债台高筑。截至1996年底，康元公司累计债务已达1亿元，且大量债务存在水分，相当一部分是由公司内部人员侵吞造成的，公司的资产流失严重。而此时更让史玉柱焦急的是预计投资12亿元的巨人大厦。他决定将生物工程的流动资金抽出投入大厦的建设，而不是停工。进入1996年7月，全国保健品市场普遍下滑，巨人保健品的销量也急剧下滑，维持生物工程正常运作的基本费用和广告费用不足，生物产业的发展受到了极大的影响。

按原合同，大厦施工3年盖到20层，1996年年底兑现，但由于施工不顺利而没有完工。大厦动工时为了筹措资金巨人集团在香港卖楼拿到了6000万港币，国内卖了4000万元，其中在国内签订的楼盘买卖协议规定，3年大楼一期工程（盖20层）完工后履约，如未能如期完工，应退还定金并给予经济补偿。而当1996年年底大楼一期工程未能完成时，建大厦时卖给国内的4000万楼盘就成了导致巨人集团财务危机的导火索。巨人集团终因财务状况不良而陷入了破产的危机之中。

二、多元化经营的陷阱何在

（一）多元化生产经营的理论基础

多元化经营实际上是证券投资组合理论在生产经营活动中的应用，因而，证券投资组合理论是多元化经营的理论基础。

证券投资组合理论认为，金融资产投资组合可以由一种以上的金融证券构成。投资人可以通过持有多种不同证券的方式，将隐含在个别证券中的风险分散掉，但存在于证券与证券之间的共同风险则无法分散。通过多角化投资来分散的个别证券风险，称为可分散风险（或非系统风险）。至于那些无法用多角化投资分散的风险，称为不可分散风险（或系统风险）。当这一原理应用到企业生产经营活动时，即为企业的多元化经营活动。

然而，证券组合投资具有其特定的条件，如果不加分析地盲目应用，必然陷入多元化经营的陷阱——丧失核心竞争能力、资金短缺和协调困难、财务失控。

（二）多元化经营与核心竞争能力的矛盾

运用证券投资组合理论进行分散风险的要点之一是：只有非完全相关的证券所构成的投资组合方可分散部分投资风险。这项原理应用于生产经营活动时，就要求企业在一定程度上放弃部分原有业务（甚至可能是核心业务）的基础上从事与原有业务不相关的陌生业务。可满足这一要求的结果有时不仅不能降低风险，反而会把原来的竞争优势丧失殆尽。这与多元化经营的目的相矛盾。

在企业的发展过程中，利润、市场份额、竞争优势、核心能力等因素中，对企业影响最深远的是核心竞争能力，即企业面对市场变化作出反应的能力。企业核心能力是企业的一项竞争优势资源和企业发展的长期支撑力。它可能表现为先进的技术，或一种服务理念，其实质就是一组先进技术和能力的集合体。尽管企业之间的竞争通常表现为核心能力所衍生出来的核心产品、最终产品的市场之争，但其实质归结为核心能力之间的竞争。企业只有具有核心竞争能力，才能具有持久的竞争优势。否则，只能"昙花一现"。企业一时的成功并不表明企业已经拥有了核心能力。企业核心能力要靠企业的长期培植。

在企业的经营中，获取企业核心竞争能力的基本途径有：内部管理型战略和外部交易型战略。企业内部管理型战略是一种产品扩张战略，在现有资本结构下，通过整合内部资源，包括控制成本，提高生产效率，开发新产品等，维持并发展企业竞争优势，横向延伸企业生命周期线。内部管理型战略通过企业内部的力量培植、巩固和发展企业核心能力，创造竞争优势。外部交易型战略是一种资本扩张战略，通过吸纳外部资源，推动企业生命周期线的纵向延伸。外部交易型战略可以借助外力来培植、巩固和发展企业核心能力，创造竞争优势。企业经营的精髓就是内部管理型战略和外部交易型战略的有效应用。从国际上所有著名企业的发展可以看到,企业在其持续经营和长期发展的过程中始终在综合运用这两种发展战略。

内部管理型战略与外部交易型战略只有共同作用于企业,通过有机配合、有效运用,才能使企业生命周期曲线不断得以延伸,核心能力得以巩固和发展,竞争优势将持续存在。否则,企业就难以维持原有的竞争优势,更不可能培育出可以长期拥有竞争优势的核心能力。

由此可见,企业应该根据其所拥有的核心能力和竞争优势作出是否采取多元化经营的策略。从这个角度说,企业必须先有一个具有竞争力的核心产品,围绕核心产品、核心能力和竞争优势再考虑是否应该多元化经营。没有根植于核心能力的企业多元化经营,又不能在外部扩张战略中培植新的核心能力,最终结果可能把原来的竞争优势也丧失了。

巨人集团在现有主业的基础上,未能有效运用内部管理型战略与外部交易型战略延伸企业生命周期曲线,巩固和发展核心能力,而贸然跨入一个自己完全生疏的行业,从而使企业的竞争优势无法得以持续存在。尽管这种外延式扩张的道路暂时掩盖了各种矛盾,但因缺乏培植企业新的核心竞争能力而为企业埋下了致命的隐患。

(三) 资金短缺与协调困难的矛盾

无论是实物资产投资还是金融资产投资,都以盈利为目的,即以投资的营利性与风险性比较为基础进行决策。但由于投资对象的不同,决定了两者具有完全不同的特点。金融资产投资具有可分割性、流动性和相容性等特点。因而,在进行金融资产投资时,不必考虑投资的规模、投资的时间约束以及投资项目的多少等因素。只要考虑各金融资产之间的相关性、风险、报酬及其相互关系问题,并依据风险和报酬的选择,实现金融资产投资的优化选择。而实物资产投资则具有整体性、时间约束性和互斥性等特点。因此,进行实物资产的投资时,不仅要考虑投资的规模,而且要考虑资金的时间因素,更要考虑在资金约束条件下各项目的比较选优问题。

由此可见,在财务资源有限的条件下,实行多元化投资,必须充分考虑并合理解决企业资产结构与资本结构的有机协调、营利性与流动性的有机协调等财务问题。从营利性看，基于流动资产与固定资产盈利能力上的差别，以及短期资金与长期资金筹资成本上的差别，"净营运资本"越多，意味着企业是以更大份额的筹资成本较高的长期资金运用到盈利能力较低的流动资产上，从而使企业整体的盈利水平相应地降低反之，亦然。从风险性看，企业的净营运资本越多，意味着流动资产与流动负债之间的差额越大，则陷入技术性无力清偿的可能性也就越小反之，亦然。因此，资产结构性管理的目的在于在确定一个既能维持企业的正常生产经营活动，又能在减少或不增加风险的前提下，给企业带来尽可能多利润的流动资金水平。由于预期现金流动很难与债务的到期及数量保持协调一致，这就要求负债的结构性管理把重点放在负债到期结构问题上。即在允许现金流动波动的前提下，在负债到期结构上应保持多大的安全边际。长、短负债的盈利能力与风险各不相同，负债的结构性管理要求对其盈利能力与风险进行权衡利选择，以确定出既能使风险最小又能使企业盈利能力最大化的负债结构。

巨人集团为追求资产的营利性，以超过其资金实力十几倍的规模投资于一个自己生疏而资金周转周期长的房地产行业，实物资产的整体性和时间约束性，使公司有限的财务资源被冻结，从而使公司的资金周转产生困难，并因此而形成了十分严峻的资产营利性与流动性矛盾。最后因实物资产的互斥性，生物工程因正常运作的基本费用和广告费用不足而深受影响。与此同时，巨人集团从事房地产开发和建设，却未向银行申请任何贷款，不仅使企业白白浪费了合理利用财务杠杆作用从而给企业带来效益的可能机会，而且也使企业因放弃举债而承担高额的资本成本。最后使企业在资产结构与资本结构、营利性与流动性的相互矛盾中陷入难于自拔的财务困境。

（四）多元化经营与财务失控的矛盾

随着多元化经营道路的发展，企业规模急速扩大，集团化管理成为必然。集团公司管理的主要任务是集团公司的整合。没有整合的集团公司难于发挥集团的整体优势，充其量是一个大拼盘，各个属下各自为政，集团内部难于协调运作，财务失控也就在所难免。

集团公司组织形式不同，其财务控制的方式也不相同。集团公司就其组织形式而言，分为：U型组织结构（直线职能制）、H型组织结构（控股公司制）和M型组织结构（事业部制）三种。其中，U型组织结构是一种中央集权式的结构。

企业内部按职能（如制造、销售等）划分为若干部门，各部门只是具有很小的独立性，权力集中在企业最高决策者手中。H 型组织结构较多地出现于由横向合并而形成的企业中，这种结构使合并后的子公司保持了较大的独立性。M 型组织结构是一种分权式结构。这种结构中的基本单位是半自主的利润中心，按成品的商标或地区设立，每个利润中心内部通常都是按 U 型结构来组织的。在利润中心之上，是一个由高级经理人员组成的总部，负责整个公司的资源分配和对下级单位的监督协调。这种组织结构已经成为各国大公司的基本组织形式。对 M 型组织结构而言；财务控制的关键在于解决好集权与分权的问题。目前比较普遍的做法是在资金、财务信息和人事等方面集中控制的基础上，充分实行分权管理制度、在财务控制上形成一套包括财务激励机制、财务监控机制和资金运作机制在内的集团公司财务管理体系，从而在制度上保证集团公司资金的合理配置和有效利用，确保集团公司战略目标的实现、如投资行为约束制度、筹资行为约束制度、成本费用约束制度、内部控制制度、财务报告制度、预算约束制度、现金集中存储和调度制度等。

巨人集团采用的是控股型组织结构形式，在使各厂属单位（子公司）保持较大独立性的同时，却又缺乏相应的财务控制制度，从而使公司违规违纪、挪用贪污事件层出不穷。在一定程度上加速了巨人集团陷入财务困境的步伐。

三、经验与教训

上述分析可以得出以下几点经验与教训：

1. 公司的多元化发展必须与其核心竞争能力紧密联系，并以培植公司新的核心竞争能力为中心，从而有助于维持和发展公司的竞争优势，确保公司的长期稳定发展。

2. 确保公司有限财务资源的合理配置和有效利用，保持资产结构与资本结构、资产营利性与流动性的有机协调，从而在资金上保证公司的健康发展。

3. 公司集团化必须与财务控制制度建设保持同步发展，集团公司能否稳定健康发展的关键在于能否有效整合集团。而财务控制制度建设是集团公司整合的重要而关键的一个环节。

（案例来源：毛付根. 多元化经营的陷阱——巨人集团失败的财务分析. 财务与会计，2000（2）.）

四、讨论问题

1. 分析专业化经营和多元化经营的优势，企业应如何进行战略选择？
2. 除案例中描述的原则外，多元化经营还应该遵循哪些原则？
3. 多元化经营成功应具备哪些条件？
4. 查找相关资料，分析巨人集团失败的主要原因有哪些？
5. 巨人集团在多元化经营过程中面临的主要风险有哪些？应该如何控制这些风险？

案例50 光线传媒的财务分析

一、公司背景

光线传媒（ENLIGHTMEDIA）成立于1998年，经过19年发展，已成为中国最大的民营传媒娱乐集团。光线传媒也是中国最大的电影和电视剧公司之一。光线（控股）由北京光线传媒股份有限公司（简称光线传媒）、北京光线影业有限公司（简称光线影业）两个独立运营的公司组成。光线传媒的定位是中国最大的多媒体视频内容提供商和运营商。

光线是国内最大的电视节目制作公司，涵盖娱乐资讯、综艺节目和生活类节目，拥有全国最大的地面电视节目联播网，覆盖全国所有地市级以上城市，更有上百个城市频道每日在黄金时间连续播出；他是国内最大的演艺活动公司之一，是中国娱乐整合营销的先行者。

光线聚焦娱乐领域，见证了中国娱乐界的变幻风云，成为影视音乐作品、明星和娱乐事件首选的信息传播平台和对中国娱乐界影响最大的民营公司。

光线也是国内重要的电视剧制作和营销公司，未来将向全新的电视剧发行平台发展。公司正在打造新型艺人经纪公司，在主持人领域首屈一指。

光线的娱乐内容已经实现了工业化流水线生产和经营，内容的策划、制作、包装、发行、广告和增值业务等各个环节，专业分工、环环相扣，加上强势的品牌影响力和资源共享的内容协同效应，使光线可以在控制成本的同时，不断扩大生产规模并保持稳定的质量。而发行网络的不断扩大和整合营销手段的不断丰富，使节目内容价值实现最大化。

公司的主营业务是电视节目和影视剧的投资制作和发行业务。电视节目包括常规电视栏目和在电视台播出的演艺活动。演艺活动一般在电视台播出，属于特殊类型的电视节目。电视栏目、演艺活动和影视剧是公司的三大传媒内容产品。电视栏目和演艺活动是自主制作发行，通过节目版权销售或广告营销的方式实现收入；影视剧主要是投资和发行，少量参与制作，其中，又以电影的投资发行为主，收入主要包括电影票房分账收入、电视剧播映权收入、音像版权等非影院渠道收入和衍生产品（贴片广告等）收入。

二、案例内容

光线传媒公司是由北京光线广告有限公司依法整体变更设立的股份有限公司。

2000年4月24日，北京光线广告有限公司成立，注册资本50万元。2001年5月18日，光线广告的注册资本由50万元增至100万元。2003年2月17日，光线广告的注册资本由100万元增至300万元。2003年4月10日，公司名称由"北京光线广告有限公司"变更为"北京光线传媒有限公司"。

2003年10月20日，光线传媒吸收合并北京光线电视传播有限公司，注册资本由300万元增至500万元。2009年8月7日，光线传媒依法整体变更为股份有限公司，以截至2009年6月30日公司经审计的账面净资产84729141.62元按照1.0756：1的比例折成78772500股，每股面值为人民币1.00元，注册资本为78772500元，溢价部分计入资本公积金。2009年9月1日，公司注册资本由78772500元增至82200000元。

从2006年起，在制作电视节目的同时，光线传媒就开始初涉活动业务，并在2008年实现了利润率200%的提升。据了解，光线传媒的电视业务让其拥有明星资源、媒体资源和客户资源。

目前，光线传媒的主营业务包括电视节目制作与发行，电影投资、制作、宣发，电视剧投资、发行，艺人经纪，新媒体互联网、游戏等。其日播娱乐资讯节目《中国娱乐报道》《音乐风云榜》均已连续播出10年以上，发行的电影《泰囧》（12.66亿元）《致青春》（7.26亿元）成为现象级影片，2012、2013年投资制作发行影片20部，总票房超过40亿元。自有品牌手游《分手大师》已于2014年6月上线。2016年《美人鱼》影片票房突破30亿元刷新华语电影票房纪录。近两年，光线传媒成立彩条屋计划，并先后发行了《西游记之大圣归来》《大鱼海棠》《精灵王座》等动画电影。光线通过持续的改进和创新,始终领导行业潮流,光线引人注目的 E 标已经成为娱乐界著名标志之一。

(一) 光线传媒盈利情况分析

光线传媒整体盈利情况较好,并呈逐年增长趋势。2012 年利润主要来自三个业务板块,分别是栏目制作与广告收入 42%,影视剧收入 51%,演艺活动为 7%(见图 4-10),但从毛利(见图 4-11)来看栏目制作与广告贡献最大,为 59%。从 2008~2013 年的发展趋势看,营业收入和净利润总额都成增长趋势,但增长速度却越来越慢(见图 4-12 和图 4-13)。

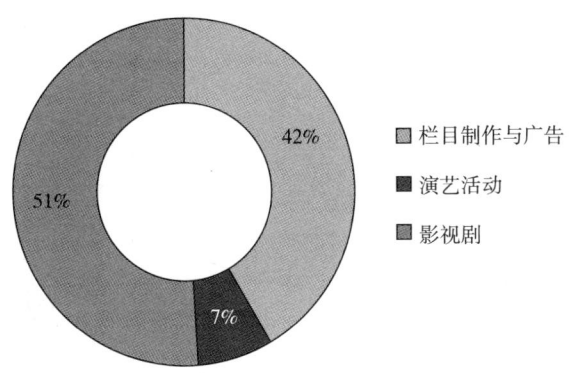

图 4-10　光线传媒 2012 年各业务的收入结构(摘自中国银河证券研究报告)

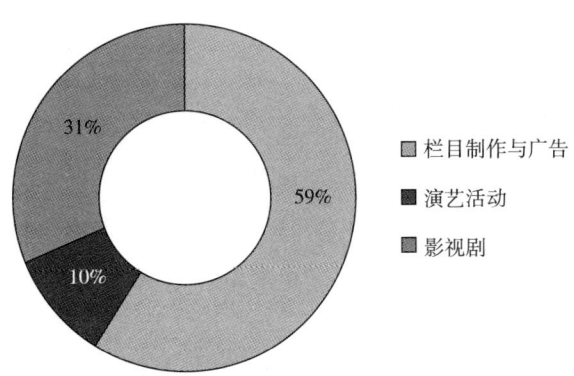

图 4-11　光线传媒 2012 年各业务的毛利结构(摘自中国银河证券研究报告)

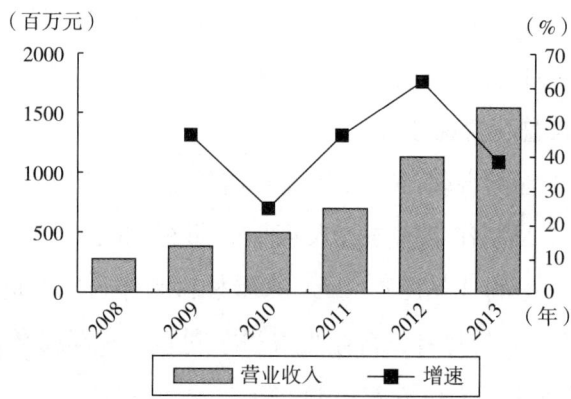

图4-12 光线传媒2008~2013年收入增长情况（摘自中国银河证券研究报告）

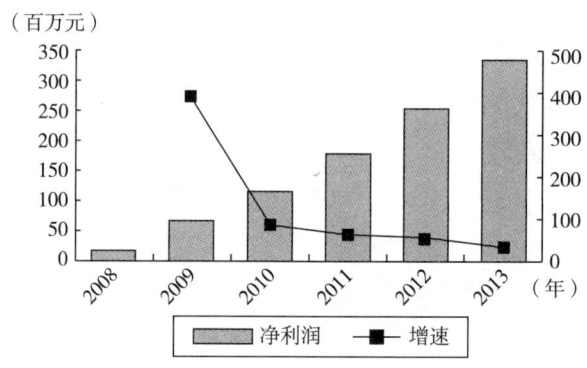

图4-13 光线传媒2008~2013年净利润增长情况（摘自中国银河证券研究报告）

（二）光线传媒资本运营情况

1. 光线通过华友借壳上市。

光线传媒一直谨慎的寻求上市机会，2007年11月19日，经过了多方权衡，选择了与华友世纪的合作，采用以股价为依托的新型合作模式。2008年3月华友世纪与光线传媒都同意，终止双方在2007年11月19日宣布的商业合并。中止合并的原因是双方商业战略存在分歧，合并不符合双方各自的利益。光线的借壳上市就此失败。

2. 独立上市。

借壳上市失败后，光线开始了独立上市的道路。2008年，王长田称："公司计划通过私人配售方式售出10%的股权，融资规模为一亿元人民币，此外，公司还寻求在未来两年中在国内上市。公司还将通过国内首次公开募股（IPO）筹资至少人民币4亿~5亿元，以发展公司核心的电视节目制作业务。"2011年7月14日晚，光线传媒发布招股意向书，将在深交所创业板上市。公司本次拟发行2740万股，发行后总股本为10960万股。募集资金将投向电视节目制作、电视剧购买和数字演播中心扩建项目等，所需资金为3.7782亿元。

3. 多元化的资本经营。

2005年以前，电视内容收入几乎相当于光线的全部收入，据光线提供的数据，2008年光线全年收入为4亿元，其中电视内容制作占40%，影业、活动的收入均上升到20%左右，剩下的收入来自新媒体、艺人经纪等较小的业务模块。现在光线的产业收入更趋合理。

4. 光线传媒的盈利模式。

将它制作的节目提供给各个城市的主要电视台播放，换取相应的广告时间。光线传媒有自己的一套流水线作业模式，从节目策划，到制作、包装、发行、广告，以及后节目产品开发，一共六大环节。王长田曾这样回答光线盈利问题：以生产工业产品的态度来对待娱乐节目产品，以流水线式的生产方式来保证创意从产生到执行到收益的全过程。

三、案例分析

（一）光线传媒进行资本运营的必要性

资本运营是市场经济发展到一定阶段的一种必然现象，是一种更高层次的经营，它对于企业追求利润最大化、扩大市场占有率、形成经济规模、降低风险、实现资源最优配置等具有重要的意义。因此，光线传媒应该为公司将来长远发展考虑，进行资本运营。

1. 光线传媒进行资本运营是做大做强，实现快速持续发展的有效途径。

光线传媒资本运营是它生存和发展的强大动力。光线要想迅速扩大经营规模，实现超常规发展，突破传统的内涵式经营圈子，进行外延式经营，以寻求更大的产品市场空间，提高自身的综合竞争力，就需要筹集大量的优质资本，进行资本运营正是光线筹集资金，实现资本增值，达到规模经营的最有效的途径。现代发达的资本市场为企业资本运营提供了广阔的空间。

2. 光线传媒进行资本运营是实现多元化经营，降低经营风险的重要手段。

传统的企业生产经营一般都是进行单一产业运作。经营的风险具有单向性，不利于企业风险的分散。而资本运营通过资本化资产的转让、出售、对不同有价证券的投资等各种方式，实现企业资本的多样化投资组合，将企业的非系统风险全部分散，只留下企业的系统风险。所以，光线传媒通过进行资本运营，可以降低非系统风险和公司风险，达到盈利的目的。

3. 光线传媒进行资本运营是优化资源配置，调整产品结构，提升核心竞争力的有效方法。

资本运营是通过资本不断的流向报酬率高的部门、企业和产品上，而获得资本的不断增值契机。如果企业生产的某种产品不能够适应市场需求，不能够为企业带来利润，那么企业就要将投资到该产品的资本与这种产品载体相分离，而裂变到其他名优和市场占有率高的产品载体上，使产品结构改进和优化。只有通过对企业产品结构的调整，才能使企业人力、物力及财力等资源达到最优化的配置，提升核心竞争力。

4. 光线传媒进行资本运营是盘活存量资本，增强资本流动性的重要举措。

光线传媒资本的流动与周转是增值的必要条件，存量资是企业处于闲置状态的资本，不会给企业带来增值，是企业最大的资产流失。资本的流动与重组后优势企业通过并购一些劣势企业而得到发展，而劣势企业的闲置设备、厂房、土地等资源又能得到充分利用，使资源在全社会范围内得到合理优化与配置。因此企业应减少资本在生产流通领域里各个环节的停顿时间与数量，提高资本的使用效率。

5. 光线传媒进行资本运营会引起企业的管理创新，提高企业管理水平。

光线内部的重组整合与外部的收购兼并必然产生新的企业管理层、管理理念及新的管理模式。这种新的管理体系必须要与企业的运作相结合才能使企业向前发展。不同的企业有着不同的管理理念与管理方法。不同企业之间的整合，形成的新管理水平而不是原来管理水平的简单叠加。新产生的管理水平更符合整合后企业的生产运转，促进企业的发展。

（二）光线传媒资本运作的特点

1. 把握时机，先人一步。

全国乃至世界大力发展文化产业之际，光线传媒应运而生，不仅凭借对电影市场敏锐的嗅觉,对借力资本市场的探索也是光线传媒成功的关键。纵观光线传媒的融资之路,其采用的融资方法多数为股权融资,即以出让公司股份来换取资金用以发展。当国有电影制品厂还在拿着国家财政补贴制作电影,民营影视公司总是为资金犯愁时,光线采用了股权融资的方式解决了资金瓶颈问题,使公司业务蓬勃发展。从2003年光线传媒太合影视投资有限公司的成立开始,光线便走上了一条融资发展的光明大道。

2. 国外电影公司的经验与帮助。

光线传媒与美国哥伦比亚电影公司的合作,不仅使光线对于影片的制作技术有了提高,还让光线传媒意识到融资发展的重要作用,借助资本市场做大做强成为公司发展的战略思想。

3. 股权回购,掌控公司发展。

从光线传媒的融资历程来看,不难发现王长田对于公司的股权把握相当谨慎,只要有新的投资人进来,他们都会回购之前投资方的股份,所以表面上看光线传媒融资金额大幅增加,理应被稀释的股权在王长田兄弟的把控下自然会增加。这样一来,公司的发展才会按照王长田的意愿走下去,否则,光线传媒很有可能在融资的过程中由于股权比例问题而导致公司发展迷失方向,最终导致破产。

4. 融资资金用途明确。

企业在融资过程中虽然是扮演主动角色,但实际上还是有投资人决定融资是否成功,所以公司每次融资的资金用途和规划非常重要,这也是光线传媒能够多次成功融资的原因:公司发展目标明确,前景良好,等于潜在承诺投入一定会大于回报,光线传媒向投资方逐渐证明这一点,继而为自己打造了一个融资信誉品牌。

(三) 光线传媒财务分析

1. 企业营运能力分析。

由表4-8可知,光线传媒公司总资产周转率下降,主要原因是流动资产周转速度下降的影响。流动资产周转率下降,是由流动资产垫支周转速度下降和成本收入率下降导致的。固定资产周转率下降,主要是产销率提高的原因。企业的营运能力分析有利于评价企业资产的流动性、利用价值和潜力。

表 4 - 8　　　　　　　　　企业主要营运能力分析指标

指标(%)	2013 年	2012 年	差异
存货周转率	0.1859	0.6133	-0.4274
固定资产周转率	1.4470	5.6909	-4.2439
流动资产周转率	0.1130	0.3140	-0.2010
总资产周转率	0.0871	0.2419	-0.1548
股东权益周转率	0.1386	0.3066	-0.1680

资料来源：光线传媒公司 2012~2013 年年报。

2. 企业偿债能力分析。

偿债能力是指企业偿还债务的能力。由表 4-9 可知，从短期上看，光线公司 2013 年的流动比率 <2，企业的偿付能力低，企业所面临的流动性风险大，安全程度低。与 2012 年的 3.988 相比下降 2.1111，下降非常明显，应引起企业的注意。速动比率的一般标准是 1:1，2012 年的速动比率是 2.703，2013 年是 1.374，相比 2013 年较好。从长期上看，资产负债率越大，说明企业的债务负担越重。2013 年资产负债率为 0.4128，2012 年增强 0.233，公司的偿债能力下降了，但未超过 100%，表明企业还未达到资产警戒线。产权比率 2013 年为 0.7106，较 2012 年高 0.4889。总之，以上各种指标都说明企业的偿债能力下降，值得企业注意。

表 4 - 9　　　　　　　　　企业主要偿债能力分析指标

指标(%)	2013 年	2012 年	差异
流动比率	1.8769	3.9880	-2.1111
速动比率	1.3740	2.7030	-1.3290
产权比率	0.7106	0.2217	0.4889
应收账款周转率	0.5339	1.3191	-0.7852
资产负债率	0.4128	0.1798	0.2330

资料来源：光线传媒公司 2012~2013 年年报。

3. 企业发展能力分析。

从表4-10可以看出，光线公司股东权益增长率不断增加，说明公司近几年净资产规模不断增长，而且其增长幅度也不断加大。公司营业利润增长率和净利润增长率都为负数，但是固定资产增长率明显偏高，可见，2013年公司主要加强基础设施建设，投资较大。

表4-10　　　　　　　　　企业主要发展能力分析指标

指标(%)	2013年	2012年
营业收入增长率	40.9167	-10.7374
营业利润增长率	-19.4057	26.5370
总资产增长率	49.0581	6.6458
固定资产增长率	156.2156	94.0922
股东权益增长率	8.0123	6.6424
净利润增长率	-29.4373	21.5940

4. 现金流量表分析。

由表4-11可以看出，（1）2013年一季度经营活动产生的现金流量净额为现金流出14049.39万元，比半年前下降64.25%，究其原因主要是本季度公司收到的电影片的分账款较半年前减少；根据公司2013年业务计划对影视剧投入增加；支付的各项税费，营业费用，管理费用增加；投入运营的影院数量增加。

表4-11　　　　　　　　　现金流量水平分析

指标(万元)	2013年3月31日	2012年9月30日	增减额	增减度
经营现金流入小计	20749.27	78753.69	-58004.42	-0.73653
经营现金流出小计	34798.67	97358.02	-62559.35	-0.64257
经营现金流量净额	-14049.39	-18604.33	4554.94	-0.24483
投资现金流入小计	0.06	0.07	-0.01	-0.14286
投资现金流出小计	7078.36	26585.38	-19507.02	-0.73375
投资现金流量净额	-7078.30	-26585.31	19507.01	-0.73375

续表

指标(万元)	2013年3月31日	2012年9月30日	增减额	增减度
筹资现金流入小计	44236.00	——		
筹资现金流出小计	134.53.00	6720.00	-6585.47	-0.97998
筹资现金流量净额	44101.47	-6720.00	50821.47	-7.56272
汇率变动对现金影响				
现金及现金等价物净增加额	22973.78	-51909.65	74883.43	-1.44257

资料来源：光线传媒公司2012-2013年年报。

（2）筹资活动产生的现金净流量净额：2013年一季度公司筹资活动产生的现金流量净额为44101.47万元，比半年前下降756.27%，主要是因为公司报告期内新增贷款14356万元；发行2013年第一期短期融资券30000万元；支付贷款利息所致。

为挽救2013年现金流量严重下降的状况，光线传媒公司要加强影视剧及艺人经纪服务业务的开发和管理，加深业务领域的扩展，持续巩固并提升公司核心竞争力。具体举措主要有：

第一，公司主要通过提高优秀影视剧作品产量和增加知名签约艺人数量来巩固和提升公司在影视剧业务和艺人经纪业务上的优势。充分发挥电影，电视和艺人经纪之间的业务协同效应，以资本运作为支撑，加快多层次、跨媒体、跨地区方向的扩张。

第二，凭借雄厚的品牌优势，管理优势和资源整合能力，积极延伸产业价值链，拓展包括影院放映业务，影院广告业务，品牌授权业务等影视娱乐相关业务。

第三，公司将通过外部引进和内部培养相结合的方式，提高员工素质，改善人才结构组建一支与公司发展战略相适应的梯队人才队伍。

（四）光线传媒资本运营的成功的三要素

1. 始终处于主导地位，将资本驯服为企业的工具。无论是首次引入太合集团，还是最后引入分众，光线都巧妙地选择和利用自己的优势地位，始终控股50%以上，充分保证了对企业的主动权，避免了王志东式的悲剧结局。

2. 将引入的资本额始终控制在企业发展的预期之中，既保持充足的来源，又不至于使企业最后被资本拖累，无退出的能力。而很多企业之所以失败，在于能进不能退，最典型的就是德隆，其引入的资本，远远大于其企业的"本金"。最后，资本如泰山压顶，企业无法抗击重压，逐步走向灭亡。

3. 其本身的业绩良好。资本之于投资机构与企业，意义是不同的，对于企业来说，资本永远只是一个助推器，而非企业根本，任何企业，都必须立足实业，不能为资本而资本，更不能把资本当作救命稻草。"天助者，人助之"，这句话更像是说明资本与实业的关系。我们可以看到，在光线的几次引入资本的过程中，都是企业迅猛发展，出现了资金需求，而不是企业遭遇危机，需要资本救急，资本是从来不会江湖救急的，纵使真有救急，也需要"把灵魂典当给魔鬼"，以失去企业控制权而告终。

（五）光线传媒成功的资本运作方式选择及结论

持续并购——从获取战略机会角度来看，光线传媒购买了未来的发展机会，持续并购不仅可以使光线传媒获得正在经营的公司，获得时间优势，避免了从零开始；而且又减少了一个竞争者，间接获得其在行业中的位置。从光线传媒的发展历史来看，光线传媒的成长史也是其并购的历史。

分散风险——电影属于资金密集型产业，光线传媒不仅通过持续融资支持公司的扩张，在电影拍摄上也采用了多种融资手段，不仅减少了拍片时的自有资金投入，加快了资金周转率，也分散了影片票房的风险。与此同时，通过与外部金融机构的合作，光线传媒也将严格的财务制度引入了制片资金的管理上，从而降低了制片成本，提升了资金的使用效率。

（六）启示

中国的传媒产业并不强大，如果我们不积极介入资本运营，传媒产业很难做强做大。

现代传媒产业是一个技术密集型产业，要实现规模经济和范围经济效应，需要借助资本的力量；从规模经济来看，扩大经营规模可以降低平均成本，使利润水平等经济效益得到提高，企业的竞争优势更强、更持久。传媒产品的生产成本中固定投入占的比重很大，大量的采编、经营人员以及设备、技术的投入。

传媒行业筹措资金的方式无外乎两种，一是依靠自身经营积聚利；二是引入资本运营，千方百计扩充资金渠道。目前我国新闻媒体除少数外已基本脱离了政府拨款，自负盈亏、自我积累、自我发展，自身积累资金不够时再从银行临时性贷一些款。自身经营则以相对单一的广告为主，那些市场化程度较高的都市类媒体营业收入中广告占了80%。由于竞争对手的不断增多，竞争程度的不断加剧，加上国际金融风暴对广告业造成的影响，中国传媒业尤其是传统媒体目前只能处在"微利"水平。传媒的低盈利额相对于动辄千万甚至上亿元的发展资金需求，可以说是杯水车薪，想要依靠自身积累建立起能与新闻集团、时代华纳这样的国际传媒巨头抗衡的传媒企业，更是不可设想的。

传媒产业要想迅速地做强做大，必须借助于资本运营。传媒资本运营的方式主要有债务性融资、子公司直接或间接上市、引入战略投资等多种方式。现在许多传媒尤其是传统媒体习惯于银行贷款这种传统的融资方式，方法简单、便于操作，但贷款的"还本付息"压力很大，一旦出现经营滑坡不仅难以"还本付息"，还会被限制继续贷款。大多数媒体的固定资产、净资产的量不大，贷款过多，这会加大资产负债率，增加经营风险。事实上银行对此也有限制条款，媒体完全依赖银行贷款来加快传媒企业发展的速度不现实。我国媒体多年来实行"事业单位，企业化管理"的体制，如何根据传媒的属性和特点，打造出一套既能充分发挥传媒舆论引导作用又能适应市场经济规律，既经得起国家政策的检验和确保舆论阵地的稳固又能顺利实施资本运营的模式，是中国传媒业面临的新课题。

因此，在具体实施传媒资本运营的过程中，应该以这一特殊性为前提，区分不同媒体的意识形态强弱程度，推行不同的运作模式。为了给传媒企业搭建一个能够"大步走"的平台，为了给传媒资本运营营造一个良好的环境，无论是国家还是企业都不能再墨守成规，而应该通过创新体制和机制来增强传媒业发展的动力和活力。

（案例来源：百度百科、新浪财经网和银河证券研究报告。）

四、讨论问题

1. 根据案例中的相关描述，分析光线传媒资本运营路径及未来发展趋势。

2. 财务分析的基本方法和思路有哪些？其基本原理是什么？本案例的分析还存在哪些不足？

3. 利用新浪财经等网站，收集传媒行业龙头公司的相关资料，对其进行一个全面的分析诊断，并出具财务分析报告。

第五章 分配管理案例

教学目的与要求：通过对本章案例的学习，学生应熟悉股利分配政策的类型和影响因素；熟悉股利政策理论，比如相关论、无关论、信号传递理论；掌握在实际操作过程中，企业如何根据自身需求选择合适的股利政策。

案例51　南方公司的股利分配

一、案例资料

南方公司是一家大型钢铁公司，公司业绩一直很稳定，其盈余的长期成长率为12%。2016年公司税后盈利为1000万元，当年发放股利共250万元。2017年，因公司面临一项投资机会，预计其盈利可达到1400万元，而该公司投资总额为900万元，预计2018年以后仍会恢复12%的增长率。公司目标资本结构负债/权益为4∶5。现在公司面临股利分配政策的选择，可供选择的股利分配政策有固定股利支付率政策、剩余股利政策以及固定或稳定增长的股利政策。

二、讨论问题

如果你是该公司的财务分析人员，请你计算2017年公司实行不同股利政策时的股利水平，并比较不同的股利政策，做出你认为正确的选择。

案例52　万科股利分配政策

一、案例资料

根据年报数据显示，2010年房地产上市公司全行业净利润686.54亿元，较2009年上涨27.58%。119家房地产业上市公司仅有7家亏损，其余112家盈利的公司中只有54家分红。相比于2009年60.6亿元的累计分红总额，2010年房地产业上市公司仅有14.44亿元（不包含尚未实施的分红），创下7年来分红总额的新低。2002～2010年连续多年累计分红总额为"零"的共有32家。即便是多年累计净利润为正值的一些上市公司，也没有给投资者现金分红回报。而作为股东，将属于自己的财富交付给企业，是为了这笔财富能持续增值。股东投资一家企业，也就意味着放弃了通过其他投资渠道获得收益的机会。从这个角度来看，能让股东获得不低于社会平均水平的回报，是合格的企业；使股东获得明显高于社会平均水平的回报，是优秀的企业；使股东回报超越社会平均，并实现持续增长，是卓越的企业。房地产行业中，万科千亿级的销售额，是迄今为止中国非国有企业抵达的最高海拔线。

（一）我国上市公司股利分配概况

我国上市公司的股利分配有两种基本形式，现金股利与股票股利。第一财经日报《财商》统计显示，1990～2010年6月，A股20年共融资36429.46亿元（包括首发募集、增发、配股），现金分红16049.37亿元（不包括送股、转增），融资总额是分红总额的2.27倍。从我国A股上市公司历年股利分配情况（见表5-1）来看：1995年以前，我国上市公司现金分红的比例较高，占所有上市公司比例的50%以上；1996～1999年，现金分红的公司比例大幅降低，仅为30%左右；2000年以后，基本稳定在50%～60%之间，这与许多发达资本市场相当。另外，我国上市公司发放的现金股利占净利润的比例波动较大。1996～2000年，我国上市公司发放的现金股利占上年上市公司净利润总额的比例显著低于50%，最低的1997年仅有24%；2001年以后，该比例基本维持在50%左右。

A股上市公司不分红或分红少，一直备受诟病。基于此，证券监督委员会从2001年起将上市公司再融资资格与股利分配水平相挂钩，不满足股利分配要求的上市公司将不能进行再融资,从而使得一些有再融资需求的公司为了达到目的,就象征性地分红。譬如,2010年上半年一些上市银行一边分红一边再融资。2006年5月,证券监督委员会《上市公司证券发行管理办法》要求,上市公司公开发行证券应符合最近3年以现金或股票方式累计分配的利润不少于最近3年实现的年均可分配利润的20%。两年后,强制性再度加强。2008年10月,证券监督委员会发布了《关于修改上市公司现金分红若干规定的决定》,要求最近3年以现金方式累计分配的利润不少于最近3年实现的年均可分配利润的30%。

表5-1　　　　　　1992~2008年我国A股上市公司股利分配情况

年份	纯派现	纯送股	派现和送股	支付股利公司	A股上市公司数
1992	1	4	4	9	40
1993	8	38	25	71	164
1994	38	68	105	211	274
1995	117	54	98	269	298
1996	107	114	90	311	501
1997	98	252	78	428	707
1998	168	202	67	437	813
1999	192	157	74	423	911
2000	237	104	74	415	1047
2001	558	30	160	748	1126
2002	557	27	130	714	1197
2003	517	33	115	665	1264
2004	441	49	185	675	1364
2005	588	22	146	756	1379
2006	484	48	140	672	1445
2007	562	58	158	778	1571
2008	512	104	298	914	1648

资料来源:锐思数据库。

(二) 我国房地产行业情况分析

我国的房地产业是从 20 世纪 90 年代初期正式起步，当时由几个未成气候的房地产开发公司凭着其独到的眼光开始涉足房地产。由于当时刚从计划经济时代过来，房地产开发伊始，房地产开发商几乎千篇一律、统一模式，建一些以五六层高为主的多层楼，大胆的房地产开发商们一下子就掘到了第一桶金，于是一发而不可收，觉得市场逐渐倾向于上见天、下着地，且有部分园子的房产格式。于是先富裕起来的人们就率先走入了这一步，之后一幢幢中高档的别墅也逐渐问世了。随着房产格调的不断变化及土地价格的上涨，房产的价格也是一路攀升，居高不下。尽管 2008 年受国际金融危机的影响，中国政府也出台了一系列货币紧缩的举措，但为时不长。为完成年度工作任务保八的目标，国家在 2009 年又不得不采取一些积极的财政政策和宽松的货币政策，像从天而降的一场及时雨，救活了一大批即将面临倒闭的房地产开发企业，此后房市又迎来了新一轮的购房高潮。由于经济的复苏和经济政策的宽松以及房地产市场的不规范，以浙江温州为主的"购房团"便应运而生。中国"房价飞"不仅强烈震撼经济领域，而且几乎波及全社会。2010 年房地产主要表现为 3 个方面的增长：

1. 商品房销售面积增长。

2010 年，全国商品房销售面积增长 10.1%，销售金额增长 18.3%，增速相对 2009 年明显回落。2010 年年初，各地住房市场延续了 2009 年的旺销势头。二季度后，政府接连出台多项措施对楼市展开调控，市场成交量迅速放缓，进入八九月份后，在新盘集中上市的带动下，各地市场成交量有所回升，但增幅仍明显低于同期供应增长。受上述因素的影响，当年全国各季度商品房成交面积同比增幅依次为 35.8%、5.2%、-1.9% 和 16.6%。

从区域看，东部地区受房地产市场波动影响较大，全年成交面积增长 4.1%，增幅低于全国平均水平，中部和西部地区受影响程度相对较小，分别增长 19.9% 和 13.5%。重点城市全年的成交面积整体呈萎缩态势，其中价格上涨幅度较大的城市成交量下降幅度更大。与 2009 年相比，2010 年重点城市占全国房地产市场的比重明显下降。2010 年，在新房入市增加和销售速度放缓的叠加效应下，市场逐渐结束了 2009 年以来的库存减少过程。

第五章 分配管理案例

2. 投资额和新房地产开工面积继续保持较快增长。

2010年，全国房地产开发投资额和新房地产开工面积继续保持较快增长，全年房地产开发投资额增长33.2%，房屋新开工面积增长40.7%，新开工增速达到近10年来最高值。随着部分新开工项目在2011年逐步转化为市场销售，未来的新房供应较为充裕，从而推动市场供需关系进一步向有利于购房者的方向转变。但值得注意的是，尽管2011年累计增速仍然较高，但受成交放缓的影响，年底全国房屋新开工增速已经出现放缓迹象。

随着市场波动的加大，企业的投资能力可能下降，开工节奏可能放慢，并可能对一年后的住房供给产生影响。

2010年主要城市的土地成交面积和2009年相比有所增长。整体来看，开发企业的购地行为较2009年下半年更为谨慎，土地成交溢价率也有比较明显的下降。但应注意到，一些城市的土地出让底价仍然维持在高位，下半年土地成交价格和溢价率环比也出现一定回升，企业的拿地积极性有所提高。尽管如此，受住宅市场的景气状况、企业融资渠道收紧等因素的影响，预计土地市场的升温难以延续，企业在拿地时会更加理性。

3. 抑制投资投机购房的调控政策增加。

2010年，政府针对楼市的调控措施密集出台。2010年4月中旬，国务院下发《关于坚决遏制部分城市房价过快上涨的通知》，提出了实行严格的差别化住房信贷政策、增加住房有效供应、加大保障性安居工程建设等一系列措施。2010年9月底，中央又出台多项措施，包括：各商业银行暂停发放居民家庭购买第三套及以上住房贷款；对贷款购买商品住房，首付款比例下限调整到30%及以上；调整住房交易环节的契税和个人所得税优惠政策等。之后，主要城市纷纷出台实施细则，并普遍对单个家庭的购房套数进行了限制。

上述政策出台后，对房地产市场产生明显影响。2010年，购房者利用银行信贷的杠杆率显著下降。以万科为例，2010年1~4月客户购房资金中来自银行贷款的比例为54%，2010年5~9月下降到46%，2010年10~12月进一步下降到41%，为近年来的历史低点。成交结构方面，中小户型普通商品住房占成交的比例进一步提高，投资性购房需求逐步淡出。

2011年1月，为巩固和扩大前期调控的成果，国务院再次推出八条政策措施，在原有政策的基础上，进一步强化了差别化住房信贷，要求贷款购买第二套住房的首付比例提高到不低于60%，扩大限购政策的实施范围，落实住房保障和稳定房价问责机制。此外，上海、重庆已经开展房产税的相关试点工作。从政策内容来看，抑制投资投机购房是调控的重点，而面向首次置业、自住需求的普通商品住房依然符合政策的导向。

二、案例分析

（一）公司概况

1. 万科企业简介。

万科企业股份有限公司成立于1984年5月，1988年进入房地产行业，1988年12月公开向社会发行股票2800万股，集资人民币2800万元，资产及经营规模迅速扩大。

1991年，万科成为深圳证券交易所第二家上市公司，1993年3月，发行4500万股B股，该股份于1993年5月28日在深圳证券交易所上市。1993年，将大众住宅开发确定为该公司核心业务，持续增长的业绩以及规范透明的公司治理结构，使其赢得了投资者的广泛认可。

经过多年努力，万科逐渐确立了在住宅行业的竞争优势：万科成为行业第一个全国驰名商标，旗下"四季花城""城市花园""金色家园"等品牌得到各地消费者的接受和喜爱；研发的"情景花园洋房"是中国住宅行业第一个专利产品和第一项发明专利；物业服务通过全国首批ISO9002质量体系认证；创立的万客会是住宅行业的第一个客户关系组织。同时，也是国内第一家聘请第三方机构，每年进行全方位客户满意度调查的住宅企业。2009年，在全球人力资源咨询公司翰威特组织的"2009年中国最佳雇主"评选中，万科成为10家上榜企业中唯一的房地产企业。2009年《财富》（中文版）公布的"十大绿色公司"名单中，万科因在探索工业化与城市低收入住宅方面的成绩入选。2010年，该公司作为唯一独立建馆的房地产企业参加上海世博会，品牌形象得到全面提升。

万科2010年公告披露，截至2010年12月1日，已累计实现销售面积830.7万平方米，销售金额1000.6亿元。至此，国内房地产行业第一家年销售额千亿元级公司正式诞生。

2. 股权结构及大股东情况。

万科股东总数为 1144654 户，其中 A 股 1117665 户，B 股 26989 户。从前 10 名股东持股情况（见表 5-2）来看，该公司不存在控股股东及实际控制人。截至 2010 年 12 月 31 日，第一大股东华润股份有限公司持有万科 A 股股份为 1619094766 股，占公司股份总数的 14.73%（见图 5-1）。华润股份有限公司是由中国华润总公司于 2003 年 6 月发起设立的股份有限公司，法定代表人为宋林先生，主要资产为香港华润（集团）有限公司 100% 的股权及其他内地资产，主营业务包括日用消费品制造与分销、房地产及相关行业、基础设施及公用事业。

表 5-2　　　　　　　　万科公司前十大股东及持股情况

股东名称	股东性质	持股比例（%）
华润股份有限公司	国有法人	14.73
刘元生	其他	1.22
中国银行—易方达深证 100 交易型开放式指数证券投资基金	其他	1.02
中国建设银行—博时主题行业股票证券投资基金	其他	0.97
博时价值增长证券投资基金	其他	0.91
中国工商银行—融通深证 100 指数证券投资基金	其他	0.85
中国人寿保险股份有限公司—分红—个人分红	其他	0.83
HTHK/CMG FSGUFP—CMG FIRST STATE CHINA GROWTHFD	外资股东	0.81
中国人寿保险股份有限公司—传统—普通保险产品	其他	0.72

资料来源：万科年度报告。

图 5-1　万科第一大股东情况

3. 万科的经营业绩分析。

2006~2010年万科房地产业务收入受房价上涨因素影响，稳步上涨（见表5-3）。

表5-3　　　　　　　　　　2006~2010年万科财务分析　　　　　　　　单位：万元

项目	2006年	2007年	2008年	2009年	2010年
营业收入	1784821.030	3552661.130	4099177.920	4888101.310	5071385.140
其中:房地产	1766965.960	3517517.700	4048960.000	4831622.860	5003095.170
物业管理	17855.070	21003.470	25280.000	32879.890	43058.740
其中:(按区域)					
珠江三角洲区域	508774.350	1580748.510	1523659.980	1643487.070	1645570.390
长江三角洲区域	686887.000	1114073.700	1280450.480	1512339.720	1918851.990
环渤海区域	422628.940	510817.130	966786.690	1202518.780	1027249.780
中西部区域	148675.670	311878.360	278063.190	473277.290	411423.020
已完工开发产品	256874.810	465462.800	789096.210	531197.230	529816.580
在建开发产品	1337184.570	3387690.230	4382776.400	4145416.060	7863495.720
拟开发产品	1450755.930	2787759.770	3413185.900	4325916.340	4931469.420
平均销售单价（销售收入/销售面积）（万元/平方米）	0.658	0.853	0.860	0.956	1.205
净利润	215463.930	531750.080	463986.920	643000.750	883961.050
经营活动产生的现金流量净额	-302412.150	-1043771.580	-3415.180	925335.130	223725.550
资产总计	4850791.760	1000946.790	11923657.970	13760855.480	21563755.170
负债总计	3150192.140	6617494.490	8041803.020	9220004.240	16105135.210
所有者权益合计	1488237.130	3391952.300	3881854.950	4540851.240	5458619.960
资产负债率(%)	65.000	66.000	67.000	67.000	75.000

资料来源：万科年度报告。

2007年万科销售金额355.3亿元，比2006年增长了146.6%，远超过市场年初的预期，甚至也超过了原定2006~2008年3年快速增长计划设定的2008年销售目标。该公司2008年实现营业收入409.9亿元，同比上升15.4%，净利润46.3亿元，同比下降16.7%。实现结算面积451.4万平方米，结算收入404.9亿元，同比分别上升14.6%和15.1%。2008年万科销售业绩同比2007年的高位有所下降，2008年销售面积557万平方米，销售金额478.7亿元，分别比2007年减少9.2%和8.6%。但万科的市场占有率继续提升，占全国住宅市场的份额提高到2.34%。

2009年实现营业收入489亿元，净利润53.3亿元，较2008年同期分别增长19%和32%，每股盈余（EPS）0.48元，业绩基本符合预期。2009年该公司实现销售面积664万平方米，销售金额634亿元，同比分别增长19%和33%。销售增速虽然未能超越行业整体水平，但期末尚有343万平方米、357亿元的已销售资源未参与结算，2010年业绩保障性较大。

2010年万科的房地产业务收入500亿元，同比增长3.55%，营业利润率30%，比2009年提高8个百分点；物业管理收入4.3亿元，同比增长30.96%，营业利润率13.44%。万科的营业收入主要来自深圳区域、上海区域和北京区域，其中五个核心城市（深圳、广州、上海、北京、天津）合计收入和净利润占该公司整体营业收入和净利润的比重分别为50%和48%。2010年万科平均商品房单位售价1.2万元/平方米，同比上涨26%。2010年万科实现净利润72.8亿元，同比增长36.7%，净利润率高达17%，比2009年上升4个百分点；资产负债率高达75%，比2009年上升8个百分点。2010年万科在全国房地产市场占有率为2.06%，比2009年增加0.62个百分点。

2010年万科在建开发产品786亿元，同比增长93%，占资产总额37%，比2009年增加7个百分点；拟开发土地493亿元，同比增长14%，占资产总额23%，比2009年减少9个百分点；预收账款744亿元，同比增长131%，占资产总额35%，比2009年增加11个百分点。

2010年万科全年实现销售面积897.7万平方米，销售金额1081.6亿元，分别比2009年增长35.3%和70.5%；实现结算面积452.1万平方米，结算收入500.3亿元，分别比2009年减少25.3%和增长3.6%。截至2010年年末，万科尚有761万平方米已销售资源未竣工结算，合同金额总计919亿元，其中合并报表范围内已售未结算面积680万平方米，合同金额820亿元。据万科2010年度报告显示：上述待结算资源大部分将在2011年参与结算，为公司2011年实现良好的收益水平提供了有力的支撑。

(二) 万科的股利政策分析

股利政策是股份公司关于是否发放股利、发放多少及何时发放的方针和政策。1999～2010年，万科的股利政策可以分为三个阶段（见表5-4）。

表5-4　　　　　　　　1999～2010年万科年股利分配

年度	每股派现	每股送股	每股转增股	每股收益(元)	股利支付率(%)
1999	0.15	0.0	0.0	0.42	35.71
2000	0.18	0.0	0.0	0.48	37.50
2001	0.20	0.0	0.0	0.59	33.90
2002	0.20	0.0	1.0	0.61	32.79
2003	0.05	0.1	0.4	0.39	12.82
2004	0.15	0.0	0.5	0.39	38.46
2005	0.15	0.0	0.0	0.36	41.67
2006	0.15	0.0	0.5	0.49	30.61
2007	0.10	0.0	0.6	0.73	13.70
2008	0.05	0.0	0.0	0.37	13.51
2009	0.07	0.0	0.0	0.48	14.58
2010	0.10	0.0	0.0	0.66	15.15

资料来源：锐思数据库。

1. 1999～2001年——我国房地产市场处于低谷阶段。

这一阶段万科采用的股利支付方式主要是现金股利，没有发放股票股利，万科这一阶段的平均股利支付率为35.70%，远高于市场平均水平。这一股利政策与万科专业化战略目标息息相关。虽然此阶段房地产市场处于低谷，但是1998年福利分房政策结束，万科对未来房产行业的发展有着良好的预期。为集中资源优势，1999年万科总部成立"万科建筑研究中心"，之后"万科住宅产业化企业联盟""万科客户体验中心"等机构相继成立，并且2001年实现对万佳百货股份有限公司的股权转让，退出零售行业，成为专一的房地产公司，至此万科的专业化战略调整得以顺利完成。2001年，该公司房地产业务实施了稳健而有成效的扩张，成功进入武汉、南京、长春、南昌4个城市，在原有的深圳、上海、北京、沈阳、成都、天津等城市也加大了投资力度。通常在转型和扩张时期，本来急需内部留存资金的支持，但万科却以较高的股利支付率回报广大股东。充分体现了股利理论中的信号理论，股利政策之所以会影响公司股票的价值，是因为股利能将公司的盈余状况、资金状况等信息传递给投资者。在1999～2001年市场低迷的情况下，万科通过高额的股利分配，使得投资者对万科的未来业绩看好，从而提升了万科的股票价值，相应的，也给万科的后续发展提供了充沛的资金。2000年2月，万科每10股配2.727股，配股价格7.5元，通过配股筹集资金6.25亿元，该筹资金也用于公司在深圳、北京和上海的住宅项目。截至2000年年底，该公司在深圳、上海、沈阳、北京、天津、成都的土地储备达450万平方米，较1999年增长243%，为下一阶段的发展提供了有力保障。该次配股为该公司住宅业务发展及改善财务状况提供了良好的条件。

2. 2002～2007年——我国房地产市场开始腾飞。

这一阶段万科采用的股利支付方式主要是现金股利和转增股本。转增股本指上市公司用资本公积或盈余公积向股东转送股份的行为。2002～2007年，房地产市场开始腾飞，万科需要大量的资金扩大生产规模，有效占领市场，其通过债务和权益资金获得发展资金。万科在2004年仍然顺利发行了19.9亿元可转债；与中国建设银行等银行累计签署了300多亿元的授信额度。2006年，为了公司业务的扩张，万科再次增发40000万股，每股价格10.5元，募集资金42亿元，并将此项资金用于新项目的开发上。

其股利政策仍然秉承原先的高股利分配，公司更多使用了股票股利和现金股利相结合的分配形式，从万科公司历年股利政策的变动情况可以看出，万科公司股利发放基本上是逐年递增的，特别是2006年和2007年，随着该公司经营业绩的大幅增加，股利的发放数额增速较快，从1988年的99188633元增长到2007年的4810404470元，增长了48.4倍，而在此期间万科公司的净利润增长了24倍，说明万科公司股利发放的相对比例在增加。

3. 2008～2010年——我国房地产行业经过金融危机的考验。

2008年金融危机来袭，加上万科管理层认为房地产市场发展过热，累积风险增加，2008年以后，万科开始走向谨慎，股利发放较2007年大幅降低，为企业度过寒冬做准备。2009年度分红派息方案为：以公司股权登记日收市时总股本为基数，向全体股东每10股派现金人民币0.7元（含税）；2010年，分红派息方案：每10股派送人民币1.0元（含税）现金股息。这一阶段万科都采用稳定增长的股利政策，但对未来发展留有余地，其股利政策是可持续发展的。可见，在危机和房地产宏观政策的调控下，万科的股利政策更加成熟稳健了。

（三）股利分配政策的类型

股利分配政策是公司财务管理政策的重要组成部分，关系到公司股东和债权人的利益。一般来说，公司的股利分配政策有以下几种：

1. 剩余股利政策（Residual Dividend Policy）。

剩余股利政策是以首先满足公司资金需求为出发点的股利政策。根据这一政策，公司按如下步骤确定其股利分配额：确定公司的最佳资本结构；确定公司下一年度的资金需求量；确定按照最佳资本结构，为满足资金需求所需增加的股东权益数额；将公司税后利润首先满足公司下一年度的资金增加需求，剩余部分用来发放当年的现金股利。

2. 固定的股利政策（Stable Dividend Policy）。

固定的股利政策以确定的现金股利分配额作为利润分配的首要目标优先予以考虑，一般不随资金需求的波动而波动。稳定的股利额给股票市场和公司股东一个稳定的信息。许多作为长期投资者的股东（包括个人投资者和机构投资者）希望公司股利能够成为其稳定的收入来源，以便安排消费和其他各项支出，固定股利额政策有利于公司吸引和稳定这部分投资者的投资。采用稳定股利额政策，要求公司对未来的支付能力作出较好的判断。一般来说，公司确定的固定股利额不应太高，要留有余地，以免形成公司无力支付的困境。

3. 固定股利支付率政策（Stable Payout Policy）。

要求公司每年按固定的比例从税后利润中支付现金股利。从企业支付能力的角度看，这是一种真正稳定的股利政策，但这一政策将导致公司股利分配额的频繁变化，给外界传递一个公司不稳定的信息，所以很少有企业采用这一股利政策。

4. 正常股利加额外股利政策（Regular Dividend Plus Extras Policy）。

按照这一政策，企业除每年按一固定股利额向股东发放称为正常股利的现金股利外，还在企业盈利较高、资金较为充裕的年度向股东发放高于一般年度的正常股利额的现金股利，高出部分即为额外股利。

一般来说,如果公司处于高速成长状态,有较好的投资机会,对资金的需求量大,同时面临资本限额的约束,可以采取股票股利政策,这样公司将收益留在企业,降低了从其他渠道筹集资金的压力。如果公司处于成熟期,没有大的投资项目,而且有充足的现金流入,则可以以现金形式将利润分配给股东,一方面可以通过可观的收入吸引股东;另一方面可以避免发放股票股利对每股利润和控制权的稀释。万科在经历了高现金支付率和高送转的股利政策后,逐步趋于采用正常股利加额外股利政策。

(四)万科公司股利政策的影响因素

1. 法律法规的限制。

(1)公司积累的约束。《公司法》第177条规定了股利分配的顺序,应当按法定的程序先提取各种公积金。

(2)超额累计利润的约束。为了防止公司通过少派股利、积累利润使股价上涨来帮助股东避税的行为,国家通常会规定公司不得超额累计利润,一旦被发现其保留盈余超过了相关法规认可的水平,就将被加征额外的税额。目前,我国法律尚未对公司超额累计利润作出限制性规定。

2. 公司因素。

(1)盈余的稳定性。盈余相对稳定的公司能够较好地把握自己,而且资金充足,有可能支付比盈余不稳定的公司更高的股利,而对于盈余不稳定的公司,低股利政策可以减少因盈余下降而造成的股利无法支付、股价急剧下降的风险,还可将更多的盈余留在公司,转作再投资,以提高公司股权资本比重,减少财务风险。盈余有规律的企业更易于预测和控制未来的盈利。

(2)投资机会。从财富最大化角度出发,如果公司有较多的有利可图的投资机会,往往倾向采用低股利、高留存盈余的政策。相反,若公司的投资机会较少,则很有可能采取高股利政策,让股东自己进行投资。

3. 股东因素。

(1)税负。公司股东大致有两类:一类是希望公司能支付稳定的股利来维持日常生活;另一类是希望公司多留利少发放股利以求少缴个人所得税,公司的股利政策也许会受其股东所得税状况的影响。万科公司股东众多,因此也必然受此因素的影响。

（2）股东的投资机会。如果股东在公司外部有更好的投资机会，则公司应选择多发放现金股利，少留存盈利的股利政策；相反，如果公司的投资机会可获得比其外部投资机会更高的投资报酬率，则公司应选择低股利支付率的股利政策。

（3）控制权的要求。股东对企业控制权的强弱取决于持有股票份额的多少，如果公司支付较高的股利，就会导致留存盈余的减少，这就意味着将来发行新股筹资的可能性加大，而发行新股必然稀释公司的控制权，从而对现有股东产生不利影响。

万科前几年一贯以高额股利分派给投资者，向投资者传递良好的企业盈利信息及未来的发展能力。对于分派股利，有个博弈的过程，一方面分派高额股利，可以增强投资者的信心，但是另一方面会降低企业的资金储备，在面对好的投资机会时，可能会由于资金不足而无法投资该项目，从而降低企业的盈利水平。万科在这两者之间进行了很好的平衡。在市场繁荣时期，可以以较低的成本顺利进行融资，从而为其发展壮大提供所需的资金，公司股利支付率较高。在市场低迷或者金融危机到来时，万科仍坚持平稳的股利支付。凭借其良好的形象，万科的股利政策已形成了一个可持续发展的模式。

在我国资本市场上，上市公司"重融资，轻股利"的现象较为普遍，很多上市公司少发股利甚至不发股利。因为其认为发放股利对公司的发展是不利的，万科的模式可以使大家从另一个方面考虑发放股利对公司发展的影响。发放高额股利以及重视投资者的理念，使得企业具有良好的形象。

（案例来源：郑添．论万科公司股利政策及其启示．中国管理信息化，2010（11）．）

三、讨论问题

1. 股利分配政策有哪些类型？其各自的优缺点是什么？万科属于哪一种类型？请说明理由。

2. 影响股利政策的因素有哪些？影响万科股利政策的因素又包括哪些？

案例53　贵州茅台超高红利之谜

一、案例资料

股利政策是公司理财的核心内容之一。据统计，2000～2009年，我国上市公司中能够连续10年发放现金股利的公司只有45家。然而，贵州茅台酒股份有限公司（简称"贵州茅台"）自2001年在上海证券交易所上市，并于2002年开始连续10年发放现金股利，累计派现高达113.2亿元，享有"A股市场派现王"的美誉，其股利政策受到我国证券投资者和财务金融界的广泛关注。为什么贵州茅台会向广大股东和股民发放如此之高的红利呢？

近年来，上市公司股利政策作为公司三大财务决策之一，越来越成为我国证券市场和广大投资者关注的焦点。在中国资本市场上，大部分企业在溢价发行之后很少发放红利，而贵州茅台坚持10年高额现金分红，累计现金分红总额高达113.2亿元，其2011年度的股利分配方案创下迄今为止A股市场最高的分红纪录。分红实施后，公司账上仍有157.88亿元留待以后年度分配。贵州茅台在二级市场上表现卓越，股价从2001年上市时的31.39元飙升至2012年6月的248.31元，上市11年来回报接近40倍，2017年股价高达505.1元。本案例以贵州茅台高额现金分红为例，讨论公司股利理论的重要问题，即股利政策是否向市场传递了信号以及传递了什么信号。

（一）我国上市公司股利分配现状

与美国等发达西方资本主义国家相比，我国的股利政策呈现出分配形式复杂化、多样化的特征。西方发达国家的股利政策通常以派现和送股为主要形式，并以现金股利为主，股票股利为辅；在我国，除了派现和送股外，还有转增股本以及三种形式相互结合的多种分配形式。当转增股本与股利政策一同作为股利分配政策公布时，市场通常将其视为上市公司的股利。但实际上，转增股本属于上市公司向股东的融资行为。研究统计表明，每年有超过40%的上市公司不进行股利分配，这一现象的形成主要归因于我国目前资本市场发育不完善，如表5-5所示是我国上市公司2005~2009年的股利分配形式频数统计分析。

表5-5　　　　　　我国上市公司股利分配形式频数分析

年度	派现		送股		转增		共计分红次数		公司总数
	次数	比例（%）	次数	比例（%）	次数	比例（%）	次数	比例（%）	
2009	914	94.32	101	10.42	254	26.21	969	55.03	1761
2008	850	94.97	72	8.05	201	22.57	895	54.61	1639

续表

年度	派现		送股		转增		共计分红次数		公司总数
	次数	比例(%)	次数	比例(%)	次数	比例(%)	次数	比例(%)	
2007	809	87.65	144	15.60	346	37.49	923	58.27	1584
2006	710	89.87	78	9.87	184	23.29	790	53.96	1464
2005	621	77.53	42	5.24	286	35.71	801	57.17	1401

资料来源：锐思数据库。

从表 5-5 中可以观察到在派现、送股和转增三种股利分配形式中，派现占红利分配的主要部分，并且有逐年上升的趋势，我国越来越多的上市公司认识到股利政策作为一种财务工具和财务手段的巨大作用。然而我国上市公司派现形式大于实质，在派现的上市公司中，超过 50% 的公司每股派现不超过 0.1 元，在扣除所得税后，得到的现金红利几乎可以忽略不计。同时，与西方国家相比，我国股利政策波动多变，缺乏连续性。在西方国家，上市公司向投资者分配股利是投资者取得收益最直接、最稳定和最主要的方式，而我国大多数上市公司没有明确的股利政策目标，在股利支付上极具随意性。

（二）贵州茅台的发展

1. 公司设立与发展。

贵州茅台是我国著名的白酒生产企业，是由中国贵州茅台酒厂有限责任公司、贵州茅台酒厂技术开发公司、贵州省轻纺集体工业联社、深圳清华大学研究院、中国食品发酵工业研究所、北京糖业烟酒公司、江苏省糖烟酒总公司、上海捷强烟草糖酒（集团）有限公司等八家公司共同发起，注册资本为 18500 万元。该公司于 2001 年 8 月 27 日在上海证券交易所上市，股票代码为 600519，发行股份总数 7150 万股，发行价格为每股 31.39 元，募集资金 21.96 亿元。主要经营范围：茅台酒系列产品生产和销售，同时进行饮料、食品、包装材料的生产和销售，防伪技术开发，信息产业相关产品的研制开发。

本着"酿造高品位的生活"的使命，贵州茅台上市 10 多年来，一直专注于白酒的生产销售，目前茅台酒年生产量已经突破 1 万吨。贵州茅台主营业务突出且每年稳定增长，净利润年增长率在 10% 以上，2011 年净利润较 2010 年增长高达

73%，连续11年每股收益在1.3元以上，更在2011年达到8.44元的历史新高，是中国股市上少有的业绩稳定增长且主业突出的公司（见表5-6）。

表5-6　　　　　　　　贵州茅台基本财务数据

年度	主营业务收入（亿元）	利润总额（亿元）	净利润（亿元）	每股收益（元）	每股净资产（元）	净资产收益率（%）
2010	116.30	71.62	53.39	4.87	17.72	30.91
2009	96.69	60.81	43.08	4.57	15.33	33.55
2008	82.42	53.85	37.99	4.03	11.91	33.79
2007	72.37	45.22	28.31	3.00	8.72	34.38
2006	48.90	24.80	15.04	1.59	6.25	25.51
2005	39.30	19.20	11.19	2.37	10.79	20.68
2004	30.10	14.91	8.21	2.09	10.60	19.68
2003	24.00	9.70	5.80	1.94	11.37	17.06
2002	18.30	6.40	3.70	1.37	10.37	13.21
2001	16.10	6.00	3.20	1.31	10.12	12.97

资料来源：贵州茅台2001~2010年年度报告。

2. 主要产品——茅台酒。

茅台酒与英国苏格兰威士忌、法国柯涅克白兰地并称为"世界三大名酒"，其历史悠久，源远流长，自从1915年在美国巴拿马万国博览会获得金奖以来，已经先后14次获得各种国际金奖，并蝉联国内名酒评比之冠。茅台酒是我国大曲酱香型白酒的鼻祖和典型代表。茅台酒从原料进厂到成品出厂需要经过九次蒸馏、八次发酵、七次取酒的复杂过程。高温制曲、高温发酵、高温接酒是其独特的工艺，而精妙绝伦的勾兑技术和理论也是其他酒类企业无法模仿的，加上茅台酒只有在茅台镇独有的生态环境中才能生产的特殊要求便形成了进入壁垒，这也是其核心竞争力所在。目前，贵州茅台年生产量已突破1万吨；43度、38度、33度茅台酒拓展了茅台酒家族低度酒的发展空间；茅台王子酒、茅台迎宾酒满足了中低档消费者的需求；15年、30年、50年、80年陈年茅台酒填补了我国极品酒、年份酒、陈年老窖的空白；在国内独创年代梯级式的产品开发模式，形成了低度、高中低档、极品三大系列 70 多个规格品种，全方位跻身市场。从而占据了白酒市场制高点，称雄中国极品酒市场。

3. 贵州茅台公司治理结构与股东构成。

表 5-7　　　　　　贵州茅台前十大股东情况（2011 年年底）

股东名称	持股数（万股）	占总股本比例（％）	股份性质
中国贵州茅台酒厂有限责任公司	64116.34	61.76	流通 A 股
贵州茅台酒厂集团技术开发公司	3035.67	2.92	流通 A 股
中国工商银行——广发聚丰股票型证券投资基金	950.00	0.92	流通 A 股
中国人寿保险股份有限公司—分红—个人分红—005L—FH002 沪	584.08	0.56	流通 A 股
中国银行——大成蓝筹稳健证券投资基金	450.00	0.43	流通 A 股
UBSAG	447.79	0.43	流通 A 股
中国工商银行——上证 50 交易型开放式指数证券投资基金	422.02	0.41	流通 A 股
交通银行——富国天益价值证券投资基金	417.00	0.40	流通 A 股
中粮集团有限公司	410.56	0.40	流通 A 股
中国建设银行——华夏优势增长股票型证券投资基金	372.15	0.36	流通 A 股

资料来源：贵州茅台 2011 年年度报告。

从表 5-7 可以看出，贵州茅台第一大股东中国贵州茅台酒厂有限责任公司为其控股股东，持有 64116.34 万股，占总股本的 61.76%，该公司是贵州省人民政府国有资产监督管理委员会监管的国有独资公司，所以贵州茅台的实际控制人为贵州省人民政府国有资产监督管理委员会。图 5-2 为贵州茅台与实际控制人之间产权以及控制关系。

（三）贵州茅台的股利政策

1. A 股市场派现王。

贵州茅台上市 11 年来，连续 11 年分红，其现金股利高出行业平均水平数倍甚至数十倍，累计现金分红 113.2 亿元，具有"A 股市场派现王"之称，其历年股利政策如表 5-8 所示。

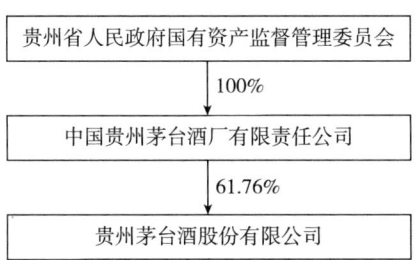

图 5-2　贵州茅台与其实际控制人之间产权与控制关系

表 5-8　　　　　　　　　　贵州茅台历年每股股利政策

年份	送股(股)	转增(股)	派息(税前)(元)	红利支付率(%)	行业平均红利支付率(%)
2011			3.997	47.36	12.08
2010	0.1		2.300	47.23	30.47
2009			1.185	25.93	37.40
2008			1.156	28.68	29.35
2007			0.836	27.87	26.89
2005			0.300	12.S6	25.54
2004		0.2	0.500	23.92	35.42
2003		0.3	0.300	15.46	28.35
2002	0.1		0.200	14.60	34.86
2001		0.1	0.600	45.80	60.12

注：2006 年贵州茅台进行了两次现金分红，因无可比较的行业平均值，故表 5-8 不含 2006 年的值。资料来源：锐思数据库。

贵州茅台长期派发高额现金股利引起投资者的广泛关注。当前贵州茅台的股利派发模式是现金股利和股票股利并存。从表 5-4 可以看出，贵州茅台的股利政策属于长期稳定增长型股利政策：自 2001 年来每年发放现金股利，且股利支付水平稳步增长，与同行业相比，贵州茅台的每股现金股利十分突出，2001 年每股派发现金股利 0.6 元，而 2012 年已达 3.997 元，平均红利支付率为 28.95%。投资者可以通过现金分红获取稳定且远高于银行定期储蓄的收益率。2001~2004 年都采用现金股利和股票股利相结合的方式进行分红，之后连续 5 年只进行现金分红，并于 2010 年重新启动股票股利形式进行分红，当年股利分配方案被誉为迄今为止

A股最"牛"红利方案。

2. 派发红利的现金来源。

贵州茅台2011年年报显示，2011年其经营活动产生的现金流量净额为101.48亿元，投资活动产生的现金流量净额为-21.20亿元，筹资活动产生的现金流量净额为-26.61亿元。期末现金及现金等价物余额为182.55亿元。贵州茅台2008年、2009年、2010年连续3年现金分红占合并报表中归属于上市公司股东的净利润的比率分别为28.72%、25.93%和42.97%。3年累计现金分红金额占最近年均利润的比例为262.97%。公司一直保持着较高毛利润，另外公司还拥有自主定价权。贵州茅台表示，公司计划到2015年，茅台酒产量达到4万吨，销售收入突破260亿元。

（四）股利政策的信号功能缘何迥异

1. 贵州茅台的股价变化。

在不断向股东分配红利的同时，贵州茅台的二级市场也表现得非常积极，股价由2001年发行价31.39元一路飙升至2012年6月27日的248.31元，且换手率较高。即使在股票市场不景气的2008年，贵州茅台的股价也是增长迅速，这对于短线交易的流通股股东十分有利，大多表现出愿意购买贵州茅台这样的金股的意愿。更有人喊出了："茅台不仅是黄金，而且超越黄金"的口号。贵州茅台的二级市场反应如此积极是否与高红利有关呢？股利政策向市场传递了企业未来预期盈利的信号了吗？

以股利宣告日为事件基准日，以股利宣告日前后五天为时间窗口来研究贵州茅台股利政策的市场反应（见表5-9）。

表5-9　　　　　贵州茅台股利宣告日前后的股价反应

股利宣告时间	开盘价（元）	收盘价（元）	股票收益率(%)	市场收益率(%)	超额收益率(%)	累计超额收益率(%)
2011年6月27日	207.20	208.27	0.89	0.44	0.45	0.40
2010年6月29日	128.51	126.27	-1.36	-4.27	2.91	4.38
2009年6月25日	132.99	135.89	2.95	0.09	2.86	5.46
2008年6月10日	159.05	157.83	-3.66	-7.73	4.67	4.69

续表

股利宣告时间	开盘价（元）	收盘价（元）	股票收益率(%)	市场收益率(%)	超额收益率(%)	累计超额收益率(%)
2007年7月9日	118.20	120.15	1.93	2.69	-0.76	-3.12
2005年7月29日	53.02	53.16	-0.26	-0.32	0.06	-2.83
2004年6月25日	33.43	33.80	1.72	-1.87	3.59	3.63
2003年7月8日	24.95	25.17	1.21	0.70	0.51	0.46
2002年7月18日	36.05	36.24	0.95	0.19	0.76	1.60

注：不含2006年数据。资料来源：锐思数据库。

从表5-9中可以看出，除了2007年以外，贵州茅台在股利宣告日均产生了正的超额收益率。2009年的累计超额收益率高达5.46%，贵州茅台的股利政策得到了市场认可和追捧，其市场价值随之上升。

但是，证券界专业人士和学者对贵州茅台长期高额派现这一现象各持己见，其矛盾焦点是：大股东到底有没有运用股利政策侵害中小股东利益？童盼、马俊杰（2011）通过分析指出，贵州茅台的高股利政策不是为了迎合大股东的需要。

贵州茅台自上市以来一直处于高增长高盈利状态，多资金多利润条件下，公司有三种选择：投资、回购股票和发放现金股利。为了抑制大股东对中小股东的侵害行为，近年来监管政策把支付股利，特别是将发放现金股利作为上市公司进行股权再融资的条件之一，而贵州茅台除首次公开发行A股募集199814.45万元资金外再也没有启动再融资计划，因此贵州茅台稳定增长的现金股利不是为了再融资。2006年以来，贵州茅台有几项规模较大的投资项目，具体如表5-10所示。

表5-10　　　　　　贵州茅台2006年以来规模较大的投资项目

序号	项目启动时间	项目名称
1	2006年	"十一五"万吨茅台酒工程项目
2	2008年	"十一五"循环经济工业园区建设项目
3	2011年	"十二五"万吨茅台酒工程项目

除了与主营业务相关的对内投资，贵州茅台没有找到合适的大型对外投资项目，如果采取回购股票的做法处理大量盈余资金，则会导致股票回购后公司股价上升，而截至2012年7月贵州茅台的每股价格最高已登上了266元台阶。如果进行股票回购，将进一步推高股价，抑制流通性，这是无论公司股东还是投资者都不愿意看到的结果。

由于再投资和回购股票都无法消化公司闲置资金，贵州茅台选择了用真金白银回报广大股民。这一做法可以让公司与股东实现双赢。正如贵州茅台管理层所说："回馈股东、与股东分享公司成长带来的收益是上市公司经营的一个基本准则。公司利益和股东利益从长远来看是一致的，长期投资公司的投资者将能得到公司成长带来的更多收益，贵州茅台坚持每年向投资者进行丰厚的分红，这是公司诚信经营和回报股东的最直接也是最有效的方式。"

2. "派现王"PK"现金奶牛"：同派现，缘何二级市场表现迥异？

具有"现金奶牛"之称的佛山照明（000541）是由佛山市电气照明公司、佛山市鄱阳印刷事业公司、南海市务庄彩釉砖厂共同发起，于1992年10月20日通过定向募集方式成立的，并于1993年11月23日在深圳证券交易所上市。公司主要研发并生产电光源产品、设备以及配套器件，提供相关工程咨询服务，在国内外市场具有"中国灯王"的美誉。

佛山照明自上市以来，连续18年分红，创造了我国股票市场长期、持续分红的历史记录，是沪深两市唯一一家累计现金分红超过股票融资的公司，该公司历年股利政策如表5-11所示。

表5-11　　　　　　　　　　佛山照明历年每股股利政策

年份	送股(股)	转增(股)	派息(税前)(元)	红利支付率(%)
2011			0.250	92.73
2010			0.220	101.48
2009		0.4	0.220	157.14
2008		0.5	0.585	182.24
2007		0.3	0.500	54.95
2006			0.490	74.24

续表

年份	送股（股）	转增（股）	派息（税前）（元）	红利支付率（%）
2005			0.480	78.69
2004			0.460	70.77
2003			0.420	66.67
2002			0.400	70.18
2001			0.380	78.51
2000		0.1	0.350	77.78
1999			0.402	70.03
1998			0.400	74.63
1997			0.477	98.15
1996		0.5	0.680	106.75
1995			0.810	87.95
1994	0.4	0.1	0.300	23.83

资料来源：锐思数据库。

由表5-11可知，佛山照明年平均红利支付率为60%~80%，远远高于贵州茅台，如此之高的支付率使得一些稳健的投资者获利颇多。但是这样一家高派现的上市公司，其二级市场的反应却并不积极，股价一直稳定甚至于呆滞，除2007年、2008年因股市整体处于牛市状态外，该股票的平均价一直稳定在10元~15元的水平，且换手率较低。股价不活跃导致短线投资者趋而避之。

佛山照明与贵州茅台一样，两者均为业绩优良的公司，对股东分红相对于各自的创利能力也同样优厚，但为何两者二级市场同期的反应却如此迥然不同呢？是股利政策不具有信号传递，还是其他因素弱化了这一功能？西方股利政策理论可以分为股利无关论和股利相关论，前者认为股利政策对公司股票价格没有影响，后者则认为股利政策与公司股票价格具有相关性。那么，为何在同一时期的二级市场会出现佛山照明与贵州茅台这样一对貌似矛盾的公司，如何解释这两个理论并存的现象呢？

（五）尾声

贵州茅台对股东坚持现金分红数年不变，其股东分享了该公司发展中的高额收益。结合贵州茅台在股利宣告日前后的股票市场反应进行分析,你认为贵州茅台在二级市场上的表现与其高派现的股利政策相关吗?贵州茅台二级市场利好是股利政策的正向信号传递效应的结果吗?为何同样是高派现的上市公司,佛山照明的二级市场反应如此消极呢?

（案例来源：姚宏. 中国管理案例共享中心案例库.）

二、讨论问题

1. 你如何看待贵州茅台长期高额派现决策的合理性?

2. 试对比分析贵州茅台和佛山照明股票投资收益。

3. 从市场信号传递理论角度分析贵州茅台的股利政策是否向市场传递了信号以及传递了什么信号?同样高派现的佛山照明的股利政策是否也向市场传递了信号呢?为什么二者的市场反应如此不同?

4. 试从公司财务的代理理论角度分析现金股利是否可以降低企业代理成本。

5. 如果你是投资者,你会选择投资哪只股票呢?为什么?

第六章 重组与并购案例

教学目的与要求：通过对本章案例的学习，应该了解企业并购的全过程以及相关法律规定；了解集团并购的动机、背景以及产生的财务效应、并购战略的选择对公司所产生的重大影响；熟悉并购的类型、并购的特点和风险；掌握管理层收购的基本理论、关键财务问题及其制度后果；掌握并购目标公司的选择、并购方式的种类、影响并购价格的因素；熟悉并购的流程；掌握在实际操作过程中，企业如何根据自身需求进行相应的并购扩张决策。

案例54　东方公司收购环保公司

一、案例资料

万盟投资管理公司受东方公司委托收购环保类公司的收购要约内容如下：

该公司从事净化设备生产与销售、净化工程安装、精密机械制造，并兼营贸易和房地产投资等业务。公司资金实力雄厚，现计划通过收购相关资产，调整产业结构，逐步退出贸易、房地产等风险较高行业，重点发展环保技术和设备，实现向环保企业转型。

收购意向：收购各种类型的环保企业、股权、资产。

收购要求：要求目标为大中型企业；有发展潜力、政策关联度不高；公司制度健全、自主经营，财务清晰。

收购方式：整体收购或控制收购，收购后合并报表。

……

二、讨论问题

请你站在收购公司的角度，并结合当前的经济形势，作以下分析：

1. 在收购目标的选择上，该公司做了哪些考虑？
2. 该公司收购环保类公司的动因与效应。

案例55　阿尔卡特收购上海贝尔的股权

一、案例资料

2001年10月23日，上海贝尔公司与法国阿尔卡特公司达成协议，阿尔卡特将从中方股东收购上海贝尔10%加1股的股份，同时买断比利时拥有的上海贝尔8.35%的全部股份。两笔交易结束后，阿尔卡特拥有上海贝尔的股份从31.65%升至50%加1股，中方占50%减1股。作为世界上著名的电信跨国企业之一的阿尔卡特，此次通过3亿美元现金收购上海贝尔股份，成为中国电信领域首家成立股份制公司的国际企业。

二、讨论问题

1. 从并购类型上讲，阿尔卡特收购上海贝尔属于哪一种？
2. 从并购的实现方式上讲，阿尔卡特收购上海贝尔属于哪一种？这种并购方式的突出特点是什么？

案例56　宝延收购与反收购的情感

一、案例资料

1993年9月30日，人们被一个令人兴奋又不敢相信的消息惊呆了："宝安要收购延中了！"消息像草原上的大火迅速地蔓延，让每一个人都坐立不安，中国的证券市场翻开了新的一页。令许多国际企业、金融界人士为之兴奋的事情在中国股市出现了。

（一）背景

上海延中实业股份有限公司成立于1985年，是上海第二家股份制企业。公司成立时注册资本50万元，截至1992年12月31日，注册资本2000万元。股票面值于1992年12月10日拆细为每股1元，计2000万股，其中法人股180万股，占总股份9%，个人股1820万股，占总股份的91%。

上海延中实业股份有限公司原有直属和联营企业6家，商业服务部数十个。公司经营范围：主营文化办公机械、塑料制品，兼营电脑磁盘、录像机、磁带、家用电器、服装鞋帽、日用百货、针棉织品、装潢材料、合成材料等。

从《上海延中实业股份有限公司的资产负债表》和《上海延中实业股份有限公司利润分配表》可以看出，延中经营规模与股本都比较大。原因在于公司股票含金量较高，1992年年末每股资产净值3.94元，2000万元的股本资产，资产净值7880.64万元。1992年主要财务分析指标如下：

1. 流动比率＝流动资产/流动负债＝1.36
2. 速度比率＝速动资产/流动负债＝1.26
3. 应收账款周转率＝主营业务收入/应收账款平均余额＝4.64
4. 股东权益比率＝股东权益/资产总额＝72.19%
5. 股本净利率＝税后利润/股本总额＝20.62%
6. 每股净资产＝股东权益/总股数＝5.25（元）
7. 存货周转率＝主营业收入/存货平均余额＝5.80%
8. 营业净利率＝税后利润/营业收入＝22%
9. 资产报酬率＝税后利润/资产总额＝2.83%
10. 净值（股东权益）报酬率＝税后利润/资产净值＝3.92%
11. 总资产周转率＝主营业务收入/总资产＝12.7%

从以上指标可以看出，延中实业公司的财务结构偏于保守，由于公司的周转性指标较差，影响了公司的盈利水平。总资产周转率、应收账款周转率和存货周转率全面偏低。公司利润总额中投资收益已超过70%，这也是周转率低的一个原因。但是，无论利润来源于何处，从资产报酬率和净值报酬率的角度看，公司的盈利水平总是偏低的。

宝安企业集团主要经营业务项目包括：房地产业、工业区开发、工业制造和"三来一补"加工业、仓储运输工业、商业贸易和进出口贸易、酒店经营和服务、金融证券业等。1991年组建股份公司，对能源、交通、通信、建材等基础产业增加了投资,并拓展了电子技术、生物工程等高技术领域的业务,向区域性、多元化、多层次有跨国经营的企业集团迈进。

(二) 谋划

孙子曰:"多算胜,少算不胜,何况无算乎?"早在1992年年末,中国宝安(集团)有限公司就已开始招募谋士,计划此次行动。他们雄辩的分析与推理增强了宝安的信心。经过细致的分析挑选,终于,上海延中实业股份有限公司被选中了。

主观上,宝安公司有足够的经济实力、管理能力和股市运作经验;客观上,延中的"薄家底"和几年来不如人意的经营业绩,正给了宝安可乘之机。不仅如此,延中公司许多"历史问题"正合宝安胃口。延中的这种规模小、股份分散的状况是政策和历史造成的。首先,延中公司筹建时,由于政策规定老企业不能参股,所以它没有发起人股。其次,延中股本小,仅3000多万元,依宝安实力,收购或控股不存在资金上的问题。最后,延中公司的章程里没有任何反收购条款。这三条历史原因,使宝安收购延中具有了操作上的可行性。而且延中在经营性质范围上与宝安同属综合性企业,控股之后对改善延中的管理,拓展宝安上海公司的业务有很大好处。

(三) 伺机

宝安开始行动了。宝安集团下属的三家企业:宝安上海公司、宝安华东保健用品公司和深圳龙岗宝灵电子灯饰公司受命担任此次收购的主角。三家公司均小心谨慎,并严格控制消息,在此期间,宝安一直在慎重考虑,并进一步等待时机成熟。9月3日,上海开放机构上市,又为计划的实施提供了政策上的可能性,于是公司当机立断,调集资金,准备9月中旬大规模收购延中股票。

9月14日,延中股价8.8元,这已和7月26日的8.10元股价构成了一条较长的上升趋势线。9月14日以后,股价每日向上走高,但每日价值上扬不高,一般仅在几分至两角之间。延中股票的一反常态,与大市凄迷的不协调并没有引起延中公司的注意。而此时宝安正大量吃进延中的股票,市场上的圈内人士开始流传宝安的秘密计划,当股份拉出第八根阳线时,股价突破颈线10.47元,此时,三家主力兵团中,宝安上海公司持有股票最多,但尚未突破5%的报告线。由于《股票发行与交易管理暂行条例》第47条对法人在股票市场上大量买卖上市公司股票达一定比例时必须做报告有明确的规定:"任何法人直接或间接持有一个上市公司发行在外的普通股达5%时,应当自该事实发生起三个工作日内,向该公司、证券交易所和证监会作出书面报告并公告。法人在依照前述规定做出报告并公布之日起二个工作日内和作出报告前,不得再直接或者间接买卖该股票。"此项规定加大了收购的难度,会使收购成本大大提高,宝安试图跳过5%报告线,以期降低难度。

(四) 突袭

9月29日,宝安上海公司已持有延中股票的4.56%,宝安华阳保健用品公司和深圳龙岗宝灵电子灯饰公司已分别持有延中股票达4.52%和1.657%,合计10.6%,早已超出5%,三家公司接受命令,将于9月30日下单扫盘,而此时延中公司还浸在一片平和之中,像被偷袭前的"珍珠港",毫无防备。

9月30日,宝安公司计划下单扫盘,由于在此之前,宝安上海公司持有延中股票数为4.56%,再吃进15万股即可超过5%。宝安在集合竞价以及后来的短短几小时内便购进延中股票342万股,于是合计宝安持有延中股票数已达479万余股,其中包括宝安关联企业宝安华阳保健用品公司和深圳龙岗宝灵电子灯饰公司通过上海证交所的股票交易系统卖给宝安上海公司的114.7万股,至此宝安公司已拥有延中股票的15.98%。

9月30日11时15分,延中被停牌,电脑屏幕上映出了宝安公司的公告,本公司于9月30日已拥有延中实业股份有限公司发行在外的普通股5%以上,现根据国务院《股票发行与交易管理暂行条例》第四章"上市公司收购"第47条之规定,特此通告。宝安在它一切密谋已久准备就绪的情况下正式向延中宣战了。

上海昌平路,延中公司总部,此消息犹如晴天霹雳,正常的工作秩序被打乱了。秦国梁总经理心里更是别有滋味,为什么自己在学习《股票发行与交易管理暂行条例》时,竟会把第四章"跳过去"了呢?

上海余姚路,宝安上海公司总部,宝安集团曾汉雄董事长,陈政立总经理,却显得格外平静。

(五) 反击

在毫无准备的袭击后,延中稍有忙乱,只能用国庆节的三天假期调兵遣将,酝酿反击。延中公司表示,他们不排除采取反收购行动的可能。同时,延中聘任在应付敌意收购很有经验的施罗德集团香港宝源投资有限公司作顾问。10月4日，宝源公司中国企业代表张锐先生表示："我们希望在国内朋友的帮助下，本着股市公开、公正、公平原则为延中股东寻找一条获得最佳利益的途径，开辟出一条有中国特色的反收购路子。"

几天之内，收购与反购之战愈演愈烈，宝安、延中分别在各自智囊团支持下，通过新闻媒介展开唇枪舌剑。

宝安再三声明：我们是想成为延中第一大股东，通过控股来参与延中的管理甚至决策。延中则提出疑问：9月29日，宝安上海公司已持有延中股票4.56%，按照5%就要申报的规定，就只能再买0.5%。然而，9月30日集团竞价时，宝安一次就购进延中342万股，一下子达到16%，按规定，超过5%就只能按2%分批购进，这是否犯规？既然9月30日实际已购得479万余股，当日公告时为何只笼统讲5%以上，不具体讲明持股数？宝安注册资本只有1000万元，这两天光买延中股就用了6000多万元。国家明确规定，信贷资金、拆借资金不得买卖股票，不知你的资金来自何处？

宝安说，《股票发行与交易管理暂行条例》作为规范证券市场的一项重要法规，发挥了巨大的积极作用，但其中第47条规定，操作起来相对比较困难。按规定，直接或间接收购上市公司发行在外的普通股达到5%时应向该公司、证交所和证监会作书面报告，可是在没有得到全部交割资料之前如何知道究竟超过5%多少呢？这个公告又该如何发何时发呢？万一成交没有公告中说的那么多，在市场上却造成大起大落，会不会反而有欺骗股民造谣惑众之嫌呢？我们是努力按现有的有关规定去做的。对整个持股超过5%以上的操作过程中的规范化问题，是你的理解不同。我上海公司注册资本1000万元，经营多年为何不可拿出6000多万元？如果来自集团总部呢？

延中表示，很遗憾宝安没有事先与延中沟通、协商，延中需要友善资金的加入，以扩大规模，增强企业竞争力，延中不反对企业的参股和组织兼并，只要符合广大股东利益和延中发展前途，但是，敌意收购会引起老股东的抵触情绪，损伤管理人员积极性，在日前发生的事件中，由于对方意图表现出敌意，袭击又来得突然，严重影响了延中目前的正常经营，一些项目的签约与新产品的专利申请都已延迟。

第六章 重组与并购案例

宝安则表示，无意与延中公司发生对立，会给广大中小股东带来不必要的损失，正在考虑采取某种措施使中小股东避免损失。股份公司的管理说到底是为全体股东服务的，在认识上和行动上绝不能脱离广大股东的利益。

宝安进一步逼近，若延中"反收购"，其在资金上势必负债，那么负债谁来偿？包袱必然压在全体股东身上。延中公司"反收购"，谁能保证别的公司在事件后不控股延中？而别的公司有比宝安更强的能力来提高延中的效益吗？

宝安集团总经理陈正立说："宝安从没想过要全面收购延中，目标只是想做延中的第一大股东，对延中实际控股，以直接介入公司的经营决策，提高公司经营水平，尽力以较大的利润回报广大投资者。其次，宝安对延中的现任领导者也是善意的。董事局早已决定，控股成功后，原则上对原有的中层干部不做较大的人事变动。不过，在我们一些善意的举动得不到圆满结局的情况下，将依据有关规定采取相应措施。"

在此期间，延中积极同各方人士接触，并提出了各种反击的备选方案。据延中内部人士透露，在各种备选方案中，曾筛选出一种较理想的"声东击西"法，即打算从各方面调动几千万元资金，对市场上规模比延中更小的个股进行围攻。购进其他股，既可分散宝安的注意力，也可能转化聚集在延中身上的市场焦点。把水搅混就可处于进可攻退可守的境地，即使延中全部失守，对被攻击的股票来说，延中也处于有利位置。如果股票价位仍低，延中就可进行实质性控股；如果价位迅速抬高，延中亦可抛出该股。手中持有获得资金，也可为以后反收购积聚经济实力。这种立足于经济手段的反击措施可能有效地将延中股票市价稳定在20元左右，宝安所持延中股票就会陷入延中"游击战"的汪洋大海里，处于既不能抛，也不能收的尴尬境地。

同时，延中还可以利用宝安在法律上的漏洞逼其就范。只需抓住一点，即宝安在中国证券报与上海证券报上的落款单位不一致，甚至送至本公司的公告落款与盖章都不吻合。连收购单位都不明确，何来收购之说？延中曾就此欲在上海某大报上发表声明，并预付了2.7万元的通栏广告费。但在当日傍晚由于管理局干预而告撤销。但是最终，在"大鱼"面前，延中不是掉过来"吃小虾"，而是"以硬对硬"，最终失去了变被动为主动的最好机会，连宝安智囊团内的人士也为延中痛失反击机会而扼腕。

周鑫荣董事长表示，宝安从4.56%一下子跳到15.98%显然有违规之处，宝安此次购股有联手操作的可能，应要求证券管理部门对宝安集团上海公司的购股过程进行调查并作出处理。同时他还指出宝安是恶意的，明确表示延中将不排除通过法律诉讼程序来维持自身利益的可能性。

10月7日晚7点30分，延中公司总部，几位老总都显得有些疲劳。宝安公司大搞心理战与攻心战，甚至在深圳传媒上提出延中组阁名单和他们的出路，令人很气愤。可是，又有些无可奈何。在资金上与对手相比，延中处于明显弱势。虽然有静安区内和几家区外兄弟企业愿意自发资助，但终究也只能是杯水车薪。在银根收紧的情况下，资金始终是个大问题，即使反收购成功又怎么办？如果把投资者拖住而自己得利，投资者一旦明白真相，一定会谴责这种行为，延中也不想把赚钱建立在老百姓受愚弄的基础上，跟宝安对抗是轻量级选手与重量级选手的交锋，对于延中来说用法律保护自己，阻止其收购目的也许更为可行。毕竟，宝安留有弱点。

10月9日，宝安集团董事长曾汉雄在深圳表示，为了顾全大局，为了中国股市蓬勃发展，也为了不损害广大投资者的利益，宝安希望能妥善解决"宝延风波"。曾汉雄还说，"我们持有延中18%的股份，出发点是为了推进转换经营机制，为了推动中国股市健康发展，从根本上说也是符合中央有关加速转换企业经营机制合理配置资源的精神的。这一点大方向应肯定，不要从技术上加以否定。"

延中则坚持，我们认为宝安18%的持股中，除5%以外的股份其余都是不合规范取得的，因此在证券委未裁决前，我们不考虑召开临时股东大会。

（案例来源：黄海燕，袁峥. 财务管理习题与案例（第1版）. 天津大学出版社，2011.）

二、讨论问题

1. 宝延风波反映出当前我国企业并购过程中存在哪些主要问题？
2. 企业应如何进行并购决策？
3. 企业应如何进行反并购？

第六章 重组与并购案例

案例57 盈动新信竞购香港电讯

一、案例资料

进入21世纪后,随着高科技产业的兴起和虚拟经济对实体经济的冲击,出现了"小鱼吃大鱼,快鱼吃慢鱼"的收购趋势。那些传统的业务稳健、资本雄厚的公司由于空间发展的局限性,成为积极进取的高科技企业的收购对象。它们能够成功收购的关键并不是资金雄厚而在于其灵活的资本运作方式。

2000年2月29日,在新加坡电信公司和盈动公司争购香港电讯公司的较量中,香港电讯的大股东英国大东电报公司最终决定将所持54%的股权转让给盈动。一家上市仅10个月的互联网公司史无前例地借收购进了上游产业的电信业中,成为亚洲仅次于软银(Soft bank)的第二大网络公司,而且在香港上市公司中跃居市值第三位。

1. 竞购方动因。

是什么魔力使盈动获得香港电讯的青睐,成功实现"蛇吞大象"的收购举措?

对于新加坡电信而言,由于它是一家国有资本绝对控股的电信公司,和香港电讯一样,面临着发展空间太小而受限的问题。如果并购香港电讯,新加坡电信将控制日本以外整个亚洲地区约60%的电话市场,成为世界第六大电信公司,还拥有了有朝一日进军中国内地市场的桥头堡。

对盈科动力来讲,完成成功并购,可以使其介入香港电信,并将其"虚拟业务"落到实处,还可获取得香港电讯的人才及其他方面的资源,如香港电讯的100万个宽频固定客户和100万个移动电话客户。完成收购后,盈动在瞬间变成香港市值第三的大上市公司,成为亚洲地区与日本NTT和中国电信齐头并进的三大电信企业,更成为香港高科技产业的龙头。而且,盈科动力的卫星宽频媒体服务,还可利用香港电讯的固网和移动电话网络及其庞大现金资源实现进一步拓展的野心。

2. 被收购方动因。

香港电讯创立于1925年,目前资产规模在2600亿港元左右,因为拥有广阔的通信网络,资产实力胜人一筹,曾一度是香港股市市值最大的蓝筹股公司。但是，随着电信垄断专营权结束，自由开放的市场、资讯科技的发展使香港电讯最大股东英国大东电报公司对香港电讯不再有昔日的倚重。香港电讯盈利呈下降趋势，因而英国大东有意出售套现，其出售香港电讯的决定可谓老谋深算。如果由新加坡电信接手，等于领到一张以新加坡为大本营的开拓东南亚市场的通行证。与此同时必然会出现第三方争抢的局面，这样收购价必定会抬高，大东可坐收渔翁之利。

（1）善于资本市场运作。在本次收购中，最初，盈动的收购建议是用二成现金、八成盈动股票换取大东所持的电讯股票，但遭到大东的断然拒绝，他们更乐意接受现钞。新加坡电信也认为盈动没有足够的现金与自己抗衡（其集团可动用的现金达120亿美元）。但盈动成功地进行了资本市场的运作，表现在：一方面盈动在5分钟内就拉清了10亿美元的配股，而且如此大的额度一天之内获得了40倍的认购；另一方面盈动22日向银行提交贷款建议书，24日得到了银团的贷款承诺，短短48小时就筹集到收购所需的资金。

盈动轻易地拿到130亿美元这一亚洲市场上罕见规模的银团贷款，除了银行对收购前景看好的因素以外，还得益于盈动极具吸引力的协议形式的贷款建议；银行真正付出贷款的前提是收购成功。如果收购失败，银行不但不用付出贷款，还会获得一笔贷款承诺费，盈动用以作贷款抵押的是日后成功收购的电讯股票；如果收购成功，盈动和香港电讯手中的现金以及新公司未来稳定的收益就是还款的基础。

（2）恰当选择市场并购的卖点。无论是数码港项目，还是香港电讯的并购，抑或是间接投资自己兄弟李泽钜的 TOM. COM，都反映出盈动的市场切入点十分到位，为企业的腾飞奠定了坚实的基础。"小超人"李泽楷运作盈科集团的程序是设立盈科控股，控制在新加坡上市的盈科拓展，又以盈科拓展控制在香港上市的盈科数码动力及盈科保险，再以盈动控制数码港。借壳上市，减少了申请新上市的复杂程序，节省了上市时间，搭上了网络概念扩张的快车，使盈动成立不足一年就有了并购香港电讯的可能。这是一个比赛的时代，不是"大鱼吃小鱼"，而是"快鱼吃慢鱼"。可以说，盈动的快速成长从一个侧面反映了网络时代速度的重要性。

（3）快速敏捷的反应。在整个收购活动中，盈动反应很快，一拨人在英国，另一拨人在中国香港，随时了解收购过程的动态发展。如果出现问题半夜也会电话联络，这样盈动可以随时随地调整策略，始终保持主动。

从5分钟内成功配售10亿美元到48小时内获得130亿美元贷款保证，从体察大东用意而设计最大限度套现方案到在最后一刻决定不再加价，都清楚地体现了盈动的反应和速度，表现了被集结在互联网公司的平台上，以互联网的速度进行决策的盈动的技术实力、融资能力、财技和判断力。事实证明：正是由于盈动实际的决策速度超过了新加坡电信，所以才有机会成功地独立收购。这是一种可怕的力量。新加坡电信不是败给了一个上市仅10个月的互联网公司，而是败给了有机地整合了互联网与传统商业智慧、技术能力和财技，融合了新、旧经济中最富于效率的巨人。

（4）拥有雄厚的人才和资源。在盈动公司，李泽楷处于决策人的地位。他的决策建立在广泛收集信息和充分调研的基础上，对整个市场把握很准，既果断又尊重科学，雷厉风行又不失稳妥。另外，盈动现时网罗了不少科技及财经界的人才。如此次收购的几个关键人物中，集团副主席袁天凡是前香港联交所总裁，盈动董事总经理艾维朗是前香港电信管理局局长，PCC总裁武清华是前"数码通"总裁。盈动公司最大的特点就是管理层的权力很大，使人才可以真正实现本身的价值。盈动吸引人才的最主要方法就是利用期权，在盈动的股权中有5%~6%左右是管理人员的期权，盈动传奇使公司中的数人成为拥有价值上亿元期权的"打工皇帝"。这些人才是盈动的强大资本，是盈动赢得投资者追捧的魔力所在。

3. 并购惊心动魄。

2000年1月25日，新加坡电信宣布正在协商香港电讯的并购事宜。消息在香港引起强烈反应，香港人民并不情愿让外国国有企业控制香港的龙头电讯公司。随后的几天内，新加坡电信、香港电讯、大东的股价及香港恒生指数均告下跌。

2000年2月，盈动宣布有意收购香港电讯，并且制定了收购香港电讯的方案，李泽楷决定参与收购。他随即数次飞往伦敦，又奔赴北京寻求支持，并在一批国际电信投资家中寻找合作伙伴。同时宣布聘请华宝德威及中银国际担任收购计划的财务顾问。2000年2月11日，大东决定推迟与新加坡电信洽谈的收购计划。这一天，"用脚投票"的资本市场表达了最积极的回应，香港电讯、大东、盈动的股价均发力上行，新加坡电信股价下跌。

2000年2月11日起盈动收购的准备工作迅速展开。在向大东进行公关活动的同时，2000年2月15日盈动透过BNP百富勤与中银国际配售2.5亿股旧股，每股23.5港元，盈动停牌前认购，最终配售额提高至3.3亿股，盈动因而集资78.7亿港元；在证券市场配股集资之余，2000年2月22日盈动成功地向中国银行、汇丰银行、巴黎国民银行及巴克莱银行组成的银团贷款130亿美元，至此独立收购已不必再受财力所限。

盈动和新加坡电信都提交了收购香港电讯的建议书，大东董事局为此在2000年2月27日开会讨论收购事宜。2000年2月29日大东正式接受盈动的收购建议并同意将所持股份转让给香港盈动集团。经过近20天的激烈交锋，盈动击败新加坡电信，以381亿美元的代价赢得这场收购战的胜利。

二、案例分析

商场如战场，在没有硝烟的市场战争中，企业的竞争既是经济实力与盈利能力的较量，也是策略与时机把握的竞技，更是时间与速度的争夺比赛。在日趋发达的市场经济中，竞争日益激烈；企业身处其中要时刻警醒，随时准备参与竞争，在竞争中求生存，在争夺中求发展。在竞购香港电讯的较量中，盈动决胜新加坡电信除了公司拥有大量人才、恰当选择并购买点、善于资本运作外，最为重要而关键的就是其快速的反应，随时调整策略的主动出去。在飞速成发展的现实社会中，市场经济趋于国际化的形势下，可预知中国企业未来面对的市场发展将更为快速而多变。如何应对，如何取胜，从盈动策略中可见一斑。

（案例来源：中国企业国际化管理课题组．企业财务国际化管理案例．中国财政经济出版社，2002．）

三、讨论问题

本案例在并购中给我们带来了哪些启示？

案例58 吉利收购沃尔沃

一、主并企业吉利汽车的基本情况

浙江吉利控股集团（以下简称"吉利"）是中国汽车行业十强企业。自1997年进入轿车领域以来，凭借灵活的经营机制和持续的自主创新，取得了快速的发展，现资产总值超过 340 亿元，连续 8 年进入中国企业 500 强，连续 6 年进入中国汽车行业十强，被评为首批国家"创新型企业"和"国家汽车整车出口基地企业"，是"中国汽车工业 50 年发展速度最快、成长最好"的企业。吉利于 2005 年 5 月成功在中国香港地区上市，在国际化道路上迈出了重要一步。集团总部设在杭州，在浙江临海、宁波、路桥和上海、兰州、湘潭、济南等地建有汽车整车和动力总成制造基地，在澳大利亚拥有 DSI 自动变速器研发中心和生产厂，已形成年产 60 万辆整车、60 万台发动机、60 万台变速器的生产能力。集团现有帝豪、全球鹰、英伦等三大品牌 30 多款整车产品，拥有 1.0~1.8L 全系列发动机及相匹配的手动/自动变速器。截至 2010 年年底，吉利汽车累计社会保有量超过 180 万辆，吉利商标被认定为中国驰名商标。

从具体相关的财务指标（见图 6-1）可以看到，吉利的营业额在 2008~2010 年出现了大幅增长，2009 年营业额的增长更是高达 229%。同时，净资产和净利润也随之小幅增长，展现了良好的增长势头和非常优良的业绩表现。2009 年，吉利汽车总销售量为 325413 部，较 2008 年增长约 59%；2010 年，吉利汽车总销售量为 415843 部，较 2009 年增长 27%，以上数据均表明企业步入了高速发展阶段。

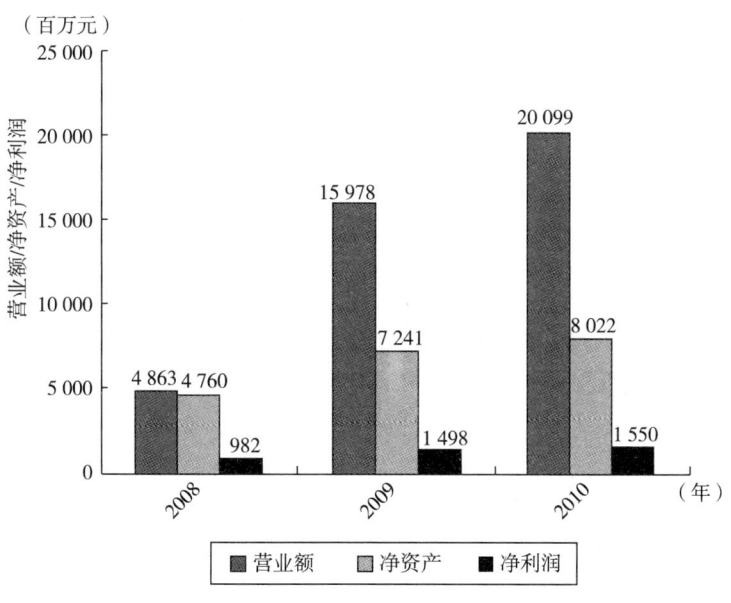

图 6-1　吉利 2008~2010 年的营业额、净资产及净利润

从具体相关的财务指标（见表6-1）可以看到，在收购沃尔沃谈判进程期间的2009年和2010年，吉利流动比率与速动比率均较2008年有了较大提高，保持在1.30左右的水平，反映出吉利有着较强的短期偿债能力。

表6-1 吉利2008~2010年相关的财务指标

财务指标	2008年	2009年	2010年
流动比率	0.97	1.37	1.33
速动比率	0.88	1.30	1.24
资产负债率(%)	58.65	66.09	66.99
总资产周转率	0.67	0.97	0.88
存货周转率	14.57	20.47	19.14
应收账款周转率	12.77	20.20	17.56
权益净利率(%)	20.63	20.69	19.32
总资产净利率(%)	8.53	7.02	6.38
毛利率(%)	15.18	18.06	18.41
净利率(%)	20.19	9.38	7.71

资料来源：吉利财务报告。

从表6-2我们可以看到，由于上市后融资渠道扩大，近几年吉利的资产和负债规模皆增长迅猛，资产负债率也一直维持在较高水平，可以明显看出吉利正处于扩张期，发展迅速。此外，为了收购沃尔沃，吉利更是发动了包括中国银行在内的数家银行为其筹集资金，导致债务负担进一步加重。而据盖世汽车网整理的中国25家整车上市企业数据，2009年和2010年我国上市车企平均资产负债率为61.7%和61.8%，这说明吉利的资产负债率还是处于较为理想的水平，具备较强的长期偿债能力。

表 6-2　　　　　　　　　吉利 2008～2010 年资产和负债增长情况

	2008 年	2009 年	2010 年
总资产(百万元)	11510	21354.00	24304.00
总资产增长率(%)	—	85.53	13.81
总负债(百万元)	6750	14113.00	16282.00
总负债增长率(%)	—	109.08	15.37

资料来源：吉利财务报告。

　　吉利在 2008 年、2009 年和 2010 年分别实现净利润 98204 万元、149802 万元和 154971 万元，净利润逐年提高，获利能力不断增强。虽然吉利的净利率连续 3 年出现了下滑：2008 年净利率高达 20.19%，2009 年降至 9.38%，2010 年进一步降至 7.71%，但结合表 6-3 可以看出，吉利的净利率仍处于行业领先水平。此外，从表 6-1 可以看出，毛利率、权益净利率及总资产净利率水平也相当可观，其盈利能力不可小觑。

表 6-3　　　　　　　　2008～2010 年吉利与行业平均净利率水平

	2008 年	2009 年	2010 年
吉利的净利率(%)	20.19	9.38	7.71
行业平均净利率(%)	2.29	4.43	4.90

资料来源：盖世汽车网。

　　吉利的总资产周转率在 2009 年出现了较大幅度上升（见表 6-1），随后在 2010 年略有下降，表明吉利的整体资产营运管理能力有所增强，存货周转率和应收账款周转率也出现了类似变化。2010 年营运能力比率有所降低，主要是因为 2010 年吉利收购了沃尔沃，在壮大公司经营规模和提升公司经营能力的同时，也增加了较多的存货和应收账款等资产。但存货周转率和应收账款周转率仍维持在较高水平，说明吉利能够减少存货的资金占用，收款能力较强。总体看来，吉利的资产运营效率较高,营运能力较强。

二、目标企业沃尔沃汽车的基本情况

沃尔沃汽车公司(以下简称"沃尔沃")是北欧最大的汽车企业,也是瑞典最大的工业企业集团、世界 20 大汽车公司之一、世界品牌 500 强之一。公司成立于 1927 年,总部设在瑞典的哥德堡,在瑞典、比利时、中国和马来西亚设立了生产厂和组装线,在全世界超过 100 个国家和地区设立了销售和服务网络,拥有 2400 多家销售网点。沃尔沃以质量和优异性能在北欧享有很高声誉,特别是安全系统方面,沃尔沃更有其独到之处。自始至终,安全、环保和品质都是沃尔沃所恪守的品质核心价值,是沃尔沃对每一个消费者永恒的承诺。沃尔沃汽车公司原是沃尔沃集团旗下子公司,于 1999 年出售给福特汽车公司,现在又被中国吉利控股集团收购。从表 6-4 可以看到,沃尔沃销量连年下降,对福特汽车的销量贡献也越来越小。近年来沃尔沃财务状况也不容乐观,持续出现亏损,严重拖累了福特汽车公司。

表 6-4　　　　　　　　　2007~2010 年沃尔沃与福特汽车销量

	2007 年	2008 年	2009 年	2010 年
沃尔沃汽车	482000.00	359000.00	324000.00	211000.00
福特汽车	6555000.00	5532000.00	4817000.00	5524000.00
沃尔沃汽车占福特汽车总销量比率(%)	7.35	6.49	6.73	3.82

资料来源:福特公司财务报告。

结合表 6-5 沃尔沃汽车、福特汽车和福特全部业务的财务数据,我们可以看到,2008 年和 2009 年各季度沃尔沃汽车销售一直处于亏损状态。在 2009 年下半年全球汽车消费市场开始复苏时,大部分汽车品牌包括福特汽车已经摆脱亏损,但沃尔沃的销售依然低迷。在沃尔沃亏损最为严重的 2008 年第三季度和第四季度,其利润率甚至超过 -15%。不可否认,表现欠佳的沃尔沃严重拖累了福特,最终使福特下定决心将其出售。

表 6-5　　　　沃尔沃汽车、福特汽车、福特全部业务的季度数据　　　单位：百万美元

		2008年第一季度	2008年第二季度	2008年第三季度	2008年第四季度	2009年第一季度	2009年第二季度	2009年第三季度	2009年第四季度
沃尔沃汽车	利润	-151.0	-120.0	-458.0	-736.0	-255.0	-231.0	-135.0	-32.0
	营业额	4197.0	4326.0	2916.0	3240.0	2645.0	2883.0	2995.0	3919.0
	利润率（%）	-3.6	-2.8	-15.7	-22.7	-9.6	-8.0	-4.5	-0.8
福特汽车业务	利润	622.0	-699.0	-2939.0	-3339.0	-1920.0	-1019.0	446.0	1070.0
	营业额	34972.0	34228.0	27733.0	25258.0	21368.0	23989.0	27870.0	32666.0
	利润率（%）	1.8	-2.0	-10.6	-13.2	-9.0	-4.2	1.6	3.3
福特汽车公司总额	利润	686.0	-1033.0	-2780.0	-3723.0	-1982.0	-424.0	1107.0	1753.0
	营业额	39147.0	38273.0	31746.0	28974.0	24778.0	27189.0	30892.0	35449.0
	利润率（%）	1.8	-2.7	-8.8	-12.8	-8.0	-1.6	3.6	4.9

资料来源：福特汽车公司季度报告。

三、本次收购过程的基本资料

1. 收购全过程。

吉利收购沃尔沃的全过程回顾如表 6-6 所示。

表 6-6　　　　　　　　　　吉利收购沃尔沃的全过程

时间	合并事项
2002 年	吉利已经开始关注沃尔沃轿车，正式与福特进行沟通也将近 3 年
2007 年 9 月	福特美国总部收到一封挂号信，李书福通过公关公司向福特阐明了收购沃尔沃的想法
2008 年年初	李书福组织了包括富尔德律师事务所、德勤会计师事务所、洛希尔银行等在内的项目团队，正式开始运作收购沃尔沃项目
2008 年年底	吉利首次向福特提交竞购建议书，这份花了整整 1 年时间精心制作的建议书给福特留下了良好的第一印象

续表

时间	合并事项
2009 年 1 月	李书福率队赴美与福特董事长、首席执行官、首席财务官就并购事宜进行详谈,随后福特邀请吉利进入沃尔沃并购流程
2009 年 2 月 5 日	吉利收购沃尔沃获发改委批准
2009 年 3 月 10 日	吉利聘请金融公司协助收购沃尔沃
2009 年 3 月 12 日	吉利按照国际惯例向福特提交第一轮标书
2009 年 4 月	吉利开始对沃尔沃进行历时 4 个月的尽职调查
2009 年 5 月	瑞典方面反对中国企业收购沃尔沃,称二者在文化和企业管理理念上存在重大差异
2009 年 7 月 16 日	吉利报价 20 亿美元竞购沃尔沃,期间又有两家财团加入竞购,报价一度攀升至 28 亿美元
2009 年 7 月 30 日	吉利向福特提交第二轮有法律约束力的标书,并获得通过
2009 年 9 月 23 日	高盛向吉利在香港上市公司注入 3.3 亿美元
2009 年 10 月 23 日	福特发表声明称,福特初步与中国吉利控股集团达成出售该公司旗下沃尔沃部门的协议
2009 年 10 月 28 日	福特宣布吉利为沃尔沃的首选竞购方
2009 年 11 月 30 日	吉利与中国进出口银行、中国银行签订贷款协议
2009 年 12 月 14 日	商务部表示支持吉利收购沃尔沃
2009 年 12 月 23 日	福特和吉利同时宣布,双方已就福特向吉利出售旗下沃尔沃汽车事宜达成初步协议
2010 年 3 月 23 日	吉利北京公司增资 71 亿元
2010 年 3 月 28 日	吉利和福特签署了最终股权收购协议,吉利以 18 亿美元收购福特旗下沃尔沃轿车业务 100% 的股权。除了股权收购,还涉及了沃尔沃、吉利和福特三方之间在知识产权、零部件供应和研发方面达成的重要条款
2010 年 7 月 23 日	国家发改委的审批完成
2010 年 7 月 28 日	商务部完成了对此次收购的审批
2010 年 8 月 2 日	吉利董事长李书福和福特首席财务官刘易斯在英国伦敦共同出席交割仪式,至此,浙江吉利控股集团已经完成对福特汽车公司旗下沃尔沃轿车业务的全部股权收购

2. 收购价格及资金来源。

在金融危机最严重时期,沃尔沃的估值合理价位在 20 亿~30 亿美元。其中,合理收购资金 15 亿~20 亿美元,运营资金 5 亿~10 亿美元。吉利正是基于这一估值将申报收购金额定为 15 亿~20 亿美元,最终成交价格确定为 18 亿美元。而据中介机构评估,沃尔沃轿车目前的净资产超过 15 亿美元,这还不包括被誉为"世界上最安全豪华轿车"的沃尔沃品牌。

吉利收购沃尔沃汽车业务 100% 的股权用了 18 亿美元,再加上后续运营等资金约 9 亿美元,总计是 27 亿美元。其中,2 亿美元以票据方式支付,其余以现金方式支付。而吉利 2009 年销售业绩只有 160 亿元,利润不过十几亿元,如此庞大的资金对于吉利而言不是一个小数目。那么,吉利是如何在短时间内筹集到如此数目的资金并将其用于对沃尔沃的收购的呢?毋庸置疑,如图 6-2 所示,吉利采取了极大的财务杠杆,运用多方的融资渠道,才得以缔造这样一个商业神话。

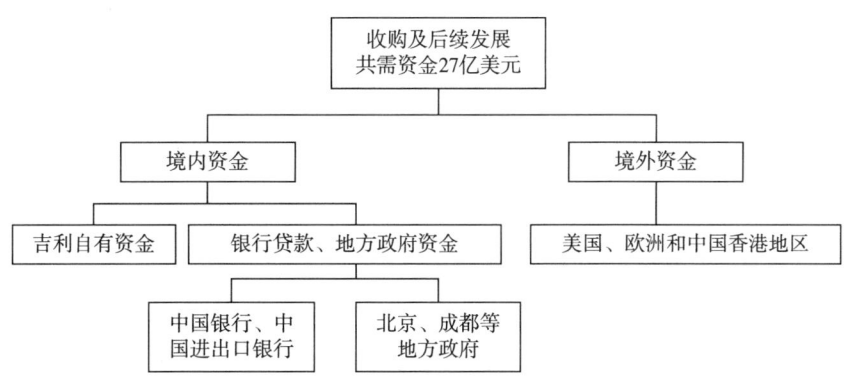

图 6-2 吉利收购沃尔沃资金来源

首先,此次收购获得了国有银行和地方政府的大力支持。中国银行浙江分行与伦敦分行承诺为吉利提供金额近 10 亿美元的 5 年期长期贷款,中国进出口银行也与吉利签署了贷款协议;此外,北京、成都等地方政府,预计也将为吉利提供至少 5 亿美元资金。其次,吉利集团旗下的香港上市公司吉利汽车的成功上市,也为其提供了较强的造血功能。2009 年 9 月 23 日,吉利通过向高盛发放可转换债券和认股权证获得了高盛 3.3 亿美元的资金;瑞典和比利时政府也为吉利在当地的低息贷款提供担保。最后,吉利利用约 7 亿美元的自有资金作为"敲门砖",成功采用了近四倍的财务杠杆，通过多方融资渠道，撬动了 27 亿美元的资金，全资收购了沃尔沃。

按照 18 亿美元的收购价格折算，吉利此次收购需要超过 120 亿元人民币。吉利为了收购沃尔沃，专门设立了北京吉利万源国际投资有限公司，吉利万源共解决了近 71 亿元的收购资金，包括大庆市国有资产经营有限公司筹集的 30 亿元资金和北京吉利凯盛国际投资有限公司筹集的 41 亿元资金。与吉利万源几乎同时注册的另一家内资企业——北京吉利凯旋国际投资有限公司解决了随后 50 多亿元的融资缺口。

四、案例分析

（一）吉利实施并购的动机分析

从并购的产品和产业的联系来看，吉利收购沃尔沃很显然属于横向并购的范畴。通过案例以及从我国汽车行业发展现状来分析，吉利并购的动机主要表现如下：

1. 市场动机。

在 2009 年，全球汽车市场受金融危机影响大幅萎缩，全年销量同比下降 8%，下滑至 6300 万辆。而此时的中国汽车市场却在高速增长，中国汽车销量同比增长 46.15%，以 1364.48 万辆的销量跃居世界首位，迅速成为全球最大的新兴汽车产业市场。2010 年，中国汽车市场又以超过 1800 万辆的销量创造了新的纪录，稳居全球第一。随着沃尔沃被吉利收购，中国汽车市场将成为沃尔沃的本土市场，沃尔沃将在发展迅速的中国市场释放出巨大的潜力。

从吉利方面来看，对海外市场的开发也是其实施并购的主要动机之一。在收购之前，吉利的目标市场主要集中在中国本土，作为国内汽车企业的代表，吉利一直没有放弃打造世界级汽车企业的努力。2006 年 10 月 24 日，吉利与英国汽车制造商锰铜公司合资成立了上海英伦帝华。2009 年 3 月 27 日，吉利又收购了全球第二大自动变速器制造企业澳大利亚 DSI 公司。在吉利完成对沃尔沃的全线收购后，更可借助沃尔沃的国际品牌形象和全球经营供货渠道，扩展海外市场，加快全球化经营的脚步。

2. 提升吉利品牌和技术。

品牌是价值的内在动力，品牌知名度高的产品所具有的价值往往高于普通商品，企业通常可以通过提升品牌价值获得超额利润。吉利为了摆脱在消费者心中低端制造的形象，仅依靠吉利品牌进军高端市场显然是不够的，收购沃尔沃将为吉利突破品牌发展瓶颈提供机会。吉利在收购沃尔沃后，不仅可以继续维持沃尔沃的高端品牌形象，也可以利用沃尔沃的先进技术来提升吉利的品牌价值，进一步提升吉利制造乃至中国制造的品牌形象和国际认知度。

虽然近年来吉利一直在实施技术的研发，但与欧美等汽车发达国家相比，仍然存在一定差距。吉利此次收购沃尔沃对提升其技术具有重大意义。沃尔沃近年来致力于实施双零（即"零伤亡、零污染"）战略，在汽车安全和节能环保方面，有许多独家研发的先进技术和专利，特别是其低碳技术，更是顺应了时代发展的潮流。沃尔沃还拥4000名高素质研发人才和接近60万辆生产能力的自动化较高的生产线。这些都将促使吉利产品品质和技术的提升。

（二）对目标公司沃尔沃汽车的选择分析

吉利在选择沃尔沃作为并购目标时，主要考虑了如下因素：

1. 沃尔沃良好的市场前景。

通过分析沃尔沃汽车销量排名前十位的全球各地区市场，我们可以看到，沃尔沃在中国的市场极为宽广，并且发展潜力极大。这正是吉利选择收购沃尔沃的主要原因之一。

从表6-7和表6-8可以看到，2008~2010年，美国虽然一直成为沃尔沃的全球最大消费市场，但是销量却在以超过10%的速度连续下降。但与此同时，沃尔沃在中国市场的销量始终排在全球前五位，并且保持着高速增长态势。正是由于沃尔沃在中国不断增长的市场份额，最终促成了吉利与沃尔沃的"联姻"。

表6-7　　　　　沃尔沃2008年与2009年全球十大车市销量对比　　　　单位：辆

	2009年	2008年	同比增长（%）
美国	61426	73078	-15.9
瑞典	41826	47775	-12.5
英国	34371	33341	3.1
德国	25221	27053	-6.8
中国	22405	12640	77.3

续表

	2009 年	2008 年	同比增长(%)
意大利	15896	16653	-4.5
荷兰	14035	16742	-16.2
比利时	13223	12872	2.7
法国	11596	11745	-1.3
西班牙	8306	9876	-15.9

资料来源：沃尔沃汽车公司。

表 6-8　　　　沃尔沃 2009 年与 2010 年全球十大车市销量对比　　　　单位：辆

	2010 年	2009 年	同比增长(%)
美国	53952	61426	-12.17
瑞典	52894	41826	26.46
英国	37940	34371	10.38
中国	30522	22405	36.23
德国	25207	25221	-0.06
比利时	17969	13223	35.89
意大利	17509	15896	10.15
荷兰	14308	14035	1.95
法国	12211	11596	5.30
俄罗斯	10650	6894	54.48

资料来源：沃尔沃汽车公司。

2. 战略思想上的切合。

沃尔沃品牌的核心价值是安全和环保，沃尔沃近年来致力于实施双零（即"零伤亡，零污染"）战略正是其品牌价值的体现。美国公路损失资料研究所曾评比出十种最安全的汽车，沃尔沃荣登榜首。沃尔沃品牌轿车车身再回收率达80%，它的油耗和排放更直接体现了其环保理念。1999年福特并购沃尔沃后，投资了不低于100亿美元，研究低碳技术，其低碳发展能力同样不可小觑。

在收购沃尔沃之前，吉利就已经开始了从低端品牌向中高端品牌发展的战略转型。刚入市时,吉利以低价获得市场;为了尽快追赶世界领先水平,吉利提出了"生产世界上最环保、最安全的汽车"这一主张。这一战略思想与沃尔沃不谋而合,从而促成了沃尔沃成为吉利的首要购买对象。

3. 金融危机下较低的收购价格。

全球金融危机的爆发导致欧美市场汽车销量急剧下降,世界汽车巨头纷纷出现亏损。为了降低生产成本及减轻债务负担,许多外国企业都急于卖掉亏损严重的品牌,导致这时的资产价值被严重低估。此时的中国企业受金融危机的影响较小,销售额仍在缓慢增长,这就为中国汽车企业以较低成本实施跨国并购提供了机会。福特在1999年以64亿美元的高价收购了沃尔沃,过去数年来沃尔沃销售状况不佳,销售额一直在下滑。

金融危机爆发,福特出现巨额亏损,最终让福特下定决心出售沃尔沃。吉利以18亿美元全资收购了沃尔沃,收购价格不到当年福特收购价格的1/3,这是金融危机导致世界汽车行业重新洗牌下的意外收获。

(三)对吉利并购融资方式的分析

吉利此次并购主要采用的融资方式有:自有现金储备、银行贷款融资、可转换债券权益及认股权证融资和地方政府融资。多种并购融资方式的结合及有效运用,对吉利成功收购沃尔沃起到了至关重要的作用。下面就从融资成本、融资风险、融资时间、对资本结构的影响几个方面对吉利的融资方式进行评价分析。

1. 融资成本。

企业并购活动应选择融资成本低的资金来源。优序融资理论认为,企业并购融资方式选择,应优先选择资金成本较低的内源融资,再选择资金成本较高的外源融资,在外源资金选择时,优先选择具有财务杠杆效应的债务资金,后选择权益资金。收购及后续发展沃尔沃共需约27亿美元资金,吉利首先运用了约7亿美元的自有资金,由于内部供给的资金金额有限,很难满足企业并购所需大额资金,吉利进一步采用了融资成本较低的债务融资,符合优序融资理论。

2. 融资风险。

并购完成后,债务融资面临着还本付息的压力,债务融资金额越多,企业资产负债率越高,财务风险就越大。同时,企业并购融资后,如果投资收益率小于融资成本,那么并购活动就会损害企业价值。

3. 融资时间。

面对有利的并购机会，融资时间短的融资方式能够保证并购活动的顺利进行。通常，获得银行贷款时间相对较短，而发行股票融资面临着严格的资格审查和上市审批程序，所需时间较长。此外，并购活动往往也是政府引导下的市场行为，比较容易获取国有银行贷款。

4. 对资本结构的影响。

企业并购融资方式会影响企业的资本结构，并通过资本结构影响公司治理结构。因此，并购企业可通过一定的融资方式达到较好的资本结构，实现股权和债权的优化配置。债务融资不会稀释股东权益，不会威胁控股股东的控制权，因此更加受到股东的欢迎。

（四）吉利收购的风险及挑战

1. 品牌信誉的维持风险。

众所周知，消费者对于汽车的消费具有强烈的品牌意识。吉利通过收购沃尔沃，有望改变其低端车的品牌形象，但同时也会拉低沃尔沃高端车的品牌价值。有数据显示，2010 年全美汽车消费开始复苏，销量整体上涨，而沃尔沃在被吉利收购后，销售却下降了 18%。品牌受损，将会直接影响到其销售及盈利能力。再者，为了扭转沃尔沃的亏损状态，吉利将降低沃尔沃部分零部件采购成本，这种做法也许会影响到沃尔沃的一些性能。

长此以往，会改变沃尔沃在消费者心目中"最安全汽车"的品牌形象。如何保持沃尔沃的品牌信誉无疑是吉利面临的极大挑战。

2. 获取技术的不确定性。

在沃尔沃被吉利收购前，福特与沃尔沃在车型上采用了共享技术平台战略，福特旗下的不少产品都应用了沃尔沃的相关技术。对于福特来说，如果将这个技术平台全盘转让给吉利，势必会影响其销售；而对于吉利，如果不能获得沃尔沃的核心技术，收购的实效也会大打折扣。如何妥善处理福特与沃尔沃共同搭建的技术平台的关系，将是吉利面临的一大难题。另外，即使吉利成功收购了沃尔沃的核心技术，也不意味着这些技术都能应用到吉利自身的产品上。沃尔沃的汽车安全技术和节能环保技术在全球处于独一无二的地位，这些技术与吉利的现有产品非常不匹配。所以，收购获得的技术也不能代替自主消化吸收和后续研发。

3. 文化冲突与企业管理。

中国企业走向国际市场的时间并不长，应对国际市场的经验并不丰富。来自麦肯锡的统计数据显示，过去20年中，全球大型企业兼并案中真正取得预期效果的比例不到50%，而中国67%的海外收购不成功。很多并购西方企业的中国企业总会面临裁员、员工薪酬难题和工会方面的阻力。瑞典是北欧的一个高福利国家，根据当地法律规定，为沃尔沃工作的工人平均月薪必须在2万瑞典克朗以上，相当于我国同行业人员的6~8倍。中外人员是同工同酬还是同工不同酬，是吉利亟待解决的问题。在欧美国家，工会组织对企业的影响力重大，能否处理好与工会间的关系并建立互信，将会直接影响到收购后沃尔沃的运营。

4. 财务风险。

吉利为收购沃尔沃已经举借了大笔债务，以后的整合、生产、推广仍需要大笔资金。沃尔沃海外员工的高薪酬以及不能裁员，也将是一笔隐形的高人工成本。一旦沃尔沃无法扭转亏损状态，出现资金链断裂，就将直接影响整个公司的安全，甚至危及母公司。同时，资产负债率的一再攀升对吉利的融资前景也会产生不利影响，可能会导致投资者的不安心理。因此，在现阶段保持良好的资金安全状态和融资渠道的畅通对吉利尤为重要。

（五）应对策略及战略选择

1. 品牌营销战略。

沃尔沃是以安全性能著称的汽车，"安全"是沃尔沃的一大卖点，因此在营销中应当凸显沃尔沃安全的品牌效应，巩固和稳定欧美的成熟市场，积极开发以中国为代表的新兴市场。而吉利一直以草根的形象示人，在利用沃尔沃技术提高产品质量的基础上，应继续主攻中低档汽车市场，继续扩大市场份额。吉利收购沃尔沃后，提出了"吉利是吉利，沃尔沃是沃尔沃"的经营理念。为降低两个品牌之间的互相干扰，吉利和沃尔沃各自独立运营是明智的选择。

2. 技术战略。

吉利存在品牌劣势的根本原因之一就是生产技术相对落后，并购沃尔沃的主要目的之一就是提高吉利的技术和研发能力。通过对沃尔沃的整体并购，可以避免合资企业中存在的技术壁垒问题。通过接触沃尔沃现有车型的技术，甚至正在研发的技术，提高吉利在产品设计、研发和制造等方面的能力。吉利在高端汽车生产方面，也可逐步与沃尔沃共享技术平台，实现高端汽车生产技术的协同效应。因此，吉利的技术战略重点应该放在对沃尔沃的专利和特长技术的消化吸收上。

3. 成本管理战略。

沃尔沃在销量上远不及宝马、奔驰等高端汽车，但在研发投入上却差不多，因此导致较高的平均成本，这也是使沃尔沃陷入亏损的原因之一。为了扭亏为盈，除了要增加沃尔沃的销量外，还要努力降低过高的平均成本。吉利并购沃尔沃之后，可以通过在中国建立工厂，增加零部件在中国的采购来降低运营成本和采购成本。还可以在中国建立新的研发中心以降低研发成本和人力成本。除此之外，吉利可以通过沃尔沃品牌带来的溢出效应，分享和利用沃尔沃的某些专利技术，充分发挥沃尔沃的技术优势，降低本土品牌的研发成本，提升吉利旗下本土品牌的质量和品牌形象，扩大市场份额，实现集团的整体盈利水平。

4. 财务战略。

吉利由于高额的并购资金承担了巨大的债务负担，为了预防可能出现的资金财务风险，吉利应根据并购资金的支出时间，制定出具体的并购资金支出程序和支出数量，并据此做好并购资金支出预算，这样才能保证所需资金的有效供给。此外，由于长期的亏损导致了沃尔沃高额的债务，为了防止不能按时支付债务资金的情况出现，吉利必须对沃尔沃债权人的利益加以考虑，并与债权人取得一致的意见。

（案例来源：汤谷良，韩慧博，祝继高．财务管理案例（第二版）．北京大学出版社，2016.）

五、讨论问题

1. 吉利并购沃尔沃的融资风险有哪些？

2. 吉利为何对沃尔沃"情有独钟"？沃尔沃的选定是否为吉利进军高端汽车市场的最合理决策？

3. 吉利并购完成后，如何实现有效整合以实现并购效应？

案例59　双汇集团管理层收购

一、双汇集团与双汇发展的基本情况

双汇实业集团有限公司（以下简称"双汇集团"）曾是中国最大的国有肉类

加工企业，总部位于河南省漯河市，漯河市国资委持有其100%的股权。双汇集团董事长万隆，同时担任上市公司双汇发展及集团旗下二十多家子公司和关联公司的董事职位。2006年3月3日，漯河市国资委将持有的双汇集团全部股权在北京产权交易所挂牌转让。高盛策略投资（Goldman Sachs Strategic Investment，以下简称"高盛"）和鼎晖国际投资（CDH Shine Limited，以下简称"鼎晖"）组建的财团罗特克斯有限公司（Rotary Vortex Limited，以下简称"罗特克斯"），以20.1亿元人民币中标，成为双汇集团100%的控股股东。

1998年10月，双汇集团发起成立河南双汇股份公司，并于1998年12月在深圳证券交易所上市交易。后更名双汇发展，交易代码sz000895。根据双汇发展2008年年报，双汇集团持有双汇发展30.27%的股权，罗特克斯持有21.18%，其余48.55%则由社会公众股东持有（见图6-3）。在前十大股东中（见表6-9），以基金为主的机构投资者占据八席。

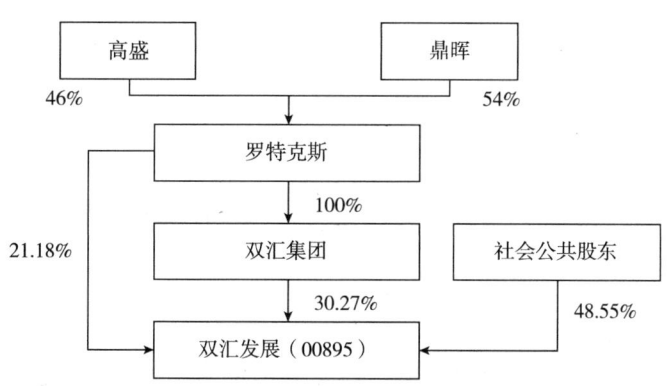

图6-3 双汇发展股权结构

资料来源：根据双汇发展2008年年报。

表6-9　　　　　　　　双汇发展前十大股东持股情况

股东名称	股东性质	持股总数	持股比例(%)
河南省漯河市双汇实业集团有限责任公司	境内法人	183416250	30.27
罗特克斯有限公司	境外法人	128393708	21.18
兴业趋势投资混合型证券投资基金	其他	14468175	2.39
诺安股票证券投资基金	其他	9957038	1.64

续表

股东名称	股东性质	持股总数	持股比例(%)
兴业全球视野股票型证券投资基金	其他	7268305	1.20
易方达价值成长混合型证券投资基金	其他	7100000	1.17
博时主题行业股票证券投资基金	其他	6801100	1.12
上投摩根中国优势证券投资基金	其他	6800000	1.12
信达投资有限公司	其他	6675510	1.10
全国社保基金一零二组合	其他	6200000	1.02
合计		377080086	62.21

资料来源：根据双汇发展2010年年报。

二、双汇发展管理层八年 MBO 终成正果

随着高盛减持双汇集团股权等消息从 2009 年年底开始见诸报端，双汇发展管理层通过接手高盛所持有的双汇集团股权进行曲线 MBO 的做法才初见端倪。双汇发展在澄清公告中宣称公司没有施行"管理层股权激励"计划，但回顾 2002 年以来双汇管理层所做的各种努力，曲线 MBO 的猜测并非空穴来风。

2009 年年底，迫于舆论压力，双汇发展发布公告承认其管理层已通过在英属维京群岛（BVI）设立的兴泰集团有限公司（RiceGrand，以下简称"兴泰集团"）的全资子公司雄域投资有限公司（HeroicZone，以下简称"雄域公司"）间接持股双汇集团。直到 2010 年 11 月 29 日，在停牌 8 个月之久后，随着重组预案的公布，双汇发展 MBO 终于明朗化，兴泰集团即将成为上市公司实际控制人。《发行股份购买资产及换股吸收合并暨关联交易预案》的主要内容包括：第一，重组按照"主辅分离"原则，双汇集团和罗特克斯将肉类主业相关公司股权注入上市公司，解决关联交易问题；第二，上市公司将双汇物流 85% 的股权置出给双汇集团，差额部分向集团非公开发行 A 股股票作为对价；第三，向罗特克斯非公开发行 A 股股票作为其认股资产的对价；第四，以换股方式吸收合并广东双汇等 5 家公司；第五，以按停牌前 20 日均价考虑分红除权后价格 50.94 元/股作为发行价格，合计向双汇集团发行 6132723321 股，向罗特克斯发行 19218997 股。表 6-10 显示了双汇发展管理层的 8 年 MBO 之路。

第六章 重组与并购案例

表 6-10　　双汇发展管理层的 8 年 MBO 之路

时间	事件
1998 年 10 月	双汇发展于深圳证券交易所上市
2002 年 6 月	万隆等 12 名双汇发展管理层及其他自然人出资设立漯河海汇有限责任公司（以下简称"海汇投资"）。海汇投资先后参控股 18 家企业，围绕肉制品加工行业生产流通、渠道流通的多个环节，与双汇集团和双汇发展发生关联交易
2003 年 6 月 11 日	双汇发展时任董事长贺圣华等 5 名高管和其他 11 名自然人发起成立漯河海宇投资有限公司（以下简称"海宇投资"）
2003 年 6 月 13 日	海宇投资与双汇集团签订《股权转让协议》，以每股 4.14 元的价格受让双汇发展 25% 的股份。当日双汇发展收盘价 13.48 元，净资产 4.49 元。因国资部门提出国有股权转让底线不应低于净资产，经过商量将价格提到 4.7 元/股
2005 年年初	因未及时披露关联交易，河南证监局责令整改，海汇投资旗下多家企业股权被迫转让
2005 年 12 月 31 日	证监会正式发布《上市公司股权激励管理办法》试行稿，其中规定股权激励计划所涉及的标的股票总数不得超过公司股本总额的 10%。而贺圣华等高管实际持有海宇投资 55.6% 股权，间接持有双汇发展 13.9% 股权，遇到政策红线，MBO 努力失败
2006 年 7 月	高盛和鼎晖以 20.1 亿元收购双汇集团，同时以 5.62 亿元收购海宇投资所持 25% 的股权
2007 年 6 月 13 日	罗特克斯收购双汇集团，股权的转让手续全部办理完毕
2007 年 10 月（2009 年 12 月才公告披露）	高盛和鼎晖进行了内部重组，通过 ShineB、ShineC（即双汇国际）间接持有罗特克斯股权；以万隆为首的双汇管理层在 BVI 设立兴泰集团，并通过其全资子公司雄域公司持有 ShineC 股权
2009 年上半年	双汇发展在公众股东并不知情的情况下，放弃了十家公司少数股权的优先认购权，并将之转让罗特克斯
2009 年 12 月 14 日	双汇发展发布澄清公告，就高盛、鼎晖在境外进行内部重组的情况予以披露
2009 年 12 月 31 日	双汇发展再次发布澄清公告，就管理层间接持股双汇集团情况予以披露
2010 年 3 月 3 日	2010 年第一次临时股东大会，公众股东以高票否决上述少数股权转让议案
2010 年 3 月 23 日	深交所下发关注函，要求公司尽快拟订整改方案，公司股票停牌
2010 年 6 月 29 日	双汇发展 2009 年度股东大会，《关于日常关联交易的议案》再次被公众股东悉数否决

续表

时间	事件
2010年11月29日	双汇发展历经8个月连续发布32个《重大事项进展暨停牌公告》后，重组方案终于在29日凌晨公告，双汇集团和罗特克斯将主业相关资产注入上市公司实现肉制品业务整体上市并解决关联交易问题，双汇发展将以50.94元/股的价格向二者定向增发6.32亿股作为对价；通过投票权安排，兴泰集团成为双汇发展的实际控制人，已触发全面收购要约义务（实际控股超过75%）；公司股票当日复牌

此次双汇发展MBO的平台为管理层设立于BVI的兴泰集团。兴泰集团由双汇集团及其关联企业（包括上市公司）的员工263人（其中上市公司101人）设立，通过全资子公司雄域持有双汇国际从而持有双汇集团31.82%的股份。

实际上从2002年起，双汇发展管理层就未停止过实施管理层激励计划的步伐。海汇投资通过关联交易的方法从上市公司掘金，海宇投资则直接采用资本途径——低价受让上市公司股权。遭遇政策红线而失败后，管理层并没有就此放弃，而是采用"借道"的曲线战略：第一步，引入外资高盛和鼎晖收购双汇集团全部股权并接手海汇投资所持双汇发展股权；第二步，管理层通过在BVI设立的兴泰集团的全资子公司雄域公司从高盛一方接手ShineC（双汇国际）股权，从而控制双汇集团31.82%的股权；第三步，借助资产重组的一揽子预案，通过投票权安排（双汇国际的股东以投票方式表决普通决议时，雄域公司及运昌公司就所持每股股份投2票，其他股东就其所持每股股份投1票，同时规定运昌公司根据雄域公司的指示投票，因此雄域公司拥有双汇国际股东会表决权比例的53.19%，成为其实际控制人，进而成为罗特克斯、双汇集团、双汇发展的实际控制人。其中，运昌公司持有双汇国际6%的股权，源于双汇国际对双汇管理团队实施的一项为期3年的员工激励计划成为双汇集团及双汇发展的实际控制人，将MBO明朗化。预案在2010年第三次临时股东大会上通过，即经中联资产评估有限公司评估，置入和置出资产的评估价值与重组预案中初步评估价值相比均有所降低，增发价格不变，实际应向双汇集团发行574447121股，向罗特克斯发行18323813股，合计约5.93亿股。根据2010年11月29日发布的《董事会关于本公司实际控制人变动事宜致全体股东的报告书》和12月28日发布的《2010年第三次临时股东大会决议公告》整理的双汇发展2010年股权结构如图6-4所示。

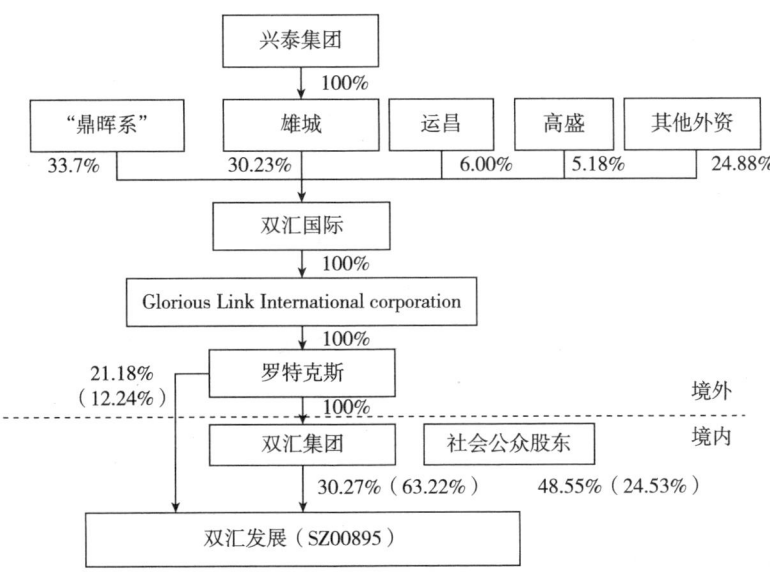

图 6-4 双汇发展 2010 年股权结构

说明:"鼎晖系"由四家公司构成,共计持有双汇国际 33.7% 的股权. 虽占股权大多数,但由于前文投票权安排并非实际控制人;灰色标出公司均为双汇发展管理层实际控制;括号内数字为按《2010 年第二次临时股东大会决议公告》计算增发后股权比例。

三、MBO 成功后的上市之路

尽管双汇发展管理层 MBO 已经成功,但以鼎晖为首的机构投资者一直是双汇国际的第一大股东。即使把常年合作伙伴所控制的股权也计算在内,双汇发展管理层持有的股权仍少于机构投资者。这不仅在一定程度上影响了管理层意志的实现,也夺取了双汇发展高管部分应得的利益,转移了集团财富。面对这种情况,以万隆为首的双汇发展管理层开始积极促成双汇国际的上市,推动机构投资者退出的同时欲夺取绝对控股权。

对于双汇国际来说,如果能够收购一家跨国企业,那么上市就有了一个很好的题材,鼎晖等机构投资者的退出通道也将被打通。解决问题的契机就出现在史密斯菲尔德股东有意出售股权的时候。美国肉类加工企业史密斯菲尔德于 2013 年 6 月 18 日发布公告称已与双汇国际达成战略性合并。史密斯菲尔德公司于 1936 年,是美国最大的猪肉生产及加工商,也是全球规模排名第一的猪肉供应商。

2013年6月,在经过反复博弈后,双汇国际以71亿美元的高价力挫中粮集团有限公司、泰国正大食品公司以及巴西JBS集团等收购竞争者,最终以每股34美元获得史密斯菲尔德100%的股权。

纵观双汇国际收购史密斯菲尔德的整个流程,大体可分为三步:第一步,成立并购壳公司Sun Merger Sub,收购史密斯菲尔德发行在外的全部股份。收购完成后,史密斯菲尔德从交易所退市并成为Sun Merger Sub的全资子公司。第二步,史密斯菲尔德对Sun Merger Sub进行反向并购,当其成为双汇国际的全资子公司后,Sun Merger Sub注销。第三步,双汇国际对史密斯菲尔德的债务进行重组,重组的内容主要包括循环贷款额度的调整、贷款途径的转变以及公司债券的赎回等。经过债务重组后,史密斯菲尔德获得了更充足、更优惠的资金来源。图6-5为双汇收购史密斯菲尔德时的股权变动情况。

2013年10月23日,双汇国际启动了第二次股权激励计划。此次股权激励计划的受托人为管理层在BVI新设的全资子公司High Zenith。此次股权激励计划High Zenith被授予3.51亿股双汇国际的股权,占当时已发行股本的3%。除此之外,作为对双汇高管在史密斯菲尔德收购案中表现优秀的奖励,双汇国际于2013年10月23日向董事长万隆全资持有的顺通公司发行了4.9%的股份,同时向双汇高管杨挚君持有的裕基公司发行了2.1%的股份。至此,双汇国际的股本由2010年年底的105.26亿股上升至2013年年底的116.96亿股,双汇发展管理层持股比例上升至42.605%(原本持有36.23%被摊薄到32.605%),并一举超过了鼎晖所持有的38.057%的股权,最终夺取了控股权。

2014年4月10日,双汇国际选择在中国香港上市,并正式更名为万洲国际有限公司。当时双汇国际预发行股份36.55亿股,发行规模为292亿~411亿港元。然而,由于当时香港市场低迷,公众认购热情不高,双汇国际不得不决定大幅度缩减发行规模,由36.55亿股下降至12.99亿股。即便如此,认购依旧不足的现状使得双汇国际于4月29日不得不终止上市。2014年8月5日,双汇国际再次卷土重来,为了保证二次上市能够成功,双汇国际不但降低了发行价格,其融资规模也大幅度下降。

集资规模也由原先最高的411亿港元下降至183亿港元。同时为了稳定投资者信心,双汇国际在二次发行中与鼎晖等私募股权基金签订了禁售协议,协议规定鼎晖等机构投资者的股权锁定期为1年。至此，在双汇管理层及私募股权投资者的双双让步下，双汇国际成功上市。

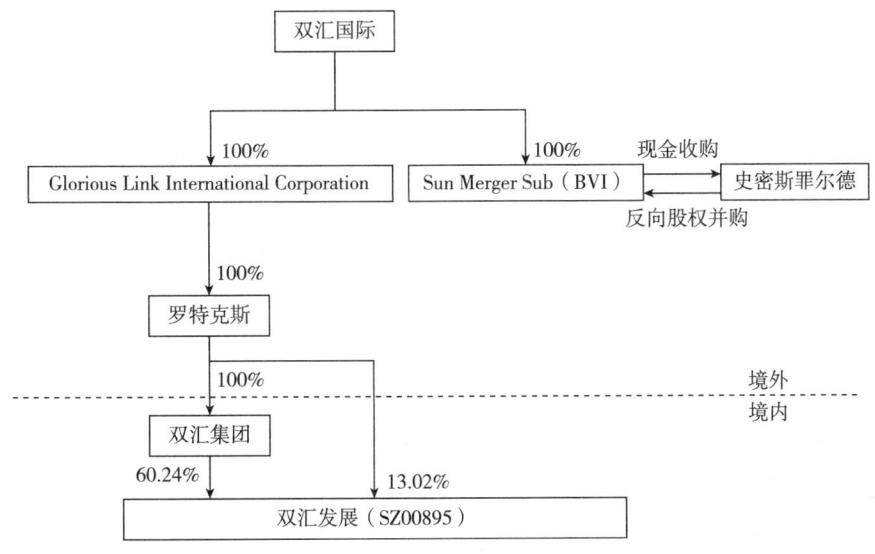

图6-5　双汇国际收购史密斯菲尔德时的股权变动

资料来源：双汇国际2014招股说明书。

尽管以鼎晖为首的机构投资者持有的双汇国际的股权存在禁售期，但2015年8月后，私募股权投资者的退出渠道就将被打通，何时退出才能实现收益最大化便是下一步私募股权投资关注的焦点。

四、双汇发展MBO中各方所扮演的角色

地方政府在双汇发展MBO案例中扮演了重要的角色。根据河南省漯河市税务局资料，2006年双汇集团上缴税金11.59亿元，占该年漯河市税收收入的30%。(参考《中国经营报》2010年11月11日报道"双汇MBO七年成正果")。

对于地方政府来说，企业的控制权在谁手里并不那么重要，他们往往更加看重企业对地方经济、市政建设、就业和税收的贡献。引入国际知名外资，对于当地政府来说亦是一项顺水推舟的政绩。阻碍管理层前两次MBO努力的，主要是中央对于国有股权MBO政策的收紧，地方国资部门不仅将双汇集团全部国有股权转让给罗特克斯为管理层持股铺平道路，对于海汇投资的成立、海宇投资低价受让股权，地方政府也采取支持的态度。

双汇发展停牌之前，基金、保险、社保等117个机构投资者共计持有双汇发

展 67.33% 的流通股。对于双汇发展管理层来说，同样一笔收益，若是放在上市公司，由于公众股东的稀释，兴泰集团可以分享到 16.37%〔（21.18% + 30.27%）×31.82%〕，若是放在双汇集团，则可以分享到 31.82%。因此，管理层有动机并有能力利用对公司经营的实际控制权转移上市公司收益，增加集团利润。但是随着管理层持股的曝光和整体上市预期的渐渐明朗，以基金为主的机构投资者决定不再忍受"掏空"行为，上演了两次集体投出反对票的"投票门"事件，引发了深交所的关注，也在客观上推动了资产重组的进程（见图 6-6）。

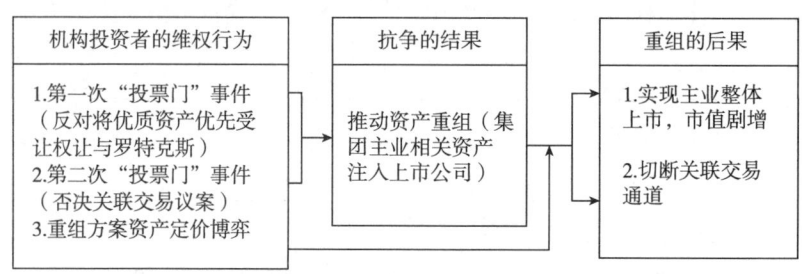

图 6-6 国内机构投资者的维权行为

"外资过桥"是此次双汇发展 MBO 的路径创新。既然从政府手中直接获得国有股权受到制度限制，只能借外资这道桥梁曲线达成目的。一个值得注意的细节是，在早期的公告中，双汇从未称高盛和鼎晖为"财务投资者"，防止引发"贱卖国有资产"的责问；但在 2010 年 11 月 29 日"实际控制人变更公告"中反复称二者为"财务投资者"，以强调管理层持股对维持公司股权稳定的合理性和必要性。对于财务投资者来说，低买高卖是永恒的法则。2007 年 6 月，收购双汇集团和双汇发展股权的转让手续刚刚办理完毕，9 月就开始"重组计划"（此举即可排除其战略持股的可能性）。从公开资料看高盛一直在减持，虽然无从得知几番交易的成交价格，但依照其对资本市场规则的熟悉和交易能力，同时还借助于 MBO 的功劳，高盛所得必然极其丰厚。鼎晖在高盛减持时充当了接盘者，按照重组预案，增发完成后鼎晖共间接持有双汇发展 25.43% 的份额，虽然存在 36 个月禁售期的限制，但可以预期到重组完成后上市公司市值将大幅增加，鼎晖通过持有最大比例的股份充分享有增值收益。

五、案例分析

双汇发展 MBO 案例是近年发生的一个既典型又特殊的案例。通过借道外资绕开管制限制,再从外资手中换得母公司股份实现曲线 MBO,双汇发展 MBO 的"路径创新"代表了双汇发展管理层在监管机构政策收紧的背景下寻求实现控股的努力。以往对于 MBO 行为的关注点在本案例中都得到了很好的体现:成立壳公司作为收购平台实现曲线 MBO、收购资金来源和收购价格不予说明、"挤牙膏式"的信息披露、获得地方政府的支持和配合、高分红与关联交易等现象和行为。此次 MBO 的成功实施离不开巧妙的借道安排和平衡各方利益的经典设计,同时透过对财务数据的分析我们可以看出 MBO 实施过程中的利益转移行为。

(一)利益平衡——成功之道

从实践的角度说,平衡各方利益是双汇发展 MBO 得以"成功"实施的基础。

1. 选择正确的合作伙伴很重要。引入国际知名的外资投行高盛和鼎晖,让管理层和当地政府可以理直气壮地宣布引入外资和先进管理经验,既能在资本市场换取"声誉溢价",又为股权的置换和管理层的接手扫清障碍,再通过投票权安排与外资达成收益权与控制权分开的协议,达到各取所需的双赢目的。

2. 地方政府的配合是基础。双汇作为当地最大的企业,是政府财政收入的重要源头,凭借对地方就业税收等的影响力,地方政府很容易选择放弃所持股份的分红权,而愿意配合管理层的激励措施。

3. 对境内机构投资者权益诉求的妥协。对于管理层和外资来说,让罗特克斯或双汇集团在 H 股上市是更好的选择(第一,在 H 股上市较少受到禁售限制,有利于外资和管理层的退出和套现;第二,如前文所述,双汇集团或罗特克斯的收益直接归属于外资和管理层,而上市公司收益则须与公众股东分享)。但管理层通过将优质资产受让权让渡给罗特克斯和关联交易等手段侵占上市公司利益,利益输送愈演愈烈,最终导致境内机构投资者的集体反抗,在股东大会上两次否决议案引发关注,迫使管理层最终选择将关联资产注入上市公司以切断利益输送的渠道。同时,在为进行资产重组而停牌的长达 8 个月的时间中,机构投资者们得以就重组方案、资产定价和增发价格等关键问题表达反对意见,起到了制约管理层的作用(参见 2010 年 7 月 10 日《经济观察报》报道"双汇发展重组搁浅,公司管理层漫天要价激怒基金":接近重组的人士透露,重组方案难产的主要原因是在资产估价上,双汇发展的利益相关方——管理层与以基金为代表的流通股股东之间未能达成一致),满足基金要求的管理层才能走完 MBO 最后一步。图 6-7 显示了双汇发展 MBO 中各方利益的平衡。

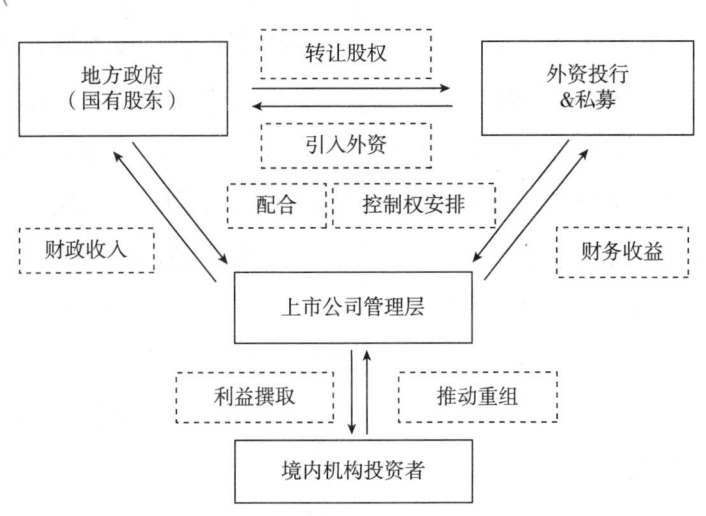

图 6-7 双汇发展 MBO 中各方利益的平衡

(二) 财富转移——来自财务数据的证据

由于 MBO 涉及标的金额巨大,往往超过管理层的资金能力,使他们产生利用经营控制权转移利润、加速回收投资的动机。在以往的案例中,高分红和关联交易是屡见不鲜的利益输送手段。在此次双汇发展 MBO 中,管理层选择的持股对象为母公司双汇集团,这就引发了利用控制权向母公司转移利润的担忧。以境内基金为主的社会公众股东要求将集团关联资产注入上市公司以切断关联交易通道,也说明了双汇发展的关联交易是管理层财富转移、利益输送的主要通道。下面通过比较双汇发展与雨润食品的财务数据说明这一点。

中国雨润食品集团有限公司(以下简称"雨润食品")是中国最大的肉制品生产企业之一,总部位于江苏省南京市,其产品包括冷鲜肉、冷冻肉,以及以猪肉为主要原材料的低温和高温肉制品。雨润食品于 2005 年 10 月在香港联交所上市。雨润食品与双汇发展主业相同,互为主要竞争对手,二者的财务数据比较如下:

1. 高额现金分红。

表 6-11 列示了双汇发展与雨润食品 1998~2014 年的现金分红情况。图 6-8

显示了两家公司现金分红占净利润的比例。

表6-11　　　　　　双汇发展与雨润食品现金分红情况对比

年份	双汇发展(人民币万元)			雨润食品(港币万元)		
	每股分红	派现额度	占净利润比重(%)	每股分红	派现额度	占净利润比重(%)
1998	0.00	0	0.00	—	—	—
1999	0.00	0	0.00	—	—	—
2000	0.50	146189	97.03	—	—	—
2001	0.13	4382	25.70	—	—	—
2002	0.50	17118	85.33	—	—	—
2003	0.70	23966	90.89	—	—	—
2004	0.60	30813	103.25	—	—	—
2005	0.50	25678	69.19	0.065	9438	27.34
2006	0.80	41084	87.88	0.084	12303	25.15
2007	0.80	48480	86.28	0.150	22904	26.65
2008	0.60	36360	52.02	0.190	29090	25.57
2009	1.00	60599	66.54	0.300	50185	28.75
2010	0.50	30300	27.82	0.400	71506	26.21
2011	0.60	60599	24.98	0.220	40140	22.23
2012	1.35	110029	51.48	0.000	0	0.00
2013	1.45	220058	82.70	0.000	0	0.00
2014	1.42	220058	77.35	0.000	0	0.00

资料来源：锐思数据库。

单看每股分红的数据，双汇发展就比雨润食品"慷慨"得多，2013年甚至达到1.45元/股，而雨润食品在2010年最高，不过才0.4港元/股。再从现金分红占归属于上市公司股东的净利润的比例来看，双汇发展2004年甚至达到103.25%，其分红比例波动较为剧烈且绝对值较大，从2002年之后维持在相对稳定的高位，这与双汇发展管理层开始MBO之路的时间恰好契合。2010年双汇发展MBO公之于世并选择了资产重组的方案，若想在禁售期结束时获得较高的资本利得，将股价维持在高位是必然的选择，因此2010年之后的两年双汇发展的分红不再像以前那么慷慨，分红占净利润的比例维持在25%左右的低值。相比较而言，雨润食品的分红比例十分稳定，平均在25%左右，显示出公司股利分配政策的稳定性和合理性。2012年之后的3年，由于雨润食品净利润一直处于亏损的边缘，故未发放股利。

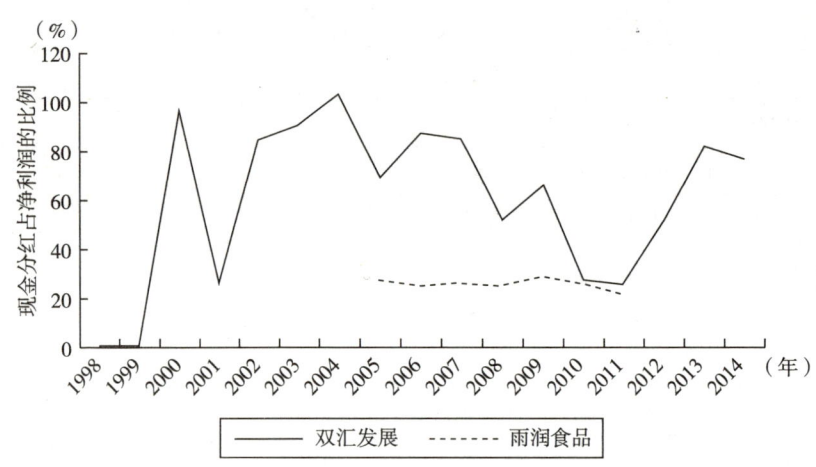

图6-8 双汇发展与雨润食品现金分红占净利润的比例

双汇发展的股利政策也许有公司自身的合理考虑，但联想到管理层对其母公司的持股以及外资的入股和退出，很容易得出通过高分红作为收购资金来源和加快投资回收的结论。尽管巨额分红本身并不能作为侵害投资者利益的证据，但其再次验证了MBO前后典型的公司财务行为变化。

2. 盈利能力受损与关联交易。

从表6-12可以看出雨润食品的销售净利率在2011年以前远高于双汇发展。双汇发展不到4%的销售净利率与其开展的"买断式委托销售"有关。根据其公告，双汇发展与集团和罗特克斯关联方签订《委托销售协议》，双汇发展向关联方采购委托销售的产品，由其确认受托销售产品的收入和成本。关联采购和受托销售带来的后果就是较大的销售额和较低的毛利率，实际上双汇发展的利润被此种协议安排转移到了集团和罗特克斯，这无疑是典型的"财富转移"与"利益输送"行为。而2012年以后双汇发展销售净利率的上升则与2010年双汇发展重组有关。2010年11月29日，双汇集团和罗特克斯将主业相关资产注入双汇发展实现肉制品业务整体上市并解决关联交易问题，"利益输送"渠道的断绝提高了双汇发展的销售净利率。

表 6-12 双汇发展和雨润食品的销售净利率对比 单位:%

	2005年	2006年	2007年	2008年	2009年	2010年	2011年	2012年	2013年	2014年
双汇发展	3.33	3.61	3.02	3.14	3.90	3.61	1.71	7.73	9.05	9.23
雨润食品	8.06	10.34	9.97	8.73	12.61	12.75	5.59	-2.28	0.18	0.30

资料来源：锐思数据库。

（案例来源：汤谷良，韩慧博，祝继高．财务管理案例（第三版）．北京大学出版社，2017．）

六、讨论问题

1. 双汇发展是如何突破政策限制实现 MBO 的？

2. 中国特色的 MBO 有哪些特点？怎样理解 MBO 过程中的利益转移现象？

3. 根据这个案例，利用财务理论，你认为应该如何监管 MBO？

第七章

破产与重整案例

教学目的与要求：通过对本章案例的学习，应当了解企业破产和重整的相关理论；熟悉企业破产和重整相关法规；掌握实际操作过程的关注要点，并能够为企业相关决策提供参考。

案例60　铱星公司破产

一、案例资料

1997年，摩托罗拉公司铱星移动通信网络投入商业运营，成为第一个真正能覆盖全球每个角落的通信网络系统。随之，公司股票大涨，其股票价格从发行时的每股20美元飙升到1998年5月的70美元。崇尚科技的人士尤其看好铱星系统。1998年，美国《大众科学》杂志将其评为年度全球最佳产品之一。1998年年底，在由我国两院院士评选的年度十大科技成就中，它名列第二位。

从高科技而言，铱星系统不但采用了复杂、先进的星上处理和星间链路技术，使地面实现无缝隙通信，而且解决了卫星网与地面蜂窝网之间的跨协议漫游。铱星系统开创了全球个人通信的新时代，使人类在地球上任何"能见到达的地方"都可以相互联络。

然而，价格不菲的"铱星"通讯在市场上遭受到了冷遇，最多时才5.5万用户，而据估算它必须发展到50万用户才能盈利。由于巨大的研发费用和系统建设费用，铱星背上了沉重的债务负担，整个铱星系统耗资达 50 多亿美元，每年仅系统的维护费就要几亿美元。除了摩托罗拉等公司提供的投资和发行股票筹集的资金外，铱星公司还举借了约 30 亿美元的债务，每月仅是债务利息就达 4000 多万美元。从一开始，铱星公司就一直在与银行和债券持有人等组成的债权方集团进行债务重组的谈判，但双方最终未能达成一致。债权方集团于 1999 年 8 月 3 日向纽约联邦法院提出了迫使铱星公司破产改组的申请，加上无力支付两天后到期的 9000 万美元的债券利息，铱星公司被迫于同一天申请破产保护。2000 年 3 月 18 日，铱星背负 40 多亿美元债务正式破产。

（案例来源：人大经济论坛案例库。）

二、讨论问题

1. 铱星公司在高科技上的登峰造极与市场上的全线溃败的强烈对比说明了什么？
2. 导致铱星公司最终破产的原因有哪些？
3. 由铱星公司破产引发的经验与教训是什么？

案例 61　海南发展银行倒闭案例

一、案例资料

谁也不曾料到，中国首例银行被关闭事件，会在中国最南端的海南省发生。

海南发展银行（以下简称海发行）于 1995 年 8 月 18 日开业，它是通过向全国募集股本，并兼并了 5 家信托投资公司而设立的海南股份制银行，注册资金 16.77 亿元人民币（其中外币折合人民币 3000 万元）。股东有 43 个，主要股东为海南省政府、中国北方工业总公司、中国远洋运输集团公司、北京首都国际机场等，由海南省政府控股。

一开始，海发行的发展势头的确让人称羡。据 1997 年《海南年鉴》称，该银行收息率为 90%，未发生一笔呆滞贷款，与境外 36 家银行及共 403 家分支行建立了代理关系，外汇资产规模 1.7 亿美元……应该说，在海南整个金融界连续 30 多个月存款下降的情况下，海发行的成绩的确引人注目。

不久，一项赋予海南发展银行历史重任的大事发生了。1997 年 12 月 16 日，中国人民银行批准,中国人民银行海南省分行发布公告,宣布关闭海口市人民城市信用社等5家违法违规经营、严重资不抵债、已不能支付到期债务的城市信用社。其债权债务由海发行托管。海南省其余29家信用社除一家仍独立经营外,全部并入海发行。

1997年12月17日,海发行即向全社会发出公告,宣布兼并和托管的有关事宜。

此事是1997年全国金融改革会议召开后出现的第一桩大事。有消息称,兼并之后,海发行的股本金已由最初的16.77亿元增长为106亿元,存款余额为40亿元,债务为50亿元,实力大为增强。但与此同时,人们也在担心:海发行能不能把城市信用社这个沉重的包袱背起来,会不会救人不成反被所救的人拖下深渊。别的不说,光是兼并后银行职员就成倍增长,达3000多人。事实证明,人们的担心不无道理。

起初,仿佛一切都照常进行着,但1998年春节过后,不稳定的因素开始出现了。一大早,在海发行的营业网点排成长队的取款人便成为一个话题,而且传闻越来越多、越传越玄……有鼻子有眼的传闻加剧了人们心理的恐慌,恐慌的心理又反过来增加了储户的取款。于是,金融界十分避讳、社会十分担心的"挤兑"现象开始在海发行出现了。

造成"挤兑"的原因很简单,海发行的信用度降低了。

海南人曾骄傲地说,海口银行的密度在全国最大,银行的数量多过了米铺。但正因如此,使海南的银行走上了恶性竞争的道路。在海发行未兼并托管城市信用社之前,各信用社无一例外地采取了高息揽储的方式吸引存款,有的年利率高达25%。这也直接造成了多数城市信用社高进低出,食储不化的结果,只有靠新的高息存款支付到期的存款,然后再吸入高息存款,进入了严重违背商业规律的恶性循环。于是,资不抵债、入不敷出,无法兑付到期存款,成了信用社的通病,并严重影响社会安定。这也正是中国人民银行决定兼并海发行、托管信用社的最直接原因。

海发行兼并诸多城市信用社后,明确规定,只保证28家信用社储蓄存款本金和合法利息的支付。对于托管的5家被关闭信用社的储蓄,也大致如此,而单位存款则被视为所欠债务,在债权债务清算后进行清偿。应该说,这些措施也有其

第七章　破产与重整案例

合理性，尤其是按国家正常利息付息本来就是国家的硬性规定，不得有违。但一些谋求"钱生崽"的老百姓却不这样想，他们将钱存入信用社，就是为了获高息。这就使许多问题变得复杂了。

最初是到期的储户将存款取款，不在海发行续存。然后甩下一句话："当初是签了合同的，利息一下子由22%降到7%，少了10多个百分点，这样的银行谁还相信。"出来的多，进去的少，市民存款本息源源不断地提款使海发行有些捉襟见肘了。

未到期的储户也开始提前取款。某公司的一职员，为提前兑现存款，将定期变为活期，牺牲利息3万多元，还连称"胜利大逃亡"。类似情况不在少数。海发行有的营业部，光是定期变为活期，三四个月节省的利息就接近100万元。

越往后，取存款就越难，海发行规定的每次取款数额越小，上个月还是每周可取3次，每次限额2000元，下个月就是每周取两次，每次限额500元，甚至是200元。每次去取钱所需等待的时间与数额之比成了反比例。取款人自然就在海发行的营业部闹开了，指着银行里写的"存款自愿，取款自由"的承诺骂起来。最惨的是那些以单位名义存款的机构，领导一个劲儿地催财务人员要钱。而银行内部规定，首先保证老百姓私人存款的兑付……于是海发行的存贷业务，似乎只剩支付部分储户的本金和利息了。

为了应付越来越多的挤兑者，海发行一些营业部又开始高息揽储，开出的年利率达18%。这种承诺，在国家利息频频下调之际，显得十分反常。有过取款痛苦的人们，也没有再将钱存入的念头和举动，海发行只得加大向债务人讨债的力度。但银行是贷款容易收贷难，更何况好多债都成了空在那里的房地产，哪来的钱还贷？

要在海南解决问题，显然是没有出路。于是海发行将眼光投向了省外。继1996年在广州设立分行以后，1998年5月，海发行又在深圳设立分行，想以省外的储蓄缓解省内兑付的压力。但一切并未如人愿。

1998年6月21日，中国人民银行发出公告："鉴于海南发展银行不能及时支付到期债务，为了保护债权人的合法权益，根据《中华人民共和国人民银行法》《中华人民共和国公司法》和中国人民银行《金融机构管理条例》，中国人民银行决定1998年6月21日关闭海南发展银行，收缴其总行及其分支机构的《金融机构法人许可证》《经营金融业务许可证》和《经营外汇业务许可证》，停止其一切业务活动，由中国人民银行依法组织成立清算组，对海南发展银行进行关闭清算；同时指定中国工商银行托管海南发展银行的债权债务，对境外债务和境内居民储蓄存款本金及合法利息保证支付，其余债务待组织清算后偿付。"

同时，中国工商银行也发出公告，宣布即日起对海南发展银行的债权债务进行托管，并公布了托管、登记等有关事宜。

（案例来源：刘桂香. 海南发展行的破产及启示. 消费导刊，2016（6）.）

二、讨论问题

1. 海南发展银行这家发展良好的商业银行，为什么会被关闭？
2. 从海南发展银行被关闭的案例中，你得到什么启示？

案例 62 *ST 新都退市

一、案例资料

深交所于 2017 年 5 月 17 日对 *ST 新都（000033.SZ）作出了公司股票终止上市的决定，该股票将于 2017 年 5 月 24 日进入退市整理期交易。*ST 新都自 1994 年上市至今已达 23 年之久，且在复牌路上已经苦苦挣扎近 2 年，但最终还是没能等到复牌的好消息，最终沦为 2017 年"退市第一股"。

1. 复牌梦破碎。

公开信息显示，*ST 新都（新都酒店）于 1988 年正式开业，1994 年 1 月在深交所挂牌。因违规为关联方提供担保等事项，*ST 新都 2013 年度、2014 年度连续两个会计年度的财务会计报告被出具无法表示意见的审计报告，公司股票自 2015 年 5 月 21 日起暂停上市。

*ST 新都于 2015 年 9 月 15 日进入破产重整，解决因违规担保引发的巨额债务问题。随后，*ST 新都 2015 年报显示，公司 2015 年实现净利润 6971.26 万元，扣除非经常性损益后的净利润为 1255.61 万元。

根据相关规则，股票被暂停上市后申请恢复上市，要具备暂停上市后的首个会计年度经审计的净利润及扣除非经常性损益后的净利润均为正值等条件。2015 年年报披露后，*ST 新都一下子抓住了救命稻草，凭年报中利润向好的理由向深交所申请恢复上市。

深交所于 2016 年 5 月 9 日正式受理*ST 新都的申请。受理后依法依规开展审核工作，并就高尔夫物业租金收入会计处理合规性、预计负债计提充分性、子公司业绩真实性等重点关注问题进行调查核实。

奈何人算不如天算，*ST 新都的复牌美梦终被无情击碎。2017 年 4 月 25 日，天健会计师事务所湖南分所发函表示，"2015 年度在营业收入中确认的 2014 年度租赁期的高尔夫物业租金收入"鉴于收入确认的背景及特殊性质，具有偶发性，应被视为非经常性损益。根据测算，"调整后的 2015 年度扣除非经常性损益后归属于公司普通股股东的净利润为 – 1039942.22 元"。

因此，2017 年 5 月 17 日晚间，深交所发布《关于深圳新都酒店股份有限公司股票终止上市的公告》，由此*ST 新都将进入退市程序。

2. 停牌前离奇涨停。

据了解，被终止上市的*ST 新都，股票将自 2017 年 5 月 24 日起进入退市整理期，交易 30 个交易日，股票的证券简称将变更为"新都退"，股票价格的日涨跌幅限制为 10%。退市整理期届满的次一交易日，深交所将对公司股票予以摘牌。

根据相关规则，*ST 新都股票将在退市整理期届满后的 45 个交易日内，进入全国中小企业股份转让系统进行挂牌转让。深交所方面表示，将督促公司充分披露股票终止上市后投资者办理股份确权、登记和托管的安排，公司联系方式和了解公司信息的途径，以保障投资者权益。

值得注意的是，停牌前的*ST 新都由于华图教育借壳刺激，曾经连续 15 个交易日出现一字涨停板，股价也一路上涨至停牌前的 10.385 元，不过借壳利好在*ST 新都 2015 年 4 月 30 日披露 2014 年年报时戛然而止。数据显示，目前有 23078 个账户持有*ST 新都的股份，也就是说，在暂停上市前进入*ST 新都的投资者或悉数被关。

盘面显示，在停牌前的最后一个交易日，*ST 新都成交额激增 10 倍，当天成交 8500 万元，创下近 1 年新高。在这场退市边际的博弈中，呈现出明显的"押宝"特征。*ST 新都 2016 年年度报告显示，前十大股东当中有九个大股东选择了增持*ST 新都。

不过，进入退市整理期后，*ST 新都将面临较大的股价下挫风险，其大股东势必也会跟着"遭殃"。年报显示，目前上市公司的第一大股东为持股11.5%的长城汇理，该公司及旗下管理的两只私募产品共持有4930余万股，按照目前10.38元/股的股价计算，市值约为5亿元。

此外，上市公司的前十大股东名单中还有持股10.60%的深圳市瀚明投资有限公司，及两家国有企业深圳贵州经济贸易公司（持股3.10%）和山东省国际信托股份有限公司（持股1.71%）。

据了解，长城汇理是一家投资风格偏爱伏击壳公司的明星私募基金公司，在2014年二季度时开始建仓*ST新都。而*ST新都也或将成为长城汇理的滑铁卢，引发部分市场人士担忧。

3. A股拉响退市警报。

随着监管日益趋严，制度更加完善，A股市场或将有更多"不合格"的上市公司步入*ST新都的后尘。

目前在A股，类似于*ST新都这样的公司不止一家。

此前，ST慧球的1001条奇葩议案可谓赚足了眼球。对此，证监会也是忍无可忍。证监会新闻发言人张晓军表示，这是一场闹剧，实质上是挑战监管权威，性质极为恶劣，证监会立即开展调查，将全面彻底查清ST慧球的违法违规行为，以及相关涉案人员在其他上市公司的违法违规行为，一查到底，不留死角，对于相关违法违规行为将从重处罚。

*ST匹凸和ST慧球一样，可以说都是受累于鲜言。在鲜言担任董事长并实际控制公司期间，*ST匹凸信息披露多次违反法律规定，并最终被处罚。

中科云网春节前后被"不明身份人士非法控制"。后确认"不明身份人士"系公司实际控制人孟凯所请，目的是"保护公司本人及中小股东利益"，实则是想赶走董事长王禹皓。这场实控人与董事长之间的"宫斗大戏"，也引来了深交所的关注函。

在公布2016年年报后，*ST昆机已是连续3年业绩亏损。根据上海证券交易所有关规定，公司股票现已停牌，并被暂停上市。如暂停上市期间再触发重大违法等相关规定，*ST昆机也将面临退市的风险。

此前一直在"等消息"的*ST吉恩近日也等来了最后的决定：公司2017年5月19日收到上海证券交易所《关于对吉林吉恩镍业股份有限公司股票实施暂停上

市的决定》，自2017年5月26日起暂停公司股票上市。据悉，上述这些上市企业若2017年度继续亏损，或将面临终止上市的风险。

据统计，截至目前已完成退市的股票共有106只，年均退市率约0.35%。相比较于一些成熟资本市场，年退市率一般在6%以上。不少专家表示，当前要健全完善上市公司退市制度，防止劣币驱逐良币，进一步保障中小投资者权益。

二、案例分析

1. *ST新都退市原因是数据不真实、业绩扭亏不被认可。

本欲申请恢复上市，无奈被立案调查还被终止上市，不少*ST新都的中小股东怎么都想不通。*ST新都2015年年报显示，其2015年净利润6971.26万元，扣除非经常性损益后的净利润1255.61万元。不过，这并不被监管层认可，认为2015年营业收入中确认的2014年度的高尔夫物业租金收入具有偶发性，该纳入非经常性损益。最终公司2015年度经调整后扣除非经常性损益后的净利润由正转负。

2. 上市公司退市制度是保护投资者合法权益的重要制度，但还需进一步完善。

上市公司退市制度是资本市场重要基础性制度，对于优化资源配置、促进优胜劣汰、提高上市公司质量、保护投资者合法权益发挥着重要作用。深交所相关负责人表示，对于达到退市条件的公司，坚决做到"出现一家、退市一家"。

长江商学院互联网金融研究中心主任欧阳辉表示，从供需平衡以及使IPO常态化发挥良性市场功能的角度来看，一套行之有效的市场化的退市机制必不可少。自20世纪90年代末以来，A股的退市案例寥寥无几。不过，我们也不应该操之过急，而要渐进改革。完善退市规范细则，加强配套设施，提高监管力度，是我们应该走的道路。另外，随着市场准入更加开放，以及投资者与控股者的公司治理意识发生转变，未来主动退市也可能会出现。

3. 投资者应当理性投资，依靠法律保护自身权益。

进入退市整理期后，*ST新都的股价面临较大的下挫风险。投资者应警惕风险，及时关注相关公告，理性决策，谨慎参与。同时，投资者可以通过法律程序进行维权，依据有关机关的行政处罚决定或人民法院的刑事裁判文书，对*ST新都提起民事赔偿诉讼。

（案例来源：刘思希. 2017年05月20日东方财富网《2017年的第一只退市股来了》；舒元臻. 2017年05月23日长沙晚报《2017"退市第一股"来了》）

三、讨论问题

1. 公司的上市条件有哪些？上市的意义是什么？
2. 我国上市公司退市的条件和流程有哪些？
3. *ST 新都退市的真正原因有哪些？
4. 中小投资者如何才能实现理性投资和保护自身权益？

第八章

财务战略与风险管控案例

第一节 企业财务战略

教学目的与要求：通过对本案例的学习，应当了解财务战略在企业总体战略体系中占据着核心地位，熟悉轻资产盈利模式以及财务战略中的投融资战略、财务管理理念和管控方法的基本要点，掌握财务战略的思维理念与分析工具，以及财务战略如何与盈利模式相配合推进企业转型。

案例 63 万科企业财务战略

一、案例资料

万科企业股份有限公司（以下简称"万科"）成立于 1984 年 5 月，是国内首批公开上市的公司之一，主营业务为以珠江三角洲为核心的深圳区域、以长江三角洲为核心的上海区域、以环渤海为核心的北京区域和以中西部中心城市组成的成都区域为重点的商品住宅开发。万科 A 股于 1991 年 1 月在深圳证券交易所挂牌交易，目前控股股东为华润股份有限公司。

2013 年，万科提出了"轻资产、重运营"的财务经营战略。也就在 2013 年，万科凭借 1709 亿元的销售额再次坐上了国内房地产企业"老大"的宝座。可以说，万科在业绩最好的一年选择了转型，为公司未来的发展铺平了道路。

财务管理案例

下面的分析数据均直接来自万科2012~2015年的年度财务报告,可以发现万科落地轻资产模式的战略要领包括:

1. 越来越多现金留存与投资重点的转向。

根据万科公司年报,2014年,万科以现金流为核心加强运营控制,实现经营性现金净额417.2亿元,几乎是2013年现金净额的22倍;共持有货币资金627.2亿元,同比增长41.4%。企业资金实力进一步增强,自由现金留存大幅增长,充沛的资金为万科未来进行项目发展和新业务创新提供了有力支持。

2015年,万科在确保资金安全的前提下,全面展开针对性投资,尤其是对联、合营企业的股权投资大幅增加(见表8-1)。与此同时,万科的全国住宅开发投资增速由2013年的19.4%大幅降至2015年的9.2%;住宅新开工面积由2013年的14.6亿平方米降至2015年的12.5亿平方米,为2010年以来最低。换句话说,万科迅速地降低了房地产开发力度,释放了大量现金流,用于品牌建设、供应链管理、客户关系等方面的投入,从现金及投资方向上全面践行了轻资产战略规划。

表8-1　　　　　　　万科对联、合营企业的股权投资金额　　　　　　单位:亿元

	2015年	2014年	2013年
对合营企业的投资	240.76	112.45	68.98
对联营企业的投资	94.28	79.89	36.33
合计	335.04	192.34	105.31

资料来源:万科年度报告。

2. "小股操盘"开发模式的逐步登场。

万科在2013年的年报中,首次创造性地提出了"小股操盘"的运营模式。根据万科的解释,"小股操盘"是万科合作开发模式的进一步深化,在合作项目中不控股,但项目仍然由万科团队操盘,仍然可以使用公司品牌和产品体系,共享公司的信用资源和采购资源。2014年9月,万科以16.51亿元的价格出售旗下全资子公司万狮置业90%的股权,并与买方订立合营公司协议,万科仍负责万狮置业旗下项目后续的开发与运营。借助买方凯雷集团的资本注入,万科将大部分投资收益让渡给凯雷,但同时也将资产经营的风险转嫁了出去。摆脱商业地产投资人

和开发商资产包袱的万科，实际拥有着绝对的经营管理权，并将持续获得运营收益。通过输出管理和品牌的轻资产模式，万科的净资产收益率和回馈股东的能力提升了。

3. 以物业管理和互联网为平台，打造成为城市配套服务商。

万科正在将盈利模式的核心转移到持有和运营物业上来，以物业管理为平台，为 300 多万社区用户提供持续的增值服务。根据年报显示，2015 年，万科物业持续推进信息化建设，探索物业管理新技术和新方法，减少中间监控环节和管理成本，提升住宅项目运营效率，保证了住宅物业毛利率稳步增长。同时，万科物业充分发掘资产服务经营模式，2015 年，资产服务利润同比增长 87%，对利润的贡献率达到了 22%，较 2014 年提升了 6 个百分点。2015 年 9 月，万科在深圳的发布会上透露了"八爪鱼战略"的战略构想，即由八大板块打造一个闭合的万科商业生态系统，将轻资产模式渗透进住宅、商业、教育、养老等各个领域，并逐步降低住宅地产开发业务收入的占比。如表 8-2 所示，万科的物业管理收入正在逐年上升。

表 8-2　　　　　　　　万科 2012～2015 年营业收入构成　　　　　　　单位：亿元

	2015 年	2014 年	2013 年	2012 年
房地产收入	1902.13	1435.30	1327.88	1015.80
物业管理收入	29.70	19.88	14.71	8.59
合计	1931.83	1455.18	1342.59	1024.39

资料来源：万科年度报告。

4. 银行贷款比例锐减，加大依托房地产信托基金融资。

根据 2013 年万科年报披露，公司"一年内到期的长期借款"中，银行贷款比例已由 90.1% 锐减至 29%，而"金额前五名的一年内到期的长期借款"中，信托占据所有名额，相比 2012 年银行贷款占据四席位，信托仅占据一席，万科已减少对银行贷款的依赖，信托贷款比例上升。2014 年和 2015 年的银行贷款比例基本稳定在 50% 左右。值得注意的是，2013 年万科的信托贷款利率为 6.16%～10.6%，较 2012 年的信托成本明显降低。

作为国内首家发起公募房地产信托投资基金（REITs）产品的房地产企业，万科与鹏华基金合作的"前海万科REITs封闭式混合型基金"于2015年9月正式上市交易。其标的是位于深圳前海的万科企业公馆项目。万科将与深圳前海管理局采用BOT（建造、运营、移交）模式合作开发一个大型商业园区项目，项目由万科负责投资建造、运营并收取租金，期满8年后投资者获利退出。REITs类金融产品的应用，能够帮助万科减少资源占用，盘活资金使用效率。

5. 财务管控体系的重建与升级。

为了在不损害利益相关者效用的前提下实践轻资产战略，持续输出高质量产品以赢得客户信赖，根据2013年年报，万科推进了"千亿计划"（工程师境外研修计划）的实施，推动了实测实量、交付评估、客户验房指引等措施的全面应用和改进，加强了对引进的工程技术、管理体系的应用，完善了对供应商的产品检测制度，以确保在经营规模扩大的同时，使万科的产品口碑持续提升。2016年，万科在现有质量管理体系的基础上，开展了"天网行动"，实现了覆盖42家城市公司78类产品类别的质量抽检机制。

二、案例分析

过去的4年中，万科经历了从传统重资产房地产企业向轻资产盈利模式的转型过程，同时也践行了万科自身独到的财务战略轨迹，上述五个要点就是这一轨迹的"万科"式特征。这些特征给其他企业以多维启示，而且这些启示的可复制性与企业是否从事房地产无关：

1. 通过企业计划预算系统，掌控好投资与现金留存的交替节奏。

轻资产模式下的企业投资需要以企业留存的现金净额为依托和参照，过重的投资负担占用过多的现金流，将会造成企业"船体大"且不容易掉头，影响轻资产的转型进程。而把控这种现金留存与投资占用空间节奏的抓手无疑是企业的计划预算体系。在"万科"式的财务战略中，万科长期以来秉承量入为出的投资计划和"现金为王"的资金管理计划。这类轻资产企业的预算安排具备如下特点：

（1）在安排财务资源预算时，在现金流充裕的年份，企业可以适当增加投资；而在需要留存现金的年份，就要尽量减少投资。

（2）在实施轻资产预算时，为了减少各经营环节对财务资金的占用，预算规划必须着眼于提高运营速度而非扩大经营规模，以提升企业的获利能力和抗风险实力。

(3) 立足于现金流，轻资产战略下的预算目标必须持续改善经营现金流，紧缩股东分红预算，改进融资现金流结构，严控投资现金流出预算。

图 8-1 显示了万科 2005~2015 年营业收入、营业利润、净利润、经营活动现金流入、经营活动现金净流量和自由现金流的基本态势，可以明显看出其资金配置的计划和优势：

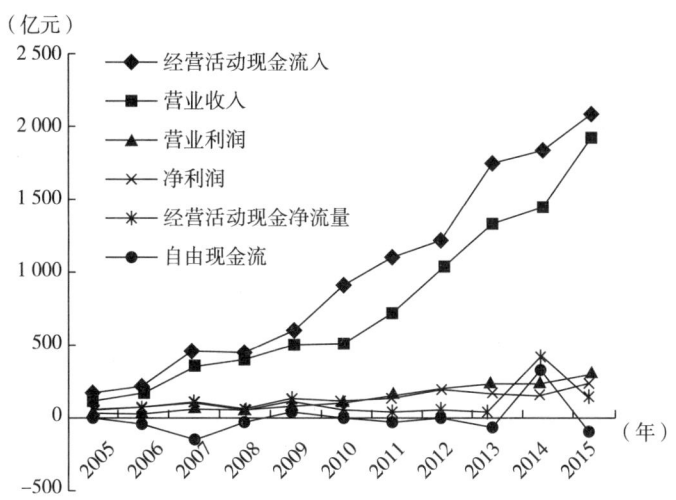

图 8-1 万科现金与投资

资料来源：万科年度报告。

(1) 万科的营业收入与经营活动现金流入，经营活动现金净流量与自由现金流等指标，长期显示出了很高的吻合度，这表明万科营业收入的变现能力较强，盈利能力稳定提升。收入的现金流比重较高，投资资本支出多源于经营性现金，这些都是稳健经营的标准。

(2) 万科在营业收入增长较快的年份也会同时增加现金支出，经营活动现金净流量呈现负值，但在营业收入增速较缓的年份会相对缩减土地购置与土地储备，使得其经营活动现金净流量恢复正值，即万科会根据收入的多少来安排相应的土地购置规模与节奏，大体上一直奉行量入为出的投资配置策略和现金净额正负交替、风险张弛有度的动态财务规划，保证了现金流的充足和稳定。

尤其是 2014 年，万科正式推行轻资产战略，"收入、利润指标"与"净现金指标"呈现的巨大"喇叭口"出现了大幅缩窄。如前所述，万科在现金流量控制上采取了更为保守稳健的管理策略，预留了充足的资金，支撑了两年间大幅增长的对联、合营企业的股权投资，实现了从住宅开发商向输出品牌和物业的城市配套服务商的战略性转型。

2. 塑造与轻资产相适应的管理理念和管控体系。

由于在轻资产模式下，企业更多的是选择合作开发与共同经营等方式输出自身的软实力，因此企业财务管理的视角也应越来越展现企业战略，表达商业模式，嵌入经营业务全过程，强调品牌、信息沟通、人力资源等非财务资源的开发与配置。如前文提到的"小股操盘"模式，作为万科轻资产实践的创新关键和主要运作方式，通过共享万科品牌、管理模式和信用资源，不仅放大了万科的收益，而且极大地提升了资金的利用效率。在该模式下，万科虽然在单个项目中的权益比例较低，但由于每个项目的投入资金较少，万科操盘的项目总数会相应增加，经营规模将会迅速扩大。且万科管理层表示，具体收益的分配可由合作双方事先约定，万科一方面可收取项目管理费，另一方面还可参与项目利润分成，获取投资回报，并有机会因房价上涨获得超额利润。

此外，不同的管理理念决定了不同的管理方针、经营行为与管控体系，可以说，在传统的重资产盈利模式下，财务管理的重心是股东与债权人，也即财务出资人。股东财务投资规模是企业实力与能力的第一要件，实现股东财富最大化是企业经营管理的主旨目标。而新型的轻资产模式财务管理的重心应该是众多的利益相关者，因为轻资产模式的关键成功因素并非财务资本。着眼于股东、经营者、员工、供应商、合作伙伴、债权人关系，谋求利益相关者价值最大化，是轻资产模式的主旨目标。

具体来说，万科采取了如下措施以推动各类利益相关者财务关系的协调运作：

（1）2014年，万科基于经济利润奖金推出了事业合伙人持股计划和项目跟投制度，万科骨干团队跟随股东成为公司的投资者。万科的管理体系逐渐趋向于去金字塔化和扁平化，同时引入了更高的杠杆效应，事业合伙人将承担比股东更大的投资风险。事业合伙人持股计划在经理人与股东之间共创、共享利益关系的基础上，加入了共担的概念，使得管理层与股东的利益高度一致，管理层在投资上更趋于谨慎和长远考虑，注重效率的提升和持续不断的创新。

（2）为了提高财务、产品质量、客户服务、品牌营销等的综合效益，万科坚持慎重选择产品、物流等合作伙伴与代理商,"小股操盘"模式的关键就是保证楼盘质量按照万科的水准输出。换句话说,在选择"小股操盘"合作方的过程中,内部的控制要求极其严格,万科的挑选原则是对方要具有"很好的价值观和国际声誉,具备运营管理经验"。在万科看来,"小股操盘"不仅是一次简单的商业合作,其更希望能在合作中产生价值增值,为公司带来成长。此外,万科团队自身的人才储备也有很大一部分来自凯德、万达、中粮等专业地产商的优秀管理人员。

3. 实施与轻资产模式相匹配的企业融资战略与方式创新。

从实现路径来说,企业推进轻资产模式的一个重要方面就是实施与之匹配的融资策略。具体包括:

(1) 大幅度减少银行贷款、债券融资等有息负债,加大应付款等贸易融资、无息负债和供应链融资的规模。如前文所述,万科已于2013年大幅降低了银行贷款的比例,同时成本更低且对抵、质押物要求更灵活的信托贷款相应增加,以配合轻资产转型。

(2) 对于现有流动资产,尤其是存货和应收账款,通过资产证券化、保理等方式,强化资产的变现能力,保持现有资产较强的流动性。

(3) 进行融资方式创新。万科在突破单一银行、债权融资渠道后,不断寻求融资工具的创新。如前文所述,通过与鹏华前海的合作,万科推出了国内首个公募REITs产品,成为实现房地产投资大众化和融资社会化的重要途径;此外,万科在工程款支付环节中,还增加了包括供应链融资支付方式在内的多种手段。

(4) 实施轻资产模式的企业为了不增加总资产"重量",尽量避免外购与自建方式,而主要采取租赁方式。此外,企业对固定资产等实施"售后回租"等方式,可以快速实现重资产向轻资产模式的转换。

4. 轻资产带来的业务模式转型需要相应的会计信息披露政策的变革企业财务会计的信息越来越丰富。由于企业盈利模式的转型,资源配置重心的转移,企业的盈利结构也必然发生改变,企业的经常性损益与非经常性损益的确认、计量与报告也必须有别于重资产时期。随着万科从专业化房地产开发商向持有和输出品牌及物业的城市配套服务商的战略转型,万科的主营业务收入占比和对投资收益的理解都将因此改变。

根据万科年报显示,2014年万科实现的净利润为157.5亿元,其中公司实现的投资收益为41.59亿元,较2013年大幅增长了313.78%。公司的投资收益主要来源于联营、合营公司实现的万科权益利润,以及以股权转让方式进行项目合作而实现的收益。公司虽然出让了部分开发项目或商用物业股权,或在部分联营、合营项目中仅占较低的股权比例,但一般情况下,此类项目或物业的经营管理仍由公司负责,公司因此可收取一定的管理费或要求获得高于股权比例的超额分配权。在年报中,万科从2013年起就在公司经营和财务状况分析中指出,企业实现的投资收益不同于一般意义上的投资收益,"此类投资收益属于经常性收益,并非一次性所得"。

按照此逻辑,万科在2014年实现的41.59亿元投资收益的现金流,在现金流量表中不应该列示在"投资性现金流"而应该列示在"经营性现金流"中。因此,不应按照常规的报表分析思路来审视如万科这样的轻资产企业,应在利润和现金流中考虑到其对联营、合营公司的投资所得。

(案例来源:汤谷良,韩慧博,祝继高. 财务管理案例(第三版). 北京大学出版社,2017.)

三、讨论问题

1. 你认为财务战略与盈利模式是什么关系?
2. 通过案例,你认为轻资产模式的潜在风险是什么?
3. 如果其他房地产企业打算复制万科的轻资产模式,你认为应该注意哪些问题才能成功。

案例64 万达"轻资产"转型缓慢

一、案例资料

万达集团的业务分为地产、文化、金融三大板块。从业务模式上来看,无论是文化集团的影业、旅游、体育、儿童娱乐,还是金融集团的网络金融保险,都是依托万达商业发展起来的。从万达商业发布的2015年年报来看,2015年实现的收入为1242亿元,比2014年增长了15.14%;归属于母公司股东的净利润为299.7亿元,同比增长20.66%,这确实是一份不错的成绩单。

但仔细分析其增长结构,就会发现另一个故事。万达集团虽有三大业务板块,但其主要收入是由物业销售板块提供的。物业销售虽然增长强劲，但库存却不降反增。物业销售为万达商业贡献了82.5%的收入，2015年，总合同销售面积约为1672万平方米，比2014年增加了13.1%；总合同销售额约为1640亿元，比2014年增加了2.5%。但这极可能得益于地产行业回暖，而非公司自身的销售调整。按照克而瑞联合中国房地产测评中心发布的《中国房地产企业销售TOP100》，2014年，万达商业的销售金额为1501亿元，位列第三；2015年，销售金额为1512.6亿元，位列第四。

根据万达商业2015年业绩公告，其物业存货非但没有减少，还出现15%的增长。万达商业解释说，这是由于房地产行业分化进一步加剧，三、四线城市增速缓慢造成的。但万达商业的土地储备以三线城市为主，未来销售压力将更为严重。

2015年，投资性物业租赁及物业管理业务的收入仅为135.82亿元，占比10.9%；而利润却高达254.49亿元，占比45.1%，这是因为其中大部分利润来自对持有物业的价值重估。2015年，万达商业持有物业的估值比2014年高出了172.3亿元。物业升值主要受房地产周期性波动的影响，如果出现行业滑坡，将会造成巨大亏损，尤其是万达商业对其持有的商铺物业一直秉持只租不售的运营方式。

万达商业的物业租赁出租率从2014年的99.32%下滑到2015年的96.37%，但这可能并不是行业周期影响所导致的，因为太古地产、中粮地产等商业地产公司2015年的出租率都维持在99%左右，并没有出现如此高的下滑。

万达商业96.37%的出租率中，还有很大一部分来自其母公司旗下的文化集团贡献，如影视产业里的万达院线、儿童娱乐产业的"宝贝王"市内游乐以及虽然日渐减少但是仍然大规模存在的万达百货和"大歌星"KTV。这些业态占地面积大，贡献了大部分的出租率以及出租额。

2014年年底，几乎在上市的同时，万达商业就提出了"轻资产"模式，并加大了海外物业投资的战略转型，但结果却不尽如人意。根据万达商业高管在2015年中期业绩发布会上的阐述，"轻资产"主要有两种方式：一是与项目持有者合作。万达商业负责项目管理和运营管理，项目持有者负责土地和资金，最后，万达物业在扣完所有管理和运营支出之后，与项目持有者按3∶7的比例分享净物业收入。二是与金融平台合作。万达商业将5个购物中心打成一个资产包，放在金融平台上募资，合作方进行项目投资，万达商业负责建设、运营、管理，最后以净物业收入与合作方分成。

事实上，虽然管理层在 2015 年的中期发布会上明确表示了"轻资产"模式将会并表到万达商业的财务报表中去，但是在 2015 年全年的业绩公告上，除了"五指山百城万达嘉华酒店"类似于"轻资产"模式外，万达商业所提出的两种合作模式均未在年报中看到相关项目。

万达与万科达成的战略合作也迟迟难以推进，虽然万达商业一直以项目在进展为由不予回应，但是在万科的香港业绩发布会上，总裁郁亮表示，与万达的合作因有个别商业条款无法达成一致而暂时放下，今后再找别的合作机会。

更为意外的是，2016 年 1 月 16 日，王健林在万达年会发表万字演讲，阐明未来万达将重点放在轻资产之后，万达商业的股价就开始一路下跌，至 2016 年 2 月中旬跌破 32 港元，创下历史最低点。直到发布私有化公告之后，才出现大幅反弹。

（案例来源："解谜万达商业私有化".《财经》，2016 年 4 月 25 日.）

二、讨论问题

你如何评价万达的盈利模式转型缓慢。

第二节 财务风险预警

教学目的与要求：通过对本案例的学习，应该了解企业财务风险控制的基本内容，尤其是借助财务报告信息资料进行风险预警的基本思路；掌握财务战略上独特的思维理念与分析工具，财务风险预警是个"过程主导"的财务管理行为，并且应该制度化；把握财务风险的预警监控，弥补企业现有财务管理及经营中的缺陷，变事后控制为事前、事中控制，起到防患于未然的作用。

案例 65 兰生集团财务风险预警控制

一、公司背景

上海兰生（集团）有限公司（以下简称"兰生集团"）是 1994 年 10 月由上海市政府批准组建的国有大型企业集团，是上海市国有授权经营公司。现有成员企业 17 家，拥有总资产超过 57 亿元，净资产近 19 亿元。

兰生集团的经营业务包括如下三大板块：（1）国际贸易是集团的核心业务。这一板块整合了全国第一家外贸上市公司兰生股份公司和医药保健品公司、轻工国际集团、五矿公司、畜产集团、包装公司等一些历史悠久的专业外贸公司以及一些新建的外贸企业，出口产品涵盖整个轻工行业，拥有"丰收"牌搪瓷、"三五"牌不锈钢、"钻石"牌建筑五金、"上药"牌药品等一批知名品牌，产品主要销往美国、欧洲、日本等168个国家和地区，2007年集团进出口总额超过20亿美元。（2）现代物流是集团的发展业务。集团控股的兰生国际货运公司、兰生集团国际物流公司，具有相对齐全的海上、陆上运输能力和仓储、集装箱堆场等物流设施，能为国际贸易提供全面、系统的服务。（3）置业及其他产业是集团的支撑业务。兰生大酒店、兰生大厦以及集团投资的金融、生物医药等产业，为集团的发展提供了支撑。

兰生集团的愿景是培育核心竞争力，打造贸易大平台。其发展战略目标为：建设成为以进出口贸易为主业、贸易与物流联动发展、内外贸结合、掌握价值链关键环节的大型现代服务型国际商贸集团。

二、风险导向的财务预警系统

1. 财务风险预警工作的目标和任务。

按照上海市国资委"系统性、层次性、效率性、渐进性、谨慎性"的工作原则，财务风险预警工作以关键财务风险为起点，以信息ERP系统为平台，通过量化的预警指标和区间，结合相应的应对程序，实现对重大财务风险的预警管理；逐步推进集团各子公司建立自身的财务风险的预警工作体系，并形成长效运作机制，以达到及时发现财务风险、促进集团各子公司健康发展的目标。

兰生集团准备将财务风险预警工作覆盖到下属子公司，并按照先易后难、先重大后一般的顺序分阶段推进实施。2010~2011年财务风险预警工作的主要任务包括：（1）本集团在4户重点控股子公司层面开展财务风险预警工作，并针对各控股子公司的特点，向所有重点控股子公司延伸。（2）由重点控股子公司逐步覆盖到所有二级子公司。

2. 财务风险预警工作的主要内容。

（1）预警的指标和区间。根据财务风险预警工作的任务，针对债务风险、现金流风险、盈利能力风险和投资风险四大类风险，选取了14个具体的财务风险预警指标。这些指标参照国务院国资委《企业绩效评价标准值》、银行资信评级体系、商贸上市公司财务数据等标准,确定子公司财务风险预警指标区间,并从绝对数值和相对波动率两个角度对预警指标进行定期监测。表8-3为兰生集团财务风险预警指标及其监测情况。

表8-3　　　　　　　　兰生集团财务风险预警指标及其监测

风险名称	预警频率	预警指标	计算公式	指标周期
债务风险	月度	资产负债率	(负债总额÷资产总额)×100%	月度
		速动比率	(流动资产-存货净额)÷流动负债×100%	月度
		担保净资产比	担保金额÷净资产×100%　注:担保种类包括:①为本单位解决流动资金和其他经营业务所需资金或银行授信、信用证、保函等融资活动提供的抵押、质押担保;②为集团内其他单位和为集团外单位提供的担保	月度
		已获利息倍数	(本年累计利润总额+本年累计利息支出)÷本年累计利息支出	月度
现金流风险	月度	现金资产比	货币资金÷资产总额×100%	月度
		存货周转率	本年累计主营业务成本÷存货平均净额　注:存货平均净额=(期初存货净额+期末存货净额)÷2	月度
		应收账款周转率	本年累计主营业务收入÷应收账款平均净额　注:应收账款平均净额=(期初应收账款净额+期末应收账款净额)÷2	月度
		盈余现金保障倍数	本年累计经营现金净流量÷本年累计净利润	年度
盈利能力风险	季度	净资产收益率	本年累计归属于母公司所有者的净利润÷平均净资产×100%　注:本年平均净资产=(期初归属于母公司所有者权益合计+期末归属于母公司所有者权益合计)÷2	季度
		经营性营业利润占总利润的比重	本年累计经营性营业利润÷本年利润总额×100%　注:本年累计经营性营业利润=本年营业利润-本年累计投资收益-本年累计公允价值变动损益(对于公益投资业和综合投资业板块,经营性营业利润含投资收益。)	季度
		主营业务利润率	本年累计主营业务利润÷本年累计主营业务收入×100%　注:本年累计主营业务利润=本年累计主营业务收入—本年累计主营业务成本—本年累计主营业务税金及附加	季度

续表

风险名称	预警频率	预警指标	计算公式	指标周期
投资风险	年度	金融类投资收益率	本年累计金融类投资收益÷平均金融类投资成本×100% 注：①本年累计金融类投资收益＝本年累计金融类资产的投资收益＋本年累计交易性金融资产公允价值变动损益＋本年累计可供出售金额资产公允价值变动＋本年累计金融类资产的资产减值损失；②平均金融类投资成本＝（期初金融类资产余额＋期末金融类资产余额）÷2；③金融类资产＝交易性金融资产＋可供出售金融资产＋持有至到期投资	年度
		资产类投资收益率	本年累计资产类投资收益÷平均资产类投资成本×100% 注：①本年累计资产类投资收益＝本年累计长期股权投资的投资收益；②平均资产类投资成本＝当期平均长期股权投资成本＝（期初长期股权投资余额＋期末长期股权投资余额）÷2	年度
		投资现金收益率	本年累计取得投资收益收到的现金÷平均投资成本 注：①平均投资成本＝（期初投资成本＋期末投资成本）÷2；②投资成本＝交易性金融资产余额＋可供出售金融资产余额＋持有至到期投资金额＋长期股权投资金额	年度

兰生集团2010年10月各子公司具体的财务风险预警指标值如表8－4所示。

表8－4 兰生集团2010年10月各子公司的财务风险预警指标值

公司	资产负债率(%)	速动比率(%)	担保净资产比(%)	已获利息倍数	现金总资产比(%)	存货周转率(%)	应收账款周转率(%)
上海兰生股份有限公司	25.95 ↓	143.28 ↑	0.00 ↓	14.77 ↓	8.18 ↑	37.43 ↑	31.35 ↓
上海市轻工业品进口有限公司	81.01 ● ↑	99.46 ↑	0.00 ↓	8.59 ↓	19.98 ↑	27.21 ↓	13.94 ↑
上海市医药保健品进出口有限公司	61.47 ↑	103.80 ↑	0.00 ↓	－487575.84 ↓	26.21 ↑	11.92 ↓	16.17 ↑
上海兰生大宇有限公司	78.08 ● ↑	120.15 ↑	0.00 ↓	0.00 ○	34.05 ↑	106.37 ↑	9.88 ↑

注：●表示红灯；○表示黄灯；●表示绿灯；↓表示红色箭头；↑表示绿色箭头。

兰生集团将各类财务风险指标分别设定预警区间。例如，资产负债率≥77%的，设为红色预警区间；数值介于66%～77%或波动率≥12%的，设为黄色预警区间；数值≤66%且波动率＜12%的，设为绿色预警区间等。

（2）预警的方式。财务风险预警结果将通过红、黄、绿三种颜色的亮灯状态进行发布：红灯表示子公司在该风险方面可能存在重大的负面影响；黄灯表示子公司在该风险方面可能存在一定的负面影响；绿灯表示子公司在该风险方面没有显著的负面影响。

当财务风险预警结果处于红灯状态时，通过红色和绿色箭头显示风险变化趋势：红色箭头表示该指标呈现持续恶化的趋势；绿色箭头表示该指标呈现逐步好转的趋势。

（3）预警的应对。根据财务风险预警结果，集团层面向各子公司提出应对要求，各试点子公司也能及时响应，深入分析，提出方案并认真落实，确保已经预警的财务风险得到有效控制。

三、案例分析

1. 关于当今企业的风险及其全面风险管理。

我们首先会联想到 COSO 提出的立体化、图文并茂的全面风险管理框架（Enterprise Risk Management，ERM）。它明示"全面风险管理是一个过程。这个过程受董事会、管理层和其他人员的影响。这个过程从企业战略制定一直贯穿于企业的各项活动，用于识别那些可能影响企业的潜在事件并管理风险，使之在企业的风险偏好之内，从而合理确保企业取得既定的目标"。相比这个 ERM 框架，现行财务学原理中的风险与风险管理理念、内容和技术都存在太大的局限性，因为财务教材中关于风险的描述几乎只有数据，缺乏从战略的高度"总揽全局"，而且讨论的大都是具体的流动性风险及风险"减低"技术等，所以财务上对风险的把握，需要嫁接 ERM 框架，提升财务风险管理的治理性、战略性、全面性、系统性、差异性和流程性。

ERM 风险的要义是企业战略目标、经营目标、报告目标和合规性目标的实现程度。这就有赖于财务上通过计划规划系统、全面预算管理系统、业绩评价系统、授权制度等明确提出切实可行的目标，否则风险管理就没有导向，缺少标杆。ERM 缺少一个可操作的灵敏的风险预警系统、反映战略目标实现程度的财务管理

第八章　财务战略与风险管控案例

信息系统,以及反映风险状况的预警系统。ERM还缺少固化风险的处理流程、预案。从这几个方面来看,兰生集团风险导向的财务预警控制系统很好地弥补了这三大缺陷,使得企业风险管理的理念制度化、数据化、过程化和IT系统化。

2. 建立完整的监控指标体系。

财务风险控制指标体系应以企业的实际情况综合设定,一般情况下以偿债能力指标为基础,分为主要指标和辅助指标。其中,主要指标可以包括:现金流动负债比率、资产负债率、已获利息倍数、经营活动现金流入比重、流动比率、速动比率等;辅助指标可以包括:净资产收益率、应收账款周转率、主营业务收入增长率、对外担保占净资产的比重等。

如果是集团企业,所属的内部各单位和分支机构可以结合各自的实际情况,根据需要增加财务风险控制指标,建立健全本单位的财务风险控制指标体系,但指标体系应包括集团公司设定的基础指标。

3. 设定红、黄、绿三级可视化预警信号。

兰生集团把财务风险预警结果通过红、黄、绿三种颜色的亮灯状态进行发布,这一方法可以被其他企业直接借鉴采用。一般情况下,企业的财务风险预警分为三个级别,这三个财务风险预警区间分别为安全区(绿灯区)、预警区(黄灯区)和危机区(红灯区)。

指标在安全区,表示发生财务危机的可能性较小;指标在预警区,表示存在发生财务危机的可能性;指标在危机区,表示发生财务危机的可能性较大。

财务风险预警重在可操作性、实用性,企业应根据实际情况选用合适的预警方法,定期计算本企业各项财务风险控制指标,并分析本期与上期的变动差异。对变动异常(通常设定为变动幅度超过10%)的指标要进行专项分析,并对风险进行识别,对于增加的财务风险要查明原因并做出说明。

4. 编制财务风险报告。

企业应定期编制风险评分表,编写风险分析报告。如果是集团公司,应要求所属部门和分支机构定期提交相应的评分表和报告,作为业绩评价和激励奖惩的依据之一。

如果监控体系中的指标存在变动异常(如幅度超过10%),或同时有三项以上主要指标处于"黄灯区"或"红灯区"的,以及财务风险评分结果在标准值以上的（如40分），所属单位应向集团公司上报由财务负责人和企业主要负责人签字的财务风险分析报告。

该报告主要包括以下内容：一是本单位财务风险所处的级次；二是指标当期值与上期变动情况，以及发生异常变动的原因；三是指标处于"黄灯区"或"红灯区"的原因分析；四是降低财务风险和改善财务状况拟采取的措施和建议。

5. 应用财务风险监控结果。

企业财务风险的监控和管理情况应与企业经营者考核激励挂钩，作为兑现奖惩的重要依据，这样才能真正发挥财务风险监控的作用。比如，对于同时有5项指标处于"红灯区"或财务预警评分结果在设定值以上的单位，应限期整改，改善其财务结构，降低借贷规模和负债比例。

（案例来源：陈俊奇．兰生集团外贸ERP系统风险导向的内部预警控制．新会计，2011（3）．）

四、讨论问题

1. 如何理解公司财务管理与财务风险预警的关系？

2. 对于制造类型的企业，如果学习建立财务风险预警系统，你认为应该如何选择预警指标？

3. 在预警系统中如何确定标准值（标杆值）？

第三节　财务共享

教学目的与要求：通过对本案例的学习，应该了解企业集团财务共享的重要意义；熟悉财务共享服务建设思路；熟悉财务共享中心的主要功能及战略定位。

案例66　辉瑞财务共享服务运营模式

一、案例资料

2010年夏天的一个星期六，天气很好，天空湛蓝，窗子敞开，外面飘来芙蓉清淡的香气，隐约传来草地上孩子们追逐嬉闹的声音。来加班的辉瑞亚太地区财务共享服务中心P2P部门的运营经理Linda走过经理室时，无意间发现经理室的

第八章 财务战略与风险管控案例

门开着。一向宣称不加班的财务共享服务中心经理 Peter，居然一大早就坐在了工作台后面。

"Hi，Linda，请进来吧。"眼尖的 Peter 已经看到了 Linda。

Linda 走进来，发现 Peter 的桌子上摊开了一份报告，Gallup Consulting 这几个鲜绿色的英文字已经落入她的眼帘。Gallup 可是世界知名的咨询公司，Linda 突然有点明白为什么 Peter 会在周末突然地出现在办公室了。

Peter 开诚布公地说："Linda，Gallup 对 GFSS（辉瑞全球财务共享服务中心）的客户满意度调查结果已经出来了，亚太地区的客户反馈问卷 107 份，我们的客户平均满意度为 3.44 分，离满分 5 分还有很大距离。最重要的是评价在 3 分以下的居然超过了 10%。"

Linda 看着有些恼怒但极力控制自己情绪的 Peter，思绪随着芙蓉花香飘向了很远的地方……

（一）辉瑞简介

辉瑞公司（简称"辉瑞"）是一家拥有 150 多年历史的以研发为基础的跨国制药公司，致力于人和动物的健康和保健事业，生产和推广各种领先的处方药以及许多世界驰名的保健产品，其业务主要包括三个领域：医药保健、动物保健以及消费者保健品。

辉瑞成立于 1849 年，1861 年爆发的南北战争使辉瑞得以发展，战争中辉瑞向北军提供了大量的药品，公司随着战争的进展而迅速发展。1928 年辉瑞开始介入抗生素的生产，第二次世界大战期间，逐渐将企业的重心转移到抗生素领域。由于辉瑞对发酵工艺进行了深入研究，并将其用于柠檬酸和青霉素的生产，成为制药行业发展发酵技术的先驱之一，并在战争中向美国军方提供大量廉价青霉素产品而得到扩张和发展。1998 年，辉瑞研发的西地那非（万艾可）上市，获得空前成功，据统计，在全世界，每秒钟就有四粒"万艾可"被患者服用，辉瑞也因此在商业上取得巨大成功，先后吞并了华纳兰伯特公司和法玛西亚公司，成为美国最大的药品生产企业。其众多的产品组合、科研开发项目、成熟的非处方药业务，将使新辉瑞成为强大的最具竞争力的跨国医药公司。

辉瑞目前是全球排名第一的医药企业，拥有超过 100000 名员工，2010 年全球年销售收入 670 亿美元。公司的业务遍布全球约 150 个国家和地区，有 15 种产品的销售额超过 10 亿美元，超过 60 种产品的销售额超过 1 亿美元，畅销产品包括降胆固醇药物立普妥、口服抗真菌药物氟康唑、抗生素希舒美以及阳痿治疗药物万艾可等。辉瑞的股票于 2004 年 4 月 8 日成为道琼斯工业指数的成份股。

20 世纪 80 年代，伴随着中国改革开放，辉瑞进入中国市场，从此开始了长期投身于中国医药卫生事业发展的历程。目前，辉瑞中国的业务包括人用药品、胶囊以及动物保健三大领域。在各级政府和社会各界的广泛支持下，辉瑞在中国的业务得到迅速发展，各项目累计投资总额超过 5 亿美元，成为在华投资最大的外资制药企业之一。辉瑞先后在大连、苏州、无锡投资建立了符合国际领先标准的现代化制药生产设施。其中，辉瑞大连工厂是国内首家获得政府颁发的 0001 号 GMP 认证证书的工厂，位于大连经济技术开发区，投资总额为 6040 万美元，成为辉瑞亚太地区最重要的战略供应基地之一。

2009 年 1 月 26 日，辉瑞以现金加换股方式收购了竞争对手惠氏制药，交易额达到了 680 亿美元的天价，预计并购完成并取得两个企业的真正融合后，每年将节省成本 40 万美元。此次收购使辉瑞全球最大药品制造商的地位进一步得以巩固。

（二）辉瑞的财务共享服务中心

2007 年 7 月，辉瑞在大连增加了新的业务组织——辉瑞亚太财务共享服务中心。辉瑞财务共享服务中心 GFSS（GlobalFinancialSharedServices）是一个旨在为辉瑞各分支机构提供标准化和最优化会计处理流程的全球运营体系，现有的组织机构包括：位于纽约的运营总部（GFSSNY），位于美国孟菲斯的美洲中心（GFSSAmericas），位于爱尔兰都柏林的欧洲中心（GFSSEurope），以及位于中国大连的亚太中心（GFSS Asia）。此外，位于印度、罗马尼亚和中国的简柏特 BPO 流程中心，作为辉瑞财务流程外包的第三方供应商，也辅助辉瑞全球财务共享中心分别向辉瑞美洲、欧洲和亚太地区的各个分支机构提供包括呼叫中心、费用报销、文档扫描等财务业务中比较低端的流程服务。

1. 服务范围。

辉瑞亚太财务共享中心自成立以来，致力于向辉瑞亚太地区的内部客户提供与增值的会计处理流程相关的一系列优质的财务服务，以支持辉瑞在新兴市场的大规模业务扩张。目前，辉瑞亚太财务共享中心主要为相关市场提供以下的财务

第八章 财务战略与风险管控案例

流程支持：

(1) 总账相关的会计业务

(2) 银行存款账户核对

(3) 固定资产的管理及会计处理业务

(4) 公司内部往来账

(5) 短期现金管理

(6) 员工费用报告审核处理

(7) 发票付款业务

(8) 应收账款业务

(9) 税务管理（仅限中国市场）

GFSS Asia 现有员工127名，服务的市场涵盖了澳大利亚、新西兰、日本、新加坡、中国等，预计未来几年内，随着SAP财务系统的全面更新，韩国、中国香港和中国台湾也将被纳入辉瑞亚太财务中心的服务范围。

2. 组织结构设置。

辉瑞财务共享服务中心的治理结构是建立在公司组织框架的基础上，通过一系列的契约安排，以管理权为基本纽带，在以股东为中心的共同治理理念的指导下，通过管理权在企业中的各利益相关者之间进行多层次的合理配置，形成有效的激励与约束机制，从而实现相关者利益最大化的一套制度安排。GFSS Asia 的治理结构如图 8-2 所示，根据财务分层治理理论，由上至下分为战略决策、管理控制和日常运营三个层级结构。

(1) 战略决策。企业战略是由集团的管理层和董事会负责制定。GFSS Asia 的负责人以及GFSS总部的管理层向辉瑞的首席财务官CFO汇报，董事会通过CFO对GFSS行使决策权，负责推行集团的战略政策并决定GFSS今后的发展规模和方向。

(2) 管理控制。在GFSS Asia 内部主要有三大业务部门，即R2R（Record-toReport）——负责GA总账、FA固定资产和InCo内部往来账等相关业务；P2P（ProcurementtoPay）——负责AP应付账款和T&E费用报销相关业务；O2C（OrdertoCash）——负责AR应收账款和Treasury现金管理相关业务。各部门的运营经理向GFSS Asia 的负责人汇报，他们负责本部门的人员管理以及保证业务的正常开展,会定期同内部客户沟通以便及时发现管理中存在的问题并加以纠正。

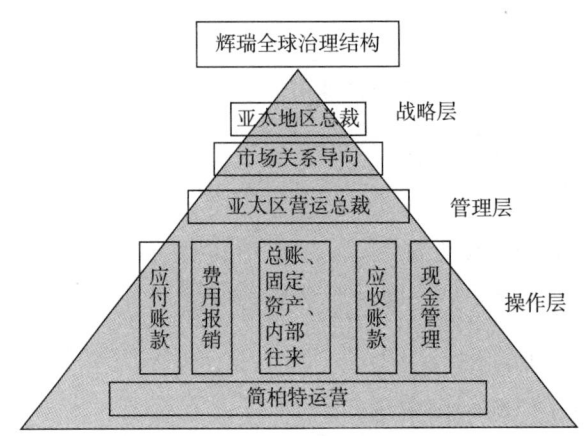

图 8-2 GFSS Asia 的治理结构

(3) 日常运营。各业务部门下面会根据流程划分为不同的业务小组,各小组成员向运营经理汇报,他们负责日常具体的财务业务操作,并保证数据的准确性和及时性。同时,简柏特作为与 GFSS Asia 签订有服务合同的第三方供应商,也向 GFSS Asia 的客户提供仅限于 AP 应付账款和 TSLE 费用报销的业务支持。简柏特需要遵循辉瑞的发展战略和运营策略,并且所有的服务都要满足 SLA (ServiceLevelAgreement,服务等级协议)。GFSS Asia 的运营经理每周会与简柏特的辉瑞项目负责人开会,及时评估其服务质量。

从组织结构和业务设置层次来说,辉瑞财务共享服务的整个管理模式呈现为金字塔形,即上窄下宽的结构。从操作层到管理层再到决策层,由下至上人员规模逐渐缩小,而权力却在逐级扩大,凡是涉及管理决策的任何行为,都需要逐级上报审批,基层人员的自主空间不大。虽然这种结构也存在一定的弊端,但是目前来看它能够保证企业高效运作,最大限度地减少员工在非事务性工作上面被消耗掉的精力,以便全身心地投入到以客户满意为导向的日常运营性工作中。

由于金字塔结构是塔顶最小、塔基最大,所以从幅度上说,塔顶的最高级别领导只对中级领导负责,但是与中级领导相比,其所承担的责任和管理难度却是整个结构中占比最大的,因为他们要负责统筹规划,带领整个团队前进,从而实现企业的战略目标。这也就是所谓的"越处在塔的高处,权力就越大,责任也越大"。

3. GFSS Asia 的主要功能。

通过项目移交与管理，GFSS Asia 不断地将亚太地区各个国家的会计流程处理业务，例如发票支付、费用报告等工作量较大的日常交易性业务，集中到大连这个唯一的财务业务平台上面来，从而使辉瑞亚太区的各个分支机构，如辉瑞药品集团、保健品集团、动物保健集团、生产集团、研发集团和胶囊集团，能够专注于其核心业务，致力于新药品的研发和畅销药品的市场份额扩张。

辉瑞亚太财务共享中心的目标是通过为辉瑞亚太地区的业务分支提供最优化的财务服务来创造价值，并在效率、质量和一致性方面提供高品质服务，主要体现在以下方面：

(1) 支持内部客户并适应不断变化的市场需求。这一定位体现出财务共享中心是一个内部组织，是对内服务并且需要适应外部市场需求变化的组织。

(2) 共享财务职能，促成亚太区财务服务的标准化。辉瑞亚太区各分支机制通过财务共享中心享受同一财务服务，这样有助于形成地区性的服务标准化，提高组织的效率，降低单一设置组织的成本。

(3) 提供一流的服务并不断提升服务水平。财务共享中心的核心功能就是服务，为内部客户服务，同时借由内部客户向外部客户传递这种服务的品质。

(4) 全方位挖掘技术潜能，促进持续改进以降低成本以各种平台技术促进财务服务的不断精进，以持续降低成本，使技术成为成本持续改进的动力。

(5) 提升后端职能，最终支持业务增长和集团整体发展。如果将辉瑞的三大中心视为前端，则财务共享中心的终极定位便是提升后端的财务支持职能，为前端的医药研发、销售增长以及集团整体的战略服务。

辉瑞财务共享服务中心的战略价值，在于通过流程集中化和标准化来进行财务实践的推广，从而实现企业的利益最大化，如图 8-3 所示。

(1) 流程集中化：主要利用规模经济集中现有的优势，减少不必要的重复工作，并在企业内部统一配置 Oracle/GCE/Ariba 等 ERP 操作系统。

(2) 流程标准化：设立统一的财务管理流程，提供格式一致的会计信息；保持能使业务持续发展的能力，增强风险控制意识，不断巩固和拓展"BCP 业务连续性计划"。

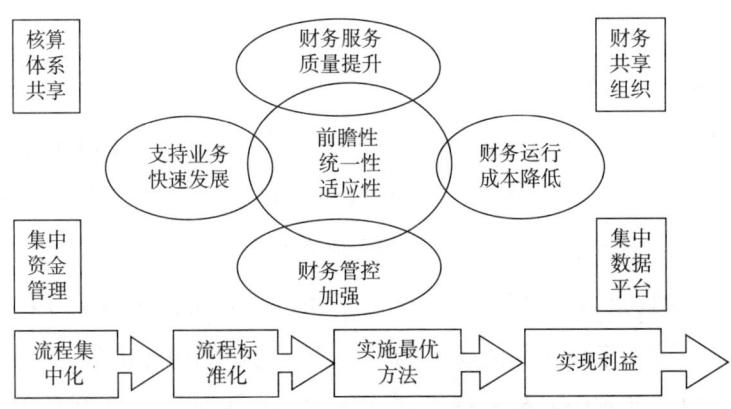

图 8-3 辉瑞财务共享服务的战略价值

（3）实施最优方法：参考本行业基准，利用辉瑞的全球资源，以技术和工具为业务发展平台改进主要业务流程，增加自动化操作以减少手工失误造成的差错。

（4）实现利益：通过共享服务实现数据集中，为管理层提供准确、及时和完整的财务报告；加强财务管控，降低财务风险，营造无懈可击的财务运营环境；使业务发展更符合战略需求，为企业的并购及获取利润提供支持。

（三）问题出在哪里

"问题到底出在哪里呢？" Linda 被 Peter 的一句问话打断了思绪，看到 Peter 脸上神色已转为正常，这句话既像是自言自语，又像是对 Linda 的问话。

Linda 想了想，说："对于我们辉瑞来说，财务共享服务实施 3 年来从来都不是一帆风顺的，但我们也一直在进步。Peter，你不要太自责。问题的根源，可能我说不太清，我就说说我们部门的情况吧。"

"我也正想先了解一下你们 P2P 部门的情况。" Peter 将调查报告转向 Linda 的方向："你看，在 GFSS Asia 的各个业务流程中，你们 AP（应付账款）的客户满意度是最低的。"

"哦？是这样。" Linda 并没有接过报告，她平视着 Peter 说道："说实话，对于这个结果我有所预料。客户满意率低的原因可能有两点，您看我说的与报告是否相符。第一点就是可能有些客户觉得等待付款的时间比较长，特别是一些医生客户，因为 AP Team 的员工在接到应付账款的单证后，需要再次与医药代表确认医生的付款信息，像姓名、身份证、账号等，这无形中就造成了付款时间的延误。

第八章 财务战略与风险管控案例

我们不但经常接到医生投诉迟迟无法收到讲课费，有时候连我们自己的医药代表也经常抱怨增加了他们的工作量。但这也是没有办法的事，必须要走这样的程序。"

Peter 看到 Linda 语速很快，情绪激动，走过去，给她倒了一杯水，放到她面前。

Linda 点头表示感谢后，继续说道："另外一个可能导致客户不满意的原因大概是 AP Team 处理业务的差错率高，比如付错款项使得收款人需要把钱再退回公司账户。要知道，AP Team 每天需要处理的交易量很大，很多数据的录入都需要手工来完成，这是造成差错率高的主要原因。在月底结账期间，更是需要员工通过加班来完成工作。你看，即使是周末，我也要来和大家一起加班，整个 Team 需要在这个月末加 2 天班呢。"

Peter 问道："手工作业量大概有多少？至于造成这么高的差错率吗？"

Linda 说："AP Team 的 90% 的业务量都需要手工完成。我给您举个例子吧，就以付给医生的讲课费为例。现在平均每天有 1000 多笔讲课费付款业务发生，由于付款信息有误而被退回的每天大概有 60 多笔，付款成功率大概在 94% 左右。我们现阶段，讲课费的付款信息，像医生的姓名、身份证号码和收款银行账户等，都是 AP Team 的员工根据医药代表们提交上来的手写申请单手工输入系统的，所以难免会有信息输入误差，比如收款银行账户号码输入错误，或者账户信息与收款人姓名不符等，这些都会造成付款被退回情况的发生，这其中的原因，有的是因为员工的疏忽，有的是因为申请单字迹太潦草以至于无法清楚地辨认。但辉端的医药代表们可不管这个，他们不能向客户及时解释缘由也就罢了，还居然经常抱怨我们这边的进度，说我们增加了他们的工作量。所以，AP Team 是一个两头受气，'痛并不快乐'的 Team。"

Peter 被 Linda 最后的一句黑色幽默给雷到了，笑了起来："Linda，我是头一次听到你的报怨呢，呵呵。这样吧，问题不是仅仅你们一个部门的，我们周一将召集所有的 Team 的 Manager 开个会，毕竟服务是我们的根本。还记得去年亚太区经理培训时，我很清楚记得有一个语录。Barbara E Quinn，共享服务理论的奠基人之一，在她撰写的 Shared Services：Mining for Corporate Gold 中曾经提到，'共享服务是一项商业经营：以顾客为中心 + 服务收费 = 商业。'以顾客需求为中心意味着只有拥有明确的顾客群,公司后台部门的工作才能得到保障。公司后台部门在设计服务产品时,需要根据作为客户的公司的其他部门的实际需要和其愿意支付的价格来提供有针对性的服务。我们作为后台部门,如何根据内部客户和外部客户的需要,提供有针对性且有效率的服务,这是我们的职责所在。"

(四) 群发与回复的邮件

星期六晚上,Peter 整理了一下 Gallup Consulting 的报告,发给所有 Team Manager 一封邮件,要求大家针对 Gallup Consulting 的调研报告,查找自己部门的服务差距以及形成这些差异的主要原因,下周一将召开所有 Team Manager 参加的会议,集中讨论解决方案。检查了一遍自己的措辞,Peter 轻点了一点鼠标,长着翅膀的信件们纷纷"飞"了出去,群发邮件成功。

第二天晚上,Peter 习惯性地检查了一下自己的邮箱,发现了不少就 Gallup Consulting 调研报告事件的回复邮件。于是,他先打开了技术支持部门经理 Andrew 的回复。Andrew 的信言简意赅,只见回信上写着寥寥数字:"Peter,支持系统混乱影响效率,耽误人手。"

Peter 一下想到了辉瑞的 ERP 系统。ERP 系统是企业主要的信息平台,财务共享服务中心需要借助 ERP 系统收集经营数据和提供业务支持服务。GFSS Asia 服务于亚太地区的多个市场,除了已经使用 Oracle 系统的澳大利亚、新西兰、新加坡和中国部分分支机构之外,亚太其他地区现在正在使用 SAP、JDE、Computron、SUN 等多个不同的财务系统。仅中国大陆地区使用的 ERP 系统就各式各样,辉瑞中国从 2009 年 8 月开始使用 Oracle 系统,而原惠氏仍然沿用 SAP 系统,少数惠氏分支机构还在使用相对陈旧的 JDE 系统。如果将报销用的 GCE 系统、采购用的 Ariba 系统、付款用的 ePay 系统、库存管理用的 MAPS 系统等都计算在内的话,与财务流程相关的 ERP 系统多达十几个。由于各系统之间集成度不够,使得不同系统导出的数据格式不一致,数据缺乏可比性。

Peter 回想起 Andrew 已经多次跟他提到支持系统的差异造成的麻烦。很多时候,其他部门的员工需要以手工操作的方式将大量非标准化的数据转化成标准格式。由于各系统之间的数据接口不完全匹配,常常导致同一财务数据在不同的系统中有差异,这也需要人工干预来对数据进行后期调整。大量手工财务核算工作的存在,当然将注意力集中到怎样完成工作,而无法将工作重心转移到以提高服

第八章 财务战略与风险管控案例

务质量为目的工作改进上面来。

接着,Peter 打开 T&E Team 的经理 Jessica 的邮件。Jessica 负责的部门主要负责亚太地区所有分支机构的费用报销相关业务。Jessica 在邮件中写道:"Peter,我认为我们 Team 的问题出在流程上。我们的员工费用报销制度规定,不同类型的员工需要采用不同的报销方式。辉瑞正式员工可以在基于 Internet 网络的 GCE 自助报销系统中直接提交报销申请,他的直接经理在 GCE 系统中批准即可,然后由 AP Team 负责在 Oracle 系统中进行付款操作。但是,第三方派遣的员工则需要填写纸质的管理费用报告,他的直接经理在报告上签字批准,之后的付款则是通过 ePay 系统来完成。报销和审批流程的不统一给我们的管理带来了困难,有些员工由于没有采用正确的流程,致使其费用报销无法正常完成,这也是我们 T&E Team 服务效率不是很高一个直接原因。"

Peter 在自己的笔记本上记下了 Jessica 的意见,接着打开了 O2C 部门主管 Eric 的邮件,Eric 负责管理 AR Team 的应收账款业务和 Treasury Team 的现金管理相关业务。他的邮件也很简短:"服务质量的距离来自于工作时差。要知道,我们 GFSS Asia 位于大连,同亚太区的一些主要市场存在着时差,如澳大利亚、新西兰、日本等,时间比中国提前几个小时,导致彼此的工作时间错开,这直接影响到了财务服务从 GFSS Asia 向客户方的及时传递,尤其是月底和年底结账期间。由于分工的限制,有些工作只能等 GFSS Asia 完成之后客户方面再开始进行,无形当中造成了客户工作时间被延长,他们不得不通过加班来完成结账工作,从而间接导致了客户对 GFSS Asia 服务质量的不满。"

"不错,这是一个问题,但基本上是一个不能解决的问题。"Peter 一边记着一边喃喃自语道。接着,他打开 HR 经理 Sally 的回复邮件。他有点期待,Sally 是一个非常有条理、分析问题很全面的人,在以往的工作中她的这一特点给 Peter 留下了很深刻的印象。只见 Sally 在邮件中洋洋洒洒地写了很长一段:"Peter,从我的工作范围来看,这不仅仅是一个调查问卷所能揭示的简单问题,我感觉到,GFSS Asia 在运营中由于文化和地区差异而遭遇的客户关系维护方面的挑战主要体现在以下几个方面:

(1) 社会习惯差异。比如文化传统、风俗习惯和宗教信仰等,虽然它看不见摸不着,但是却在时刻影响着人们价值观的同时决定着我们的思维和行为模式。

不同文化背景下的社会习惯差异造成人们对事物的理解角度不同，有时甚至会产生冲突。例如，欧美客户比较开放与直接，与之交往会感到轻松自在，尤其在进行业务讨论时，他们往往鼓励公开的争论以便更好地接纳不同意见；相反，日本客户对工作要求严谨细致，但他们在公开讨论时不愿意直接表达自己的反对意见，经常导致双方对讨论结果的认知有偏差，我们以为已经达成一致的事情，其实日本客户一方觉得还有待进一步商讨，这样就往往造成摩擦，从而影响到双方关系的融洽。

（2）语言差异。GFSS Asia 为亚太区的多元化市场提供服务，因此不同语言之间的转换是必不可少的，但由于文化和语言差异的存在，导致了不同语言之间的交流常常遇到困难。即使语言准确无误，有时也会产生误会，何况是使用非母语的英语或日语等外语进行沟通，这会直接影响到信息传递的准确性。在与客户谈论一个严肃的问题时，有时一句毫无恶意的话由于说得不得体或者表达得不准确，就使对方感到不快甚至气愤，这一点在日韩客户身上体现得尤为明显。

（3）人工成本不断提高。人工成本占总运营成本的很大一部分比例，今年的 CPI 又是持续跳跃式增长，对于 GFSS Asia 来说，通货膨胀压力更多的还是反映在员工薪水上。基本生活成本的迅速提升对员工构成较大的经济压力，目前员工们普遍期望我们也能增加抗通货膨胀月薪。

Peter 读完 Sally 的信，耳边回响起 GFSS Asia 总裁年会时的发言："我们实施财务共享服务是以此降低公司在财务管理过程中所花费的高昂的服务成本，共享服务是通过为企业显著消减成本以获得区域性战略和竞争优势的，这就是为什么共享服务中心通常会选择建立在低劳动力成本和低消费水平的中国大连。GFSS Asia 建在大连，既是考虑到相对于日本、韩国、中国香港、中国台湾等国家和地区而言中国的劳动力价格比较低廉，另外也被中国的人才优势所吸引，像掌握中英、中日双语以及三种以上语言的人才比比皆是，我们的服务可以覆盖到大部分亚太地区，对日后长远的发展是非常有利的。"

但是 Peter 知道，总裁勾画好的美好前景的背后，像 GFSS Asia 这样，为中国以外的辉瑞其他亚太分支提供离岸财务共享服务其实上是属于劳务输出的性质，等同于产品出口，因此汇率的变动对其有直接影响。2007 年以来人民币持续升值，引起出口服务的劳动力价格上涨，而和国外市场之间的服务费又是以美元来结算，导致 GFSS Asia 的运营成本上升，而收入却在减少。与此同时，由于国内通货膨胀率不断攀高，人工成本随之不断增加，使得企业成本节约变得越来越艰难，最终必然是通过提高服务费来保持一定的利润空间，这样的直接后果，就是导致共享服务同服务外包 BPO 相比，竞争力会不断下降。

想到这儿，Peter 觉得头疼起来，他望着被夜风不断吹起又落下的薄纱窗帘，心里有个声音回响着："虽然是一份小小的调研报告，但透视出来的 GFSS Asia 竞争优势的滑落却是不可小觑啊……"

（案例来源：姚宏. 中国管理案例共享中心案例库.）

二、讨论问题

1. 请总结辉瑞的亚太区财务共享中心的主要功能及战略定位？

2. 辉瑞亚太区财务共享模式存在哪些优势？财务共享模式集成的前提是什么？

3. 比照当初对该部门的设计，辉瑞亚太区财务共享模式在运营中存在什么问题？其根源在哪里？

4. P2P 部门的客户评价得分最低，针对 Linda 的表达，你认为应当从哪些方面提高该部门的财务工作绩效？

5. 综合多个部门主管反馈的信息，你认为应当如何改进辉瑞亚太区财务共享中心遇到的问题，从而实现其低成本高服务的目标？

6. 如果你是 Peter，请问你在周一的经理会上将如何引导各部门经理进行讨论？

主要参考文献

[1] 荆新，王化成等. 财务管理学（第五版）. 中国人民大学出版社，2010.

[2] 李红霞. 财务管理案例. 中国海关出版社，2011.

[3] 杨冬云. 财务管理案例教程. 科学出版社，2012.

[4] 朱传华. 财务管理案例分析（第2版）. 清华大学出版社，2012.

[5] 汤谷良，韩慧博，祝继高. 财务管理案例（第三版）. 北京大学出版社，2017.

[6] 王化成. 财务管理（第4版）. 中国人民大学出版社，2016.

[7] 陈玉菁. 财务管理实务与案例（第三版）. 中国人民大学出版社，2015.

[8] 黄海燕，袁峥. 财务管理习题与案例（第1版）. 天津大学出版社，2011.

[9] 杜胜利，王宏淼. 财务公司：企业金融功能与内部金融服务体系之构建. 北京大学出版社，2001.

[10] 马忠智，吕益民. 可转换债券发行与交易实务. 人民出版社，1996.

[11] 张昊，崔学刚. 预收账款与盈余管理——贵州茅台预收账款波动案例研究. 财会学习，2010（9）.

[12] 毛付根. 多元化经营的陷阱——巨人集团失败的财务分析. 财务与会计，2000（2）.

[13] 郑添. 论万科公司股利政策及其启示. 中国管理信息化，2010（11）.

[14] 刘华. 神州泰岳转战创业板上市案例分析. 财务与会计，2010（6）.

[15] 陈俊奇. 兰生集团外贸ERP系统风险导向的内部预警控制. 新会计，2011（3）.

[16] 许小青，黄小勇. 产权主体与财务目标选择——基于格林柯尔系的案例研究. 江西社会科学，2007（6）.

[17] 刘亚干. 从泸天化的"十个统一"探讨财务管理体制. 会计之友，

1999（8）.

［18］中国管理案例共享中心，http：//www.cmcc-dut.cn/.

［19］新浪财经网，http：//finance.sina.com.cn/.

［20］东方财富网，http：//www.eastmoney.com/.

出 版 说 明

本书作者对相关企业管理情况的分析、评议，不代表出版方的立场和观点。未经本书作者和出版方同意，严禁转载本书中的内容。

本案例撰写者对案例中所涉及的企业情况及数据来源的可靠性、真实性负完全法律责任，由此而引起的法律纠纷与出版方无关。

2018 年 4 月